本书为河北省文化艺术科学规划和旅游研究项目（HB20-YB105）

大运河历史文化丛书

丛书主编　戴建兵

大运河河北段旅游文化开发

李志勇　等　编著

DAYUNHE

HEBEIDUAN

LVYOU WENHUA

KAIFA

北京师范大学出版集团
BEIJING NORMAL UNIVERSITY PUBLISHING GROUP
北京师范大学出版社

图书在版编目（CIP）数据

大运河河北段旅游文化开发 / 李志勇等编著. —北京：北京师范大学出版社，2022.8
　（大运河历史文化丛书）
　ISBN 978-7-303-26956-3

　Ⅰ. ①大… Ⅱ. ①李… Ⅲ. ①大运河－流域－旅游文化－研究 Ⅳ. ①F592.722.3

中国版本图书馆 CIP 数据核字（2021）第 078904 号

营 销 中 心 电 话 010-58802135　　010-58802786
北师大出版社教师教育分社微信公众号　京师教师教育

出版发行：北京师范大学出版社　www.bnupg.com
　　　　　北京市西城区新街口外大街 12-3 号
　　　　　邮政编码：100088
印　　　刷：鸿博昊天科技有限公司
经　　　销：全国新华书店
开　　　本：730 mm×980 mm　1/16
印　　　张：18.25
字　　　数：300 千字
版　　　次：2022 年 8 月第 1 版
印　　　次：2022 年 8 月第 1 次印刷
定　　　价：58.00 元

策划编辑：王剑虹　　　　　　责任编辑：肖　寒
美术编辑：李向昕　　　　　　装帧设计：李向昕
责任校对：李云虎　　　　　　责任印制：赵　龙

序 言

　　联合国教科文组织世界遗产委员会在 2017 年修订的《实施〈世界遗产公约〉操作指南》中如此解释运河及运河遗产："运河是人类兴建的水路。从历史或技术角度看，运河本质上或作为这种文化遗产类型的一个特例都可能具有突出的普遍价值。历史运河可以被看作一个文物古迹，一种线性文化景观的决定性特征，或是一个复杂的文化景观中的一个组成部分……运河作为一种遗产要素，其特征在于动态的演变过程。这与它在不同时期的用途和它所经历过的技术改变相关，这些改变可能构成重要的遗产要素。"从这一评述中，我们能深切感受到运河文化的广博与独特。关于大运河文化的学术价值和现实意义，近年从不同视角进行阐释的文字已然为数不菲，我们无意再做同质化絮谈。

　　毋庸讳言，在大运河文化研究方面，较之于宏大意义上的宽泛论说，具体而精微的学术成果并不多见。原因概有两点。一是资料缺失，主要表现在：数量不足，因之无法重建异彩纷呈、积淀厚重的大运河历史文化；种类单一，因之难以实现不同源头材料之间的互校互证；难成体系，因之无法开展征信链条相对完整的专题研究。二是在多学科理论方法的有机组合与融会贯通方面思多于行，实少于虚。还需注意的一个问题是，从区域差异来看，相较于大运河沿线的浙江、江苏、山东、天津和北京等省市，河北省在大运河历史文化挖掘、整理和阐释等方面尚存更大的提升空间。

针对上述问题，我们希望根据大运河文化的生态特征，改变既往过多依赖纸质文献资料的惯性，从考古学、社会学、人类学和历史学融通、互鉴、互释的宽广视域，多方开辟资料搜寻路径，系统挖掘和整理相关资料。这些资料起码应该包括：关于大运河治理与农工商业发展之关系的资料；关于大运河与国家治理、社会管理等关系的资料；大运河沿岸的古村落、码头、庙宇、祠堂等古建筑遗存；内容涉及大运河的方志、地方文书、私家笔记、日记、谱牒等；与大运河有关的民风民俗、民间故事、民间传说、文学作品等；与大运河紧密相关的古窑口、古商道、古集镇的资料；有关大运河与渤海的连接通道的资料；与大运河相关的移民、宗族、社会变迁等方面的资料，等等。

相信上述工作的推进，能够助益于运河文化研究者重建问题意识，深化对某些重大问题的研究，如大运河文化的生成、传承和发展，大运河之于国家治理与社会管理的深刻影响，大运河文化的本质特征及其在中华文化体系中扮演的角色，大运河之于中国经济社会发展的价值和意义。同时，大运河文化资料的多样化和系统化，有益于呼应近年社会文化史研究的新趋向，从"社会生活"研究转向"日常生活"研究，从而对大运河沿岸移民问题、风俗民情以及人们的日常生计等问题展开系统研究。而所有这些努力，或可被视为建立"运河学"的前期奠基工作。

2016 年，习近平总书记批示："大运河是祖先留给我们的宝贵遗产，是流动的文化，要统筹保护好、传承好、利用好。"希望这套丛书的出版，能够引导和促进人们在大运河文化"保护""传承"和"利用"方面进行更多有益探索。

戴建兵

前　言

　　中国大运河（The Grand Canal of China），始建于公元前 486 年。在漫长的岁月里，中国大运河经历了三次较大的兴修过程，地跨北京、天津、河北、山东、河南、安徽、江苏、浙江 8 个省、直辖市，覆盖 27 座城市的 27 段河道和 58 个遗产点，全长 2700 千米（含遗产河道 1011 千米），是世界上开凿时间较早、规模最大、线路最长、延续时间最长的运河，被国际工业遗产保护委员会在《国际运河古迹名录》中列为最具影响力的水道。2002 年，大运河被纳入了"南水北调"东线工程。2014 年 6 月 22 日，中国大运河项目成功入选世界文化遗产名录，成为中国第 46 个世界遗产项目。大运河是凝聚着中国智慧、浸润着探索创新精神的世界文化遗产，是"流动的文化"，是古代丝绸之路、瓷器之路、茶叶之路、海盐之路的水路通道，是中国东部文化最厚重的地区之一。

　　大运河河北段上连京津，下接鲁豫，是中国大运河中独具北方特色的文化瑰宝。她是自然风光和燕赵儿女的悠悠乡愁，也是流淌千百年的历史文脉。这里沿线汇聚了六朝古都邺城、唐代"天下北库"贝州、董子故里广川、北宋陪都大名府、武术之乡沧州、杂技之乡吴桥等几十座古都名城，它们在大运河文化带中占有重要地位。这里有曹操的政治发祥地邺城，有北宋北京大名府，有"实事求是"发祥地献县，有《毛诗》发祥地河间，有河北人主持开凿的通惠河，有马克思笔下万里茶路的白河之城香河……也是中国杂技等多种表演艺术和北方鼓书文化传播的通道。吴桥杂技沿着运河走向世界；流韵千古的说唱艺术与运河沿线的方言结合，形成了西河大鼓、河间大鼓、京东大鼓和京韵大鼓的文化脉系。

梁　勇

2019 年 9 月

目　　录
CONTENTS

基础篇

文化篇

专题篇

基础篇

第一章 基本概况

第一节　历史悠久的河北运河

河北运河的历史源远流长，最早的运河开凿于汉代，比隋炀帝开凿的永济渠早 700 多年。

河北的古运河包括太行山古运河、曹魏古运河、隋唐永济渠、元明清京杭大运河及减河、连接北京的通惠河及通往天津渤海的白河水系，总长度 1000 千米左右，比京杭大运河河北段要长近一倍。

一、悠久的历史

战国时期西门豹治邺开凿引漳十二渠，这是河北最古老的大型人工渠道，也是运河滥觞的先导之一。

(一)两汉时期

两汉时期的河北运河——太白渠，从常山郡蒲吾县(今平山县黄壁庄水库一带)到下曲阳县(今晋州市鼓城村附近)一线。《汉书·地理志》记载："蒲吾，有铁山。大白渠(太白渠)水首受绵曼水，东南至下曲阳入斯洨。"这条运河把滹沱水与斯洨水(今鹿泉区太平河)、漳水(黄河故道)连接起来，连通了从太行山到东部平原的漕运。

东汉永平十年(67 年)，汉明帝派人开凿滹沱河蒲吾渠以通漕运。《古今注》记载："永平十年，作常山滹沱河蒲吾渠，通漕船也。"《太平寰宇记》记载：常山郡蒲吾县，蒲吾渠在县西。亦曰蒲水。后汉明帝引而为渠。这条运河从蒲吾城（今平山县黄壁庄水库）向南汇入太白渠，实现了山区与平原的物资交流。后来，太白渠逐渐成为绵蔓水下游。清代学者张淳德在《冶河原委考》中说："西汉开太白渠，冶河不入滹沱而入渠。"

河北东部平原的运河，肇始于东汉初。《后汉书·张堪传》中记载，东汉初渔阳太守张堪，征集民工，修渠导狐奴（今北京市顺义区东北）之水入雍奴县境（今香河县东），种稻八千顷，劝民耕种以致殷富。百姓歌曰："桑无附枝，麦穗两歧，张君为政，乐不可支。"张堪开凿的大渠，后世称"白露河"，渠南有渠口镇，渠北有北渠口村。

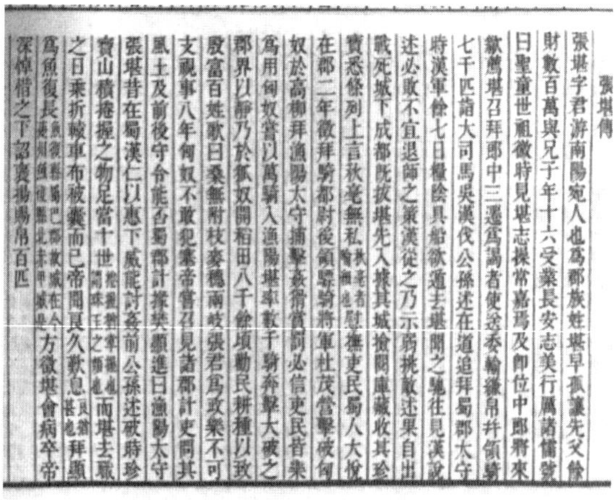

图 1-1 《后汉书·张堪传》书影

（二）魏晋南北朝时期

建安九年（204 年），曹操灭袁绍之后，修筑邺城水系。建安十一年（206年），曹操为消灭袁绍残余势力，"凿渠引漳水入白沟，以通河"，继而，曹操北征乌桓，令董昭开平虏渠，董昭"凿渠，自呼沲入泒水，名平虏渠；又从泃河口凿入潞河，名泉州渠，以通海"。再向东开新河，上承潞水，到达濡水（今滦县南入滦河）。军需从邺城（今邯郸市临漳县西）沿白沟、利漕渠、平虏渠、泉州渠、新河，一直到乌桓（今辽宁省朝阳市朝阳县）。而后曹操亲率大军东征，大破乌桓。

(三)隋唐时期

历经魏晋南北朝几百年政权的频繁更迭，隋朝实现了南北统一。隋炀帝平定杨谅叛乱后，把河北作为军事基地。大业三年(607年)四月，隋炀帝"安辑河北，巡省赵魏"，诏发十余郡丁男，开凿太行山驰道，达于并州(今太原市)，便捷太行山东西交通。

大业四年(608年)，诏发河北诸郡"导河洛及淮，北通涿郡"，号永济渠，即后世所称的"大运河"北段。

大业七年(611年)，隋炀帝北征高句丽，5万辆戎车集中到高阳(今高阳县旧城镇)，成为北征高句丽的军事供应中心。

大业八年(612年)正月，隋炀帝调集兵力百万集中到涿郡，涿郡成为出兵高句丽的大本营，结果战事不利，八月退兵。

大业九年(613年)正月，隋炀帝再次诏征天下兵，云集涿郡。三月，隋炀帝再次北征高句丽。六月，礼部尚书杨玄感起兵反叛，隋炀帝从辽东退兵。闰九月，隋炀帝到博陵郡(今定州市一带)后，下诏将博陵郡改为高阳郡，指挥镇压杨玄感叛乱。

隋炀帝多次北征高句丽，开凿大运河，修筑四通八达的驿道和包括赵州桥在内的大型桥梁，为漕运和商贸物流提供了便利，为后世南北大运河的贯通奠定了重要基础。

唐代"一心穿地"的一代能臣姜师度(今魏县人)，继续在河北开凿运河，"约魏武旧渠，傍海穿漕，号为平虏渠，以避海艰，粮运者至今利焉"。沿隋朝永济渠开凿一系列漕运河渠，完善了唐代河北道的漕运体系。

隋唐时期永济渠和通济渠是以洛阳为中心的南北漕运线，而河北的水道则是永济渠北通涿郡的重要水路，两者皆具有重要战略地位。

(四)宋元时期

北宋时期河北东西两路成为宋辽边境，辽兵常由此南下。宋代政治家何承矩、沈括等出任河北地方官期间，兴修塘泺，开挖水田，遍植桑枣，在宋辽边境建造东西数千米长、南北数千米宽的水网防御体系，后世称"水长城"，同时将南拒马河与大清河、永济渠连接，形成拒马河与永济渠互联互通的水运体系，为白洋淀塘泺的形成奠定了基础。

元代政治中心移到大都（今北京）后，为缩短杭州到大都的航线，1283 年至 1293 年，沧州人马之贞经过严谨勘察，提请都水监郭守敬主持挖通山东东平到济宁的济州河、临清到东平的会通河、北京到通县（今北京市通州区）的通惠河，运河裁弯取直，比隋唐京杭运河缩短了 900 多千米。

通惠河的开通，使漕运的各种货物直达大都城积水潭、什刹海、后海一带。由大都往江南，纵跨海河、黄河、淮河、长江、钱塘江五大水系的南北大运河全线贯通，漕船、官船、商船和民船，将南方的丝绸、茶叶、瓷器和北方的豆、麦、梨、枣等特产，通过大运河进行运输交易。

由于由白浮堰到高丽庄河段坡降过陡，水流易走泄，为"节水行舟"，沿河上下每 5 千米设船闸 1 处，每处设上下闸门 2 座，上下闸门相距 500 米。共建船闸 11 处，24 座，从西向东 11 个闸名，依次为广源闸、西城闸、朝宗闸、海子闸、文明闸、魏村闸、籍东闸、郊亭闸、杨尹闸、通州闸和河门闸，使漕船能顺利通过，直达大都。

13 世纪，意大利商人马可·波罗在他的《马可·波罗游记》中对通惠河和运河做出了评价，通惠河"这条交通线，是由许多河流、湖泊以及一条又宽又深的运河组成的。这条运河，是根据大汗的旨意挖掘的，其目的在于使船只能够从一条大河转入另一条大河，以便从蛮子省（江南）直达汗八里（大都），不必取道于海上"。当时河北段运河"每届漕运时期，帆樯为林，百货山集"。

（五）明清时期

元代会通河和通惠河开通后，京杭运河建成，明代进行了大规模整修和疏通，建立了完善的漕运管理制度，让运河成为真正意义上的南北交通要道，商运繁盛，运河两岸兴起数十座商业城镇，对古代经济发展的贡献无法估量。

由明至清，每年的漕粮由运河北上。此外，江宁、苏州、杭州三个织造局，专办御用官用的绸、缎、纱、罗、布匹，每年数十万匹苏杭织造丝织品由运河运抵京城，湖广川黔等地的竹木浮江而下，入运河北上，到北京修宫殿，建宗庙。

由此，物产交流和经济交流极大地丰富起来。明代北方棉花种植很普遍，发达的纺织业在江南，结果自然是棉花南运，布匹北运。太湖流域号称"衣被天下"，棉布和丝织品几百年来一直是运河上的主要货物。

明永乐之后，除官运之外，运河上商运逐渐增多，运河上开始设关收船税。清道光二十年（1840年）左右，户部从全国所收定额税银400万两，其中近1/3收自运河上往来的商船。

明代漕运使运河通州码头盛极一时。明代运河漕船每年有12000只左右，共分十帮，由124处卫所12万多军士负责运输，因路途远近而规定各帮至通日期，有序不乱，大多数漕船在通州空仓回航。各帮船于通州只许停留十天，最后一批船帮限定十月一日必须返归。伴随三月一日首帮漕船至通，亦有大批商船，开漕移师上将燃放"万头鞭"，数十档花会竞技，沿途商铺施茶献果，贾船掷银捐物，繁闹堪比京城各处庙会。清代沿袭此制，直到光绪二十七年（1901年）最后一艘漕船离开通州码头，盛景不再。

二、重要的通道

大运河是中国南北漕运的大动脉，河北运河不仅仅是南北水运的通道，也是连接大都和天津的东西漕河，是中国古代丝绸之路、瓷器之路、茶叶之路和海盐之路的重要通道。

河北黄骅海丰镇（今黄骅市东25千米）发掘的宋金元海运仓储遗址，以丰富的仓储瓷器，证明天津港崛起前，海丰镇是北方瓷器的重要出海口，河北邢窑、井陉窑、磁州窑、定窑和南方瓷器沿运河汇集于此，出渤海走向世界，以神奇的瓷韵之美征服世界，中国也被西方世界称为"CHINA"（瓷器）。

图1-2　北朝青釉仰覆莲花尊

元明以来，渤海之滨长芦盐场的海盐，沿着潮白河、蓟运河、香河运送至通州、北京，并沿着运河到山东，南下河南等地，滋养了大运河沿线的城乡百姓，此线路亦成为中国北方重要的海盐之路。

图 1-3　历史悠久的长芦盐场

明代实行海禁，产自江南的茶叶、瓷器、漕粮，经大运河运抵北京城。产于河南、山东的建筑材料砖瓦，也经大运河运到北京。2003 年 4 月 8 日，在河北香河县与北京通州区交界的王家摆村河道出土了一艘明代沉船，舱内清理出酱釉碗、青花瓷杯、鸡腿瓶、酱釉罐及青砖 113 块，印文（阳文）"万历三十七年窑户胡永成作头王允成造""三十八年窑户李應"，是明代山东临清青砖运京途中沉没的物证。

清代康雍乾时期，加强了运河泄洪分洪工程的修缮。雍正年间，怡亲王允祥与大学士朱轼推广营田水利，完善运河减河水系，在沧州及香河开凿减河，修建土门楼闸。

《香河县志》中记载，土门楼闸被乾隆赐名"金门闸"并题诗，其在《御题金门闸》写道："金门一尺落低均，疏浚引河宣涨沦。通策略同捷地闸，大都去害贵抽薪。"

中国是世界上重要的茶叶原产地之一，而茶作为北方游牧民族必需的饮料，具有帮助消化动物脂肪的功能。中国古代的运河连接了江南通往北方的茶马古道。元朝的茶马之路途经元大都、元中都，远至今俄罗斯恰克图。悠远的茶马古道在京津冀运河与长城下留下了永恒的记忆。

中原与周边游牧民族和辐射国家的茶马互市，从南北朝就开始了。当时

图 1-4　香河县金门闸旧址

河北邺城是北方的政治经济文化中心，沿着丝绸之路来到邺城的西亚及欧洲使节、商旅，在与中国进行贸易过程中，把茶文化传播到西方，神奇的"东方树叶"为西方人和北方游牧民族送去了健康。

大唐王朝开启了中原与突厥、契丹、吐蕃等游牧民族的茶马互市。《文献通考》卷十七《征榷考四》中记载："大中五年，唐宣宗令大都督府置市令一人，对沽酒、茶叶贸易实行专卖，茶商所过州县有重税，或掠夺舟车，露积雨中，诸道置邸以收税，谓之'拓地钱'。"

北宋太平兴国二年(977年)，宋辽签订茶马互市盟约。宋太宗"始令镇、易、雄、霸、沧州各置榷务，辇香药、犀象及茶，与(辽)交易"。宋辽边界的定、霸、雄、莫、沧诸州，就是茶马互市边地。

元朝会通河、通惠河开凿后，江南茶叶、瓷器、漕粮、丝绸等沿运河运到元大都，北上元中都、上都，远达俄罗斯、西亚、欧洲各地。

明成祖建都北京，实行海禁，大运河就成为了茶叶、瓷器、漕粮北运的主要通道。到清代，江山一统，沿海安定，海运大兴，运河水运地位降低。而天津港、香河的运河与白河、通州通惠河，仍然是南粮北运的重要通道，也是中俄茶叶之路的重要通道。

马克思在一系列论著中阐述了中国茶叶贸易与西方经济社会的关系。

马克思在《资本的流通过程》中，引用了《女王陛下驻外使馆秘书的报告》1867 年伦敦版第 6 号第 794、797 页——卢姆勒先生关于俄国茶叶贸易的报告作注，说明俄罗斯从中国进口的茶叶，1792 年是 6851 普特①，1863 年是 247101 普特。

马克思在《俄国的对华贸易》中说："在内地陆路贸易中，他们（俄罗斯）不会有什么竞争者。这种贸易是依照 1768 年叶卡捷琳娜二世在位时订立的一项条约进行的，以恰克图作为主要的（如果不算是唯一的）活动中心。恰克图位于西伯利亚南部和中国的鞑靼交界处，在流入贝加尔湖的一条河上，伊尔库茨克城以南约 100 英里的地方。这种一年一度的集市贸易，由 12 名代理商管理，其中 6 名俄国人、6 名中国人；他们在恰克图会商并规定双方商品交换的比率，因为贸易完全是用以货易货的方式进行的。中国人拿来交换的货物主要是茶叶，俄国人主要是棉织品和毛织品。近年来，这种贸易似乎有很大的增长。10 年或 12 年以前，在恰克图卖给俄国人的茶叶，平均不超过 4 万箱，但在 1852 年却高达 17.5 万箱，其中大部分是上等货，即在大陆消费者中间享有盛誉的所谓商队茶，完全不同于由海上进口的次等货。"②

马克思在《资本的流通过程》中，记述了中国到俄罗斯恰克图茶叶之路的路线："经陆路运到恰克图出售的茶叶，大部分是用船直接从汉口顺扬子江运到上海的，小部分是从福州和广州运到上海的。但是，较大部分的茶叶是在广州东北的福建省收来的，经陆路或水路运往衢江。从那里由苦力用福琼所描写的办法翻山越岭把茶叶运到常山。在这里把茶叶装在小船上，每只船约装载 200 箱。而后这些船只沿汇入钱塘江的河流往下航行 40 俄里。在那里茶叶又转上能装 500 箱的船只。载茶叶的船只过汉口市（俄文原文如此，可能是杭州市。——译者注）后进入东海，然后它们沿岸到达春申江，沿江到上海。在这里把茶叶再装上更大的船只，这些船只除其他货载外，装载 1500 箱茶叶。这些船只离开上海，沿着海岸航行到天津，在天气好的时候，大约要 15 天才能到达。在天津，又把茶叶装在较小的约能载 200 箱的船上。它们沿白河经过 10 天到达离北京约 22 俄里的通县。从那里茶叶继续由陆路用骆驼和

---

① 1 普特=16.38 千克。
② 《马克思恩格斯选集》第 1 卷，699 页，北京，人民出版社，1995。

牛车运抵边防要塞长城边上的张家口（或口外），距离约252俄里，再从那里经过草原，或沙漠，大戈壁，越过1282俄里到达恰克图。茶叶从福建省运抵恰克图，根据不同情况需要2—3个月之久。大家知道，位于俄国和中国边界上的恰克图和买卖城是茶叶商队贸易的中心。"①

张家口的大境门是万里茶路的重要通道。从天津港、白河运到北京的茶叶，从这里走向草原戈壁，一直运到俄罗斯的恰克图。张家口作为通往恰克图的贸易通道，从明代隆庆议和开始开通西境门，创建来远堡，作为长城内外商贸流通的基地。清顺治时，开辟大境门，打开北京通往关外至俄罗斯的商贸通道，张库大道由此远行。

图 1-5 张家口的大境门

马克思还详细分析了恰克图市场中国茶叶贸易数量的变化，他说："1853年，因为中国内部不安定以及产茶省区的通路被明火执仗的起义者队伍占领，所以运到恰克图的茶叶数量减少到5万箱，那一年的全部贸易额只有600万美元左右。但是在随后的两年内，这种贸易又恢复了，运往恰克图供应1855年集市的茶叶不下112000箱。"由于茶叶贸易的增长，俄国恰克图就由一个普通的要塞和集市地点发展成一个相当大的城市。"它被选中成为这一带边区的首府，荣幸地驻上了一位军事司令官和一位民政长官。同时，恰克图和距离它

---

① 《马克思恩格斯全集》第50卷，82页，北京，人民出版社，1985。

约 900 英里的北京之间，最近建立了直接的、定期的邮政交通以传递公文。"①

三、厚重的史册

大运河文化带是一部厚重的史册，包括政治、经济、文化、军事、建筑、民俗、文学、科技、移民、驿传、镖师等丰厚的内涵，而河北运河是这部史册中璀璨的一卷。

大运河在河北流经邯郸、邢台、衡水、沧州、廊坊 5 市，总长 530 多千米，列入省级以上文物保护单位的文化遗产 56 处，重要非物质文化遗产 10 项，古城及故城遗址近 20 座，重要古建筑及相关遗址近 100 处。其中南运河沧州至衡水德州段，连镇谢家坝、华家口险工 2 处列入世界文化遗产名录，成为河北的第四项世界文化遗产。

图 1-6　列入世界文化遗产的华家口险工大堤

河北运河畔留下了许多名垂青史的历史文化名城：魏都邺城、大名府故城、董子故里广川城(今景县广川镇)、扁鹊故里鄚州(今任丘市鄚州镇)、"实事求是发祥地"献王刘德封地献县、中国《毛诗》发祥地河间、"天下北库"贝

---

① 《马克思恩格斯论中国》，41 页，北京，人民出版社，1993。

州（今清河县贝州故城）……

四、河沁的书香

古老的运河浸润了河北大地，河北赋予大运河文化的灵魂，书香燕赵，浸染着运河文化。

运河畔的任丘市鄚州是神医扁鹊的故乡，鄚州大庙名扬天下。扁鹊（秦越人），春秋战国名医，著有《扁鹊内经》和《扁鹊外经》。汉代《黄帝八十一难经》就是根据扁鹊著作整理的。他创造了中医中望、闻、问、切的"四诊法"，奠定了中医临床诊断和治疗的基础。

金元四大医学名家有三个是河北人，其中运河畔河间的刘完素为四大家之首，书香传世，《素问玄机原病式》《宣明论方》《素问病机气宜保命集》均为其代表作。

被称为中国儒学集大成的"董子"——董仲舒，是运河畔广川人，他以《春秋繁露》为代表作，创立了新儒学体系，得到汉武帝尊崇，因而"罢黜百家，独尊儒术"，董仲舒成为中国2000余年统治思想的鸿儒至尊、伟大的思想家。东汉哲学家王充说："文王之文在孔子，孔子之文在仲舒。"北宋欧阳修说："董生，儒者。其论深极《春秋》之旨……以明圣人之道。"近代思想家康有为说："不得董子发明，孔子之道本殆坠于地矣。"

"实事求是"这一成语，出自《汉书·河间献王刘德传》。西汉河间献王刘德"博学好古，实事求是"，搜集整理先秦文献书籍，使"焚书坑儒"之后儒学得以传承和传播，受到后世广泛尊崇。

在河间献王刘德倡导下，运河畔邯郸郡鸡泽县人毛苌来到河间国，收集、注释《诗三百》，传给毛亨，成就了千古不朽的《毛诗》。河间国也成为了中国诗经之乡、《毛诗》的发祥地和传播地。

建安时期，曹操父子和"建安七子"继承汉乐府民歌传统，成就了文学史上的"建安风骨"。还有蔡文姬和无极甄氏的女性文学，使得建安文学成为中国文学史上的一个高峰，为运河文化留下了经久不衰的书香余韵。

被称"王佐之才"的固安才子张华，编纂了中国历史上第一部博物学著作《博物志》十卷，分类记载了山川地理、飞禽走兽、人物传记、神话古史、神仙方术等，开启了中国博物类书籍的先河。

自隋炀帝兴科举以后，开创了科考取士的封建人才制度。而第一位为中国科举制度编著规范课本的一代鸿儒，正是衡水名人孔颖达。唐太宗时命经学家孔颖达编纂《五经正义》，该书成为中国历史上第一部儒学规范课本，奠定了儒学作为正统思想的基础。

沧州名士贾耽作为中国地理地图史上划时代的人物，发明了科学制图的方法，对后世地图编绘影响深远。他是中国最早记载南海岛屿的地理学家之一。他的地理记述是中国对外宣示领土和海权的重要依据。

宋代大运河畔广平人李昉编纂的《太平御览》《太平广记》和《文苑英华》三部大书，是中国古代类书的经典。

清代沧州才子纪昀编纂的《四库全书》是中国最大的一部官修典籍，也是中国古代最大的丛书。他编纂的《四库全书总目提要》为目录学集大成之作，对后世产生了深远影响。

运河畔明清时期河北作家的小说在中国文学史上占有重要地位。纪昀的《阅微草堂笔记》中有不少运河故事，纪派笔记小说对后世鲁迅等文人创作产生了深刻影响。

大运河文化带上近代思想家、南皮名士张之洞兼学汉宋，以会同中西、权衡新旧的态度，系统阐述了"中学为体，西学为用"的思想，奠定了清末新政的理论基础。

大运河上的漕船、商船和游船，有镖师护卫，还有说书人演唱大鼓书。从江南到江淮，从山东到河北，从河北到京津，大鼓书随着运河船只传播各地，带着各地乡音乡韵，形成了鼓乐运河的一道风景。从苏州评弹到山东快书，从邢台的西河大鼓到河间大鼓、香河京东大鼓，再到北京的京韵大鼓，运河载着大鼓书，让文化流动起来。燕赵运河润书香，千载百代数风流。

第二节　开发现状与存在的问题

一、旅游资源现状

大运河位于河北省东部平原农业区，沟通海河和黄河两大水系，开发历史悠久，连通北京、天津，具有环抱京津的地缘优势，这就为河北省分流京津大量国际国内旅客提供了有利条件。京津系中国的大城市群，有众多的人口，拥有较高的消费能力；京津拥有中国重要的航空、海运口岸，是对外交往的门户，是许多国际旅游者入境地，这也为河北与北京、天津开展大运河文化旅游奠定了基础，成为"京津冀协同发展"和"雄安新区"相衔接的重要节点。

（一）世界文化遗产

大运河作为流动的文化，在河北的发展中扮演了重要角色，形成了宝贵的文化记忆。大运河在 2014 年成功申请成为世界文化遗产，河北省南运河沧州至衡水段、连镇谢家坝、华家口夯土险工"两点一段"列入其中。其中南运河沧州至衡水段是利用河流走向的弯度来减缓水流速度，这明显区别于南方运河利用水闸控制水流的方法。沧州东光县连镇谢家坝和景县华家口夯土险工是南运河仅存的两处人工夯土大坝，都采用了独特的建筑工艺。东光县连镇谢家坝是由清末民初连镇一谢姓乡绅捐资兴建的，坝体为灰土加糯米浆逐层夯筑，是南运河结构保存最好的夯土坝。

（二）多元文化遗存

漕运是大运河河北段文化中重要的一环，它不仅是古代运河沿岸城市经济发展的关键，也是古代国家正常运行的重要保证。大运河河北段包括已经列入世界文化遗产名录的大运河的河道、堤坝，还包括大运河水运及其关联的码头、仓储、桥梁、渡口、村镇、庙祠等物质文化遗产，因运河而产生的商贸移民及其流经地市的民俗风情、沿河物产，以及与大运河相关的战争、漕运等多元文化遗存。

河北运河古代河工技术堪称典范。在当地有限的条件下，因地制宜地创造了弯道代闸、糯米灰浆、减河泄洪、堤上植柳等的水工技术，展现了古代北方运河技术的卓越性，以及燕赵儿女对科技的运用和人文智慧。另外，大运河沿线优秀文化遗产富集。河北运河沿线已列入全国重点文物保护单位的河道遗产、水工遗存、附属遗存及相关遗存共 14 处，省级文保单位 6 处，其他遗存 15 处；沿线 5 市共有国家级历史文化名城名镇名村 10 个，省级历史文化名城名镇名村 43 个，传统村落 63 个。千百年来，沿线区域形成了与运河紧密相依的文化符号、独特的手工技艺、众多的名人故事以及丰富的民间艺术和民风民俗，传承至今。主河道沿线 5 市共有国家级非物质文化遗产 87 项、省级非物质文化遗产 322 项，其中国家级非物质文化遗产占全省近 60%，是河北优秀传统文化高度富集区域，武术、杂技更是享誉海内外。

(三)古代镖师文化

在大运河流经的 20 个地级市中，沧州段的流程最长，有 253 千米，这也使得沧州的商贸、农业、盐业、酿酒经济在漕运的促进下稳定发展。最初为在运河边谋生的行业——沧州武术、吴桥杂技驰名中外，甘甜的运河水酿出的沧州美酒，声名远播，同时留下了丰富的诗文。所以说大运河成就了沧州，成就了沧州武术的文化灵魂和人文精神，形成了有责任、有担当、尚武的古代镖师文化。

(四)独特邯郸文化

邯郸与运河结缘始于三国曹魏时期。官渡之战后，曹操为了保障粮草运输，在黄河与邺城之间开凿了白沟，使得许都经白沟能够直达邺城(白沟即这一区域永济渠的前身)，占据邺城后，又先后兴建邺北城和邺南城，如今苏曹码头西还保留了船商供奉的河神庙。邯郸境内现存大运河主要流经邯郸东南部魏县、大名县、馆陶县等地。形成于隋朝、繁荣于唐宋的邯郸运河文化，在中国大运河文化体系中占有重要的一席之地。大运河邯郸段遗存丰富，全长 141.8 千米，流域面积 701.5 平方千米，是中国大运河中段重要流域，保存了大量与运河有关的物质和非物质文化遗产，形成了邯郸在中国大运河文化体系中独有的燕赵文化符号——冶铁之都、典故之都。女娲团土造人、赵武灵王胡服骑射、邯郸学步、将相和的故事都流传于此，使得邯郸在中国大运河文化体系中占据了重要的地位。

(五)独有文化史诗

历代关于大运河的诗词歌赋，历史故事，文人学者、政治家(乡贤名宦)及其相关著述也是一部河北文化的史诗，滋养了河北的崇文智慧，出现了曹操、刘靖、石勒、狄仁杰、姜师度、何承矩、包拯、沈括、郭守敬、梁梦龙等历史名人。还有西汉时期董仲舒编写的《春秋繁露》，晋代张华的中国第一部《博物志》，大唐孔颖达的中国最早为科举制编制的儒学规范版本《五经正义》，郦道元的《水经注》等，这些都是河北独有的文化资源。

(六)原生河道景观

河北大运河人为破坏较少，完好地保留了运河河道原生态景观风貌，河道样态真实，堤防体系完整，保持了古代漕运时期河道的规模与形态，至今保留着"九龙十八弯"的原生古河道形态。沧州至衡水段河道尤其突出，从东光连镇谢家坝到四女寺枢纽的全长94千米的河道内就有88个弯，沿线水林田湖草绿意盎然，在今天看来，更是一种自然的美学景观，为"美丽运河"建设提供了良好条件。

(七)特色村镇资源

河北大运河流经21个县市，沿线村镇密布，平均沿线每2千米就有一个村镇。村镇类型多样，特色鲜明，有百年梨园的贡梨刘老人村，有运河边的码头和古镇。除沧州等较大城市外，还出现了郑口、油坊等极具生活气息的商贸小镇。

二、旅游业发展现状

大运河沿岸各地市以文化休闲旅游为核心，通过开发古码头、古城镇、文旅融合等重点内容和措施，已初步形成"点、线、面"的空间特征，以大运河为主线的旅游业也得到了快速发展，具体如下。

(一)推进了旅游项目的实施

1. 点状开发已具规模

沧州开发了古码头、渡口遗址、水月寺、文庙等景区(点)近40个，邯郸开发建设了明清大名府城、大名县博物馆、明城墙修复、兴化寺修复、大街镇"丽君小镇"、邓台村、营镇乡"回乡小镇"、东营村、粮画小镇、黄瓜小镇、教育小镇、铜雀三台遗址公园、邺城博物馆、邺城公园、佛造像博物馆等30余处。衡水故城建设了大运河主题文化公园等，在空间上形成了多点布局、互为补充的分布特征。

2. 带状区域已成亮点

沧州和衡水以整个辖区为单位进行带状建设。沧州的"大运河人文体验带"植入盘古文化、杂技文化、武术文化、农耕文化等沧州原生态文化元素，以运河风景廊道(国家健身步道、骑行道、水运航线、重要视觉景观)贯通，形成综合性体验。衡水的大运河主题公园建设，使沿运河的郑口镇、建国镇、故城镇、夏庄镇逐渐成为运河西畔百里文化长廊。

邢台以县域范围为单位进行大运河带状开发。邢台临西县和清河县以大运河油坊码头项目为龙头，以大运河6个码头为核心，以杨柳绿化大堤，恢复油坊古镇，修建码头雕像、漕运船、游船；扶持建设瓜果蔬菜采摘区、运河森林公园、水上游乐区等；整合隋唐古运河、羊绒小镇等文化资源，开发大运河旅游集聚区和文化旅游带建设。

邯郸以点带面实施大运河带状开发。大名县建设大运河文化休闲旅游业布局，即"一河、两城、四镇"。一河：开展运河环境综合治理，两城：大名府故城考古调查勘探发掘、明清大名府城保护建设，四镇：艾家口古镇、金滩镇、龙王庙镇、营镇等衍生古镇，打造成长达近百里的"卫运河生态文化长廊"和自然风光美、历史文化厚、人文魅力强的"大运河畔历史文化名镇"。馆陶县建设大运河文化休闲旅游业布局，即"一镇、两产、八节点"。一镇：陶山老街历史文化名镇，打造原生态的运河水景和"馆陶水驿""山西会馆""驸马古渡""长堤春色""历史名人文化""筑先纵队(卫河支队)红色文化""清末民初督府文化""毛州庙会"等。两产：中医药健康产业和文旅产业。八节点：(1)卫运河生态遗址公园，(2)刘氏宗祠，(3)馆陶老街，(4)黄花台遗址，(5)侵华日军决堤放水撒播细菌处遗址，(6)兴福寺，(7)明清时期七十二皇窑遗址，(8)雁翼故居。

廊坊全力推动北运河廊坊段河道疏浚、通水通航、生态绿化、文化旅游等工作，加快实现与北京天津航路互联互通，激发北运河沿线发展新活力。修建了香河运河文化公园，绿化面积达到24万余平方米，修建有亲水酷道、滨河步道、中式景观亭等休闲设施。完成了环形健身步道、足球场、灯光篮球场、儿童娱乐场、综合健身广场、荷花公园等配套工程以及古淑阳八景石刻壁画、文化墙、香河历史名人雕塑、民俗文化雕塑、景观亭楹联、诗词石刻等文化元素植入工程。

3. 集聚发展已成趋势

各地市在实施中，实施项目建设联动发展。沧州、邢台、邯郸实施的大运河文化景观旅游带建设，带动了一批产业的发展，形成了集聚的发展态势，如邯郸建设的 20 个特色文化小镇等已初步形成了集群效应。

(二)进行了旅游与相关产业融合发展

在建设过程中，各地市将特色文化贯穿于旅游业发展中，建设了一批大运河文化景区，如沧州青县在运河岸边实施了盘古寺复建和马厂炮台修复；沧县在减河建有御碑苑、纪晓岚文化园、沧州铁狮子、铁钱库展馆和神然生态园等；泊头的三井·大运河酒文化产业园，东光县的铁佛寺，吴桥县的吴桥杂技大世界，有杂技民俗村、杂技艺术学校及孙膑石牛等旅游景点，形成了与遗址遗迹、文化博物馆、休闲农业等产业的融合发展。衡水故城县大运河文化主题公园项目将省级非物质文化遗产项目运河船工号子、龙凤贡面、甘陵春酒等元素植入公园建设中，丰富了大运河文化内涵，打造出了故城旅游品牌。

(三)实施了综合治理与规划开发

各地市根据实际情况，以环境综合治理为基础，积极推进了相关基础设施建设。沧州于 2016 年 2 月 29 日正式启动沧州运河景观带(一期)河道整治工程，为发展大运河文化旅游奠定了坚实基础，并坚持保护与利用并重的原则，进行"大运河人文体验带"的规划与开发。

衡水积极做好基础设施的管理维护工作，对华家口夯土险工、故城段郑口镇挑水坝以及座挑水坝中的 3 座修旧如旧加固，并新建防护标志牌两处，同时对运河底部险工险段相应位置修建起石结构挑水坝，对防范运河水流冲击堤岸起到了良好效果。加强环境整治，拆除了华家口夯土险工保护范围内的扬水站，清理了大运河沿岸残余的建筑垃圾、柴草等，并进行了运河风情主题公园的景观建设。

邢台清河县于 2014 年争取到了国家文物保护资金 492 万元，对大运河油坊码头进行了保护修复和环境治理。

(四)组成了京杭大运河河北旅游营销联盟

2015 年成立的京杭大运河河北旅游营销联盟是继"承秦唐""北太行"之后的河北省的第三家旅游营销联盟，它成立的同时推出了面向京津冀市场的四条运河精品旅游线路，辐射京津及石家庄附近区域，共同构建了京杭大运河河北旅游整体品牌形象，打造出了具有一定影响力和较高知名度的运河旅游产品，提升了区域旅游核心竞争力。

三、存在的问题

(一)大运河遗产廊道系统尚未建立

大运河整体开发不足，整体性的大运河遗产廊道系统尚未建立。大运河文化旅游开发中的旅游要素设置、游憩道、解说系统、公共服务设施等还处在规划设计和初步建设阶段，且各地市没有进行统一规划，不能整合构成集生态与遗产保护、休闲游憩、审美启智与教育为一体的大运河遗产廊道。

(二)文化旅游资源开发利用不足

旅游资源缺乏完整的景观载体，观赏性不强，处于一种"有说头、没看头"的尴尬状态，文化旅游资源的融合度不高，加之现有景区资金投入不足，导致文旅结合的文化旅游资源开发利用不足。

(三)缺乏龙头产品和主题品牌形象

从旅游产业布局来看，旅游景区(点)大都分散在各县市。大运河长期处于干涸状态，水量不足，航道不通，不能形成完整的旅游线路和产业体系。虽然各地市旅游要素基本齐备，但缺少具有吸引力的旅游"拳头"产品，没有形成"运河雄风，燕赵故事"的品牌形象。

(四)协同发展体制机制尚未形成

一些地方和部门未将旅游业发展摆在应有的位置，协同发展"大旅游"的体制机制尚未形成，影响了大运河文化旅游资源的统一开发。

第三节　旅游发展对策

一、优化布局，构建大运河大廊道格局

以"保护环境、保存遗址、唤醒记忆、提升品质、彰显特色"为理念，以"运河雄风，燕赵故事"为主题，以"水上观光、滨河休闲、近河度假"空间递进的"大运河旅游遗产廊道"为主线，构建"一核、四区、十四片、多项目"的旅游空间布局，形成"河为线、城为珠，线串珠、珠带面"辐射全国的运河大廊道旅游格局。

(一)做亮沧州大运河风情文化核心

依托大运河流经的吴桥、东光、泊头、中心城区、南皮、沧县和青县等地，在保护自然与文化生态的基础上，以运河流经的主要城镇为重要节点，对古城、古镇、渡口、船坞等重要文物进行修复，恢复大运河往昔风貌，建成高品质的滨河休闲带和运河风情走廊。同时，将沧州武术文化、吴桥杂技文化等与运河文化融合，在运河沿岸打造文化演艺、杂技研修、民俗体验、特色小镇、主题节庆等多业态复合型的旅游产品，使之成为具有区域竞争力的大运河风情文化核心区。

(二)做大廊坊大运河生态文创旅游区

依托京杭大运河香河段，以国安第一城文化创意产业园区建设为抓手，落实生态文明建设，复育京津冀区域生态廊道，构建生态环保、文化创意、健康养生等高端服务产业，为首都功能疏解提供良好的生态环境和产业基础；同时通过对项目区域内村庄的综合整治，规划建设不同特色产业类型的产业小镇，形成京津冀协同发展样本，打造世界的运河文化度假区。

(三)做足衡水大运河"儒风文化"旅游区

依托景县、故城县深厚的运河历史文化，通过创新开发模式，借势世界文化遗产，以成立京杭大运河河北旅游营销联盟为契机，突出大运河韵味、

大运河情怀，讲好大运河故事，做好水陆相通的文章，融合景县和故城县深厚的儒学文化及运河船工号子、龙凤贡面、甘陵春酒等省级非物质文化遗产项目和阜城县的特色休闲农业文化，集中全力打造融文化、休闲、旅游、饮食为一体的河北省"儒风运河文化"品牌。

(四)做好邢台大运河乡村旅居露营旅游区

依托清河段大运河贯穿邢台东部乡村的环境特色和地处冀鲁交界的区位优势，在突出运河水韵的多文化基础上，按照国际标准建设集自驾车、房车和帐篷露营于一体的乡村露营公园。力争通过加强林地和草地的绿化美化工程，丰富大运河文化展示，设置标准的自驾车、房车和帐篷露营三类营位，配套开发休闲垂钓、水上游乐、烧烤营地、运动乐园、餐饮中心、车辆服务中心、自行车绿道、森林拓展营地、休闲农园等项目，加强与临清、馆陶、清河等地其他旅游项目的串联，将其打造成辐射冀鲁豫的乡村旅居露营中心。

(五)做强邯郸大运河古府名镇旅游区

依托大运河流经邯郸东南部的魏县、大名、馆陶、临漳等地，以文融旅、以旅载文、文旅融合，大力实施文化项目带动战略，形成大名广府古城、馆陶特色小镇、临漳邺城古都、魏县梨乡水城四张特色名片，打造大运河古府名镇旅游区。

二、因地制宜，打造运河风情文化片区

(一)青县盘古旅游片区

在现有的盘古庙基础上，进一步实施盘古寺复建，做强做大盘古庙会；修复历史遗存马厂炮台，形成以盘古庙会为载体，以圣地而扬名，以区位而得势，以文化而独厚的青县盘古旅游片区。

(二)沧县旧城历史遗存区

修建沧州旧城、开元寺，完善铁狮子、御碑苑、铁钱库展馆的旅游基础配套设施，丰富纪晓岚文化园的休闲设施和旅游功能，完善运河驿站(捷地水

闸），将其打造成集历史文化、休闲文化为一体的多功能历史遗存区。

(三)东光运河水工文化片区

以谢家坝(也被称为糯米大坝，为灰土加糯米浆逐层夯筑)水工文化为核心，以文化涵养为发展，融合运河漕运文化、佛教文化、元曲文化、戏曲文化。重点打造铁佛寺4A级景区和东光氧生园，修建县城西、连镇、霞口漕运码头重要节点，增加以元曲文化为核心的元曲公园、马致远纪念馆、荀慧生纪念馆等景点休闲基础设施，形成以运河水工为核心的立体文化片区。

(四)吴桥运河杂技研修片区

依托吴桥杂技大世界景区，重点针对国外市场，开展中外杂技文化培训与交流，重点建设杂技文化培训基地，搭建大运河中外文化交流的桥梁。

(五)泊头运河水驿文化片区

进一步挖掘泊头的城池文化，建设新桥水驿、打造运河重镇，形成运河的重要节点，依托水驿文化，建设乡愁小镇(华北城工部旧址)，恢复运河风貌的保护。

(六)香河特色小镇集群片区

结合中信国安第一城的资源优势，以中国美丽乡村实践典范区和生态健康养生示范区等为标杆，通过对现有村落的整合进行城乡统筹规划，融入现代服务业，打造以北运河文化中心、漕运小镇、万国小镇、音乐小镇、演艺小镇、影视特效基地、影视创客汇、摄影棚与外景拍摄地等为一体的特色小镇集群，同时引进教育、医院等配套设施，形成产城融合的特色片区。

(七)故城运河非遗文化片区

建设运河船工号子主题博物馆，整理运河船工号子乐谱，挖掘和展示漳卫南运河船工号子的历史发展过程等。

建设"非物质文化遗产"大舞台，以运河船工号子为核心，融合当地非物质文化遗产进行展演。

同时重点打造故城运河文化公园，将运河船工号子、龙凤贡面、甘陵春酒等元素植入公园建设中，丰富大运河的文化内涵，打造故城旅游品牌。

(八)景县安陵运河文化小镇片区

依托华家口夯土坝文化遗产点和封氏墓群文化遗产点、玫瑰园产业园区，建成以旅游、观光、自驾车游览、度假为一体的运河文化小镇。

(九)清河运河文化融合片区

在对油坊码头保护修复和环境治理的基础上，修建油坊古镇，打造商埠重镇文化油坊码头，并依托京杭大运河文化带项目，形成京都文化和中原文化、齐鲁文化和太行文化交汇融合处的区域性大旅游服务基地。

加快发展贝州古镇项目，以宋代贝州古城为核心，整合清河本地的大运河文化、水浒文化、张氏文化。

(十)临西运河仓集古镇文化片区

以临西(古临清)文化为主线，依托历史遗址，如临清古县城遗址、官仓遗址，以及元槐、宋井、堂台子等历史文化资源，结合河渠、美丽乡村等景观，着力打造以"古城文化"为主题的运河特色小镇。

(十一)大名运河古府片区

围绕"宋府明城、隆真故里"主题，以大名府明城为中心，完善大名府明城基础设施建设，打造明清古城、护城河景观带、伊斯兰风情街、艾家口古镇集中连片旅游点。

深挖艾家口厚重的文化资源，围绕艾家口古镇的主题特色，谋划包装艾家口古镇自然景观、历史景观、文化风俗、文化旅游设施项目，重现大运河畔的千年古镇艾家口的繁华盛况。

完善营镇乡的"回乡小镇"。在现有基础上完善街面立体包装等基础设施，建造具有伊斯兰风情的农家乐等节点，力争打造成具有伊斯兰风格的

"特色小镇"。

挖掘金滩镇"隆真故里"文化。深度挖掘该村历史文化资源，修缮郭隆真故居，加大红色文化旅游、民俗文化旅游建设及宣传力度，完善旅游基础设施，创建精品旅游路线。

(十二)馆陶运河文化名镇片区

完善大运河沿岸的粮画、教育、黄瓜、羊洋、杂粮、黄梨、轴承 7 个美丽乡村特色小镇的文化内涵，实现文旅的有机结合。

利用现有博物馆建设卫运河展馆，展示卫运河丰富文化内涵，展示各类运河遗产及运河相关出土文物与大运河沿线非物质文化遗产。

打造长达近百里的"卫运河生态文化长廊"，展示"馆陶水驿""山西会馆""驸马古渡""长堤春色""历史名人文化""筑先纵队（卫河支队）红色文化""清末民初督府文化""毛州庙会"等文化内涵，形成自然风光美、历史文化厚、人文魅力强的大运河畔文化名镇片区。

(十三)魏县运河水上休闲片区

大力发展卫河水上旅游项目，以生态旅游、地方特色游、绿植观光游带动卫河带旅游产业。建设湖泊景区，并配套建设旅游设施，引进大型游乐项目，建设室内温泉，打造大型音乐喷泉，设置水幕电影，打造具有北方特色的水上项目，形成"梨乡水城"的魏县旅游品牌。

(十四)临漳运河邺城文化片区

进一步完善城西邺城文化旅游片区，建设邺都文化创意园、鬼谷子文化产业园、汉古柏公园，融合"佛造像""曹操""三台""铜雀台""鬼谷子""西门豹"等邺城文化符号，进行广德门遗址旅游开发。

进一步提升县城休闲文化旅游片区，建设金凤佛文化主题公园、邺苑和健身公园及游客集散中心。

三、文旅融合，引领旅游业高质量发展

(一)文化引领，打造全域旅游隆起带

依托核心资源，"旅游搭台、文化唱戏"，打造以燕赵文化展示、生态旅游示范、品质旅游发展、产业融合创新、协同发展枢纽、共建共享富民等为特征的发展隆起带。挖掘武术、杂技等独特的运河文化旅游资源，打造燕赵文化旅游发展引领高地，形成独具北方特质的运河文化旅游隆起带。坚持生态优先、绿色发展理念，统筹沿线生态资源，打造生态旅游示范带。配套优质公共服务，构建高效交通网络，创新体制机制改革，打造品质旅游样板带。深入推进"旅游＋"融合发展，不断提升旅游产品品质，丰富品牌旅游产品，打造产业融合创新带。以运河为共享载体，形成北达京津，南接鲁豫，东出渤海，西连丝绸之路经济带和海上丝绸之路的协同发展枢纽带。充分发挥旅游产业对区域的强力带动作用，加快完善城乡融合发展体制机制，打造城乡融合发展的共建共享富民带。

(二)因地制宜，形成品质旅游新动能

河北运河要立足自身特色，通盘考虑，统筹规划。大运河沿线旅游资源丰富，文化底蕴深厚，但资源呈线性分布特征，较为分散，项目开发要做好资源整合，主次分明，亮点突出，有所取舍，错位发展，提升产品品质，延长产业链条，打造互补互动的精品旅游线路，平衡好错位发展与借势竞争的关系，满足人民群众对旅游产品多元化、品质化和个性化的需要。

(三)特色突出，培育文化旅游新品牌

打造一批重点旅游项目，重点推动香河国安运河第一城、文安—胜芳洼淀古韵旅游区、沧州运河武术名城、吴桥杂技文化旅游区、清河运河水镇旅游区、临漳邺城遗址文化旅游区、大名运河古府旅游区等项目建设。建设一批文化旅游示范区，重点打造沧州武术杂技、邯郸名城古镇、雄安新区白洋淀、衡水董子国学文化旅游示范区。启动"雄侠义·运河魂"河北运河总品牌和各相关子品牌培育工作。

四、整合资源，推进产业深度融合发展

整合大运河沿线特色资源，促进文化、农业、工业、水利、体育、研学等领域与旅游业深度融合和创新发展，打造一批文化旅游景区、文化园区、田园综合体、家庭农场、旅游度假区，改造提升一批休闲街区、特色村镇，开发一批文创商品、实景演出、文艺作品，实现资源大整合、产业大发展。

(一)旅游＋文化

一是做精文化展示体验载体。围绕运河水工漕运文化、沧州武术、吴桥杂技等特色文化，构建以文化景区、文旅小镇、文化公园、主题博物馆、遗址公园等为支撑的文化旅游载体，打造吴桥杂技文化旅游区、大名运河古府旅游区等品牌文化旅游区。二是推进非遗文化旅游产品开发。依托泊头传统铸造技艺、魏县画布染织技艺、大名草编传统手工技艺等非物质文化遗产，开发一批文创旅游商品、特色美食、研学教育等文化旅游产品。三是做强做大文化演艺品牌。深入挖掘整合沧州武术、吴桥杂技、沧县舞狮、运河船工号子、永年太极拳等各地特色文化资源，因地制宜采取多种演艺形式，打造精品文化演艺项目，用不同的演出形式展现博大精深的燕赵雄风运河文化。

(二)旅游＋农业

以文化旅游发展带动现代农业产业园区、田园综合体、家庭农场、国家农业公园等适度规模的农业产业化发展，推动农产品的区域公共品牌建设，打造一批特色文化突出的休闲农庄和精品民宿，提高乡村旅游质量和消费水平，推动乡村一、二、三产业融合发展，助力沿线乡村全面振兴。

(三)旅游＋工业

充分利用大运河两岸历史遗留的老作坊、旧厂房等工业设施，开发大运河文化旅游工艺品，传承传统手工技艺，实现工业遗存活化利用。积极引导在产企业、园区发展工业旅游，推广企业品牌。

(四)旅游＋水利

结合运河生态建设，科学合理地利用运河水利工程和水域，发展观光、游憩、休闲度假等水利旅游。加强捷地闸所、连镇谢家坝，衡水故城郑口险工、华家口夯土险工、郑口挑水坝、安陵枢纽、清河油坊码头等运河沿线水利工程遗址遗迹的保护与修复，开发观光休闲体验项目。依托运河沿线各段水利资源，创建水利风景区，在适宜岸段发展水上娱乐运动项目。

(五)其他融合方式

一是旅游＋体育。结合沿岸绿色生态廊道建设，徒步、健走、马拉松、骑行、自驾车等产品，支持沿线市县承办高水平体育赛事活动，加快体育休闲、体育旅游深度融合。二是旅游＋研学。以运河沿线丰富的文化、生态等资源为基础，开发系列主题研学旅行产品，建设一批国家研学旅行示范基地和研学旅行目的地。

五、优化供给，增加优质文化旅游产品

以旅游需求引领产品供给，以优质供给拉动旅游消费需求，全面提高旅游供给和服务质量，是推动河北旅游高质量发展的基本立足点。加快运河沿线旅游公共服务配套工程建设，构建旅游集散服务体系，为游客提供咨询、投诉、购物、食宿、停车、交通换乘、旅游数据采集分析等综合服务。推进"厕所革命"，加快风景道、绿道建设，加强旅游标识系统的创意开发，打造独具运河风韵的标识系统。打造"人在船中坐，船在景中行"的水上观光通道，建设多个不同主题的自驾车旅居车营地，依托高速公路服务区、旅游公路沿途特色村镇、加油站等建设自驾车旅游服务点，服务自驾游市场群体。加强文创商品研发，加强运河文化与当地旅游商品的融合，推动大运河文创特色商品发展，将文化资源转化为经济资源，带动相关产业发展。提升产品服务质量，完善旅游产品和服务标准体系，打造内容经典、效益良好的大运河旅游产品和服务，同步提升与旅业业紧密相关的餐饮、住宿、购物、娱乐等相关业态的服务品质。

当前，随着大众旅游、全域旅游时代的到来，以观光为主要目的的旅游产品正在发生变化，游客更注重旅游产品的参与性、互动性、文化创意性，大运河文化带旅游业的创新发展，必须以游客需求为中心推进旅游供给侧改革。打造创意性的旅游吸引物，创新旅游体验方式，积极借鉴国内外特色旅游产品开发模式，引进高新科技，利用情境体验、游戏玩法、影视场景、个性创意商品、生态建筑景观及各种演艺使大运河丰富多彩的历史文化资源"活"起来，带给旅游者沉浸式的深度文化体验。

六、重点培育，带动沿线全域旅游发展

(一)打造运河旅游重点项目

按照优化供给、聚集带动、打造精品、培育品牌的要求，改造提升一批既有项目，谋划新增一批辐射范围广、带动性强、品牌效应大的旅游项目。重点推动香河中信国安第一城、文安—胜芳洼淀古韵旅游区、沧州运河武术名城、吴桥杂技文化旅游区、清河运河水镇旅游区、临漳邺城遗址文化旅游区、大名运河古府旅游区等项目建设，推动运河沿线旅游产品提质升级。

(二)构建运河旅游精品线路

打造一批文化旅游精品线路，开发培育运河雄风体验旅游线路、隋唐运河文化旅游线路、燕赵故事怀古旅游线路、武术杂技休闲旅游线路、水利文化科普旅游线路、冀忆运河美食旅游线路等河北省运河旅游精品线路。主题线路串联沿线重要遗产，形成相关市县联动合作机制，通过线路连通、主题标识设计、主题系列展示、主题活动组织等多种方式营造文化主题突出、令人印象深刻的主题游线路，共同构成河北大运河文化带的特色项目、内容丰富的文化旅游形象。

(三)实施文化旅游示范区建设工程

深入挖掘大运河文化旅游资源，加强整体设计，大手笔规划、高标准建设，鼓励和支持社会资本投资开发大运河文化旅游要素服务系统，积极引入具有大运河文化风情特色的主题酒店、餐饮、民宿、娱乐、体育健身等配套项目，重点打造沧州武术杂技、邯郸名城古镇、雄安新区白洋淀、衡水运河

原生景观等旅游示范区。

七、绿色发展，建设永续利用的生态运河

（一）实施生态系统保护工程

划定生态空间核心监控区，管控范围四周纳入土地利用总体规划和城乡规划等相关规划，制定监控区禁止和限制发展产业目录。推动不符合生态环境保护和相关规划要求的已有项目和设施逐步搬离，原址恢复原状或进行合理绿化；逐步改造与传统风格不协调的建（构）筑物，控制运河沿线视线走廊。结合大运河河道通水，建设景观水面；实施退耕还水还湿、违建清退、生态恢复、河道修复等工程。实施大运河主河道两岸各 1000 米范围内滨河防护林生态屏障工程，将沿线重要生态资源纳入生态保护红线。在两侧宜绿化地段分别建设宽 100 米以上的廊道景观林带；沿河建设一批湿地公园、森林公园、水利风景区、自然保护区、城市公园和遗址公园等沿线生态公园。腾退城市建成区非生态土地；在大运河沿线每个县建成一个特色经济林基地；对沿线村庄实施乡村振兴工程；实施白洋淀、香河潮白河大运河湿地、胜芳东淀湿地、馆陶漳卫汇合处湿地生态修复和保护工程。开展大运河周边地下水超采治理行动。开展大运河沿线垃圾清理、拆违拆建等环境综合整治行动。建立大运河生态资源环境承载能力监测评估体系。

（二）实施水环境污染防治工程

划设水资源开发利用红线和水功能区限制纳污红线。全面彻查大运河流域沿线污水入河情况，追溯污染点源，建立排污设施系统性档案。实施沿岸城镇污水设施建设与改造工程，实施黑臭水体整治和农业面源污染综合防治工程，划定畜禽禁养区。重点推进入河排污口管控、城镇污水处理厂提标改造、河道清淤疏浚、河湖湿地建设等治理项目，确保断面水质达标。探索以河养河的水生态保护模式。

八、科技支撑，让智慧旅游为运河赋能

围绕文化科技应用，鼓励技术创新，加强运河旅游大数据建设，从游客需求出发，注重旅游体验内容创新、体验提升等，建立运河沿线智能交通、

接待设施服务引导等工具，实现全线科学有效的管理引导与调控；通过数字工具，建立旅游监测预警机制；积极发展数字导览技术，建立智慧导览与智慧旅游项目。

加强运河旅游全程智慧管理。做好景区视频监控系统、旅游从业人员和车辆监控系统、景区电子售检票系统和触摸屏互动终端；做好节点网络、旅游业务专网、无线网络建设。实现运河全程智慧导游服务，游客可在关注公众号，选取自己喜欢的解说风格，边游览边听运河故事。实现数据采集分析、旅游服务、应急指挥、精准营销等综合智慧旅游功能。为游客提供无线网络覆盖、移动终端服务、旅游信息推送、在线预订服务、二维码识别等个性化、便利化的智慧旅游服务。强化旅游市场管理，创新监管方式，加大执法力度，完善不文明行为记录制度，倡导文明旅游。加强旅游经营活动的事中事后监管，强化导游社会化评价和监督，加快旅游从业者、经营者和消费者信用体系建设，营造诚实守信的市场环境。建立健全大运河旅游信息发布体系，改进信息发布方式，引导游客理性消费。

九、文化推广，打造燕赵雄风运河品牌

建立河北运河文化旅游研究基地，深入开展河北运河文化旅游研究，组织国内外研究团队和专家，定期召开大运河文化旅游论坛。定期举办运河文化旅游博览会，重点推广运河文化旅游线路、文化创意产品、传统村镇、特色物产等优质运河沿线资源。

积极融入京杭大运河城市旅游推广联盟，加强与各节点的交流合作，推动线路设计、联合营销、客源共享等方面的实质性合作，联合策划运河旅游节事活动，统筹开展基础和公共服务设施建设，加强旅游媒体资源互换、产品互卖、客源互送，共享运河旅游发展经验，促进河北运河旅游快速可持续发展。在"千年运河"的统一品牌下，打造"燕赵雄风"河北运河品牌，通过多种营销方式，提升品牌知名度，塑造河北运河文化旅游形象。

十、加强夜游，培育新的旅游消费增长点

夜间旅游是丰富旅游产品，促进旅游消费的重要途径。在上海、杭州、深圳、长沙、东莞等夜经济已经相对成熟的城市，人们晚上的消费占据了商

家业绩的很大比重。梳理大运河的历史文化概况，做好运河故事的挖掘。打造夜游运河项目，做好运河沿线景观照明的升级，在护坡绿化带呈现四季分明的夜景，使用投光灯照亮，并实现七彩色的循序变换。将运河沿岸建筑作为灯光亮化的背景载体，采用高科技、新工艺手段打造运河夜景亮化，注重低碳、绿色、节能和科技创新。河道沿线景观的亮化要点线面结合，重点与一般结合，如同乐章一样有起有伏。坐着游船游运河，将让游客从更多角度欣赏到运河的璀璨夜色。"坐着游船赏岸上人家，细细听运河故事。"围绕"山、水、城、桥"沿线特色资源，根据不同季节、天气、时段，精心设计夜景灯饰。整体营造为山水人文交融的运河夜色，打造"夜游运河""夜游美食""夜游购物"等品牌。

十一、整合功能，加强旅游基础设施和公共服务建设

整合现有基础设施和公共服务体系，融入旅游功能，提升河北运河旅游发展的基础设施和公共服务水平。串联运河全线两侧现有公路，建设运河风景道；重点区域，依托现有河堤路建设绿道网；完善交通沿线标识服务等配套设施；打通交通主干道与大运河重要节点的旅游连接线。完善旅游公共服务咨询体系，根据旅游发展需要，在大运河沿线布设服务基地、服务接待节点村镇和服务支撑节点。改造提升沿线重点景区水电、安防、消防、应急救援系统等设施条件。深入推进"厕所革命"，加强旅游厕所建设管理。建立河北运河统一标识系统，展现河北运河形象特点，通过互联网推送河北运河景点和文化故事。

十二、强化管理，统筹协调旅游业发展保障

(一)强化组织保障

河北运河旅游业发展的组织管理是一项充满挑战的工作，建议各地全面落实党委主要领导作为第一责任人，各级政府主要领导抓落实的工作要求，把旅游业发展纳入河北运河文化保护传承利用工作协调机制，协调好跨地区跨部门重大事项，督促检查重要工作落实情况。省直有关部门要制定出台文化遗产保护传承、河道水系治理管护、生态环境保护修复、文化和旅游融合发展、道路交通等专项规划。沿线 5 市和雄安新区要制定出台

相应的实施规划，健全工作体制机制，明确沿线 5 市和雄安新区的主体责任和各县(市、区)的直接责任。省直有关部门要充分发挥业务指导和综合协调作用，完善配套政策，强化沟通交流，帮助并配合各地及时解决相关问题。把大运河旅游业发展所涉及的费用纳入地方年度预算。对接地方城乡规划、土地利用规划、国民经济和社会发展五年规划等重点规划，确保各项工作顺利启动，有序开展，达到预期效果。持续推进简政放权，推动旅游、文化、土地、水利、环保、体育等相关部门制定出台跨部门全流程综合审批指引，提高行政效率。

(二)加大投融资支持

统筹整合水利建设、生态环保、文物保护等现有资金渠道，优先和倾斜支持大运河重点旅游项目。鼓励沿河县(市、区)政府通过 PPP 模式①吸引社会资本投入大运河旅游开发，搭建重点项目投融资平台，优先推介重点项目，优先把符合条件的重点项目纳入 PPP 综合信息平台项目库，支持符合条件的项目申报国家示范重点旅游项目，通过引智等有效措施，推动项目规范运作。各地应统筹安排好各类资金，切实保证重点项目如期实施。加强地方政府债务管理和金融监管，注重防范化解金融风险，防范化解地方政府隐性债务风险，协调好旅游开发与金融风险防控工作。深化投融资体制改革，严格规范地方政府举债融资行为。

(三)完善政策措施

一是加强法治建设。通过立法等形式，规范大运河沿线旅游开发行为，整合各类相关执法资源，加强大运河旅游执法力量建设。二是处理好保护与开发的关系。在开发过程中，须严格执行文化保护措施，实施建设项目遗产影响评估和遗产监测巡视制度，协调好开发与保护的关系。三是做好用地保障。进一步推进旅游用地改革创新，探索解决农村闲置宅院等问题，做好旅游用地保障，破解旅游用地瓶颈。

---

① PPP 模式：Public-Private-Partnership 模式，即政府与社会资本合作的模式。

第二章 香河县旅游资源现状与旅游发展对策

第一节　概　述

一、基本概况

近年来，香河县为了加快推进文化和旅游业深度融合，打造了一批文化旅游新产品、新业态，培育了以第一城为龙头的皇家文化旅游品牌、以国安新桥影视基地和国华影视城为龙头的影视文化旅游品牌、以家具城为龙头的家居文化旅游品牌、以北运河和潮白河为龙头的"两河"文化旅游品牌、以机器人小镇和可口可乐生产基地为龙头的工业文化旅游品牌、以万亩荷塘为龙头的生态观光农业品牌、以特色民宿为龙头的乡村旅游品牌，初步形成了业态多样、特色鲜明、品质高端、体验丰富的全域旅游精品线路。其中北运河生态文化体验带已成为香河布局全域旅游的新亮点。

（一）自然资源

1. 地形地貌

香河县属华北地层大区，东北部西马家窝至西延寺以东，后马房至荆庄以北属燕山分区唐山小区，其他部分属华北平原分区冀中小区，全县均为第四纪地层覆盖。

香河县全境为海河流域冲积平原，地势西北高、东南低，最高点海拔 15.9 米，最低点海拔 4.9 米，自然坡降 1/3000。

2. 气候

香河县属北温带大陆性季风气候，其特征是：四季分明，秋短冬长，夏暑冬寒，温差较大，冷暖多变。春冬干燥雨雪少，夏季炎热多雨，秋季天高气爽，灾害性天气相对较少，年平均气温 11.6℃，年极端最高气温 40.7℃（1999 年 7 月 24 日），极端最低气温 −21.2℃（1990 年 1 月 31 日）；年均降水量 580.8 毫米，最大降水量为 1033.7 毫米（1977 年），最小降水量为 321.0 毫米（1983 年）；年均日照数 2651.5 小时，占可照时数的 60%，太阳年总辐射 5186.3 兆焦耳/平方米；年均风速 2.2 米/秒；无霜冻日数平均 206 天，最长 241 天，最短 160 天。

3. 水文

香河县四面环河，属海河水系。全县有主要行洪河道 4 条，分别为北运河、青龙湾河、潮白河、引沟入潮河，全县流域面积 442 平方千米，河道总长 66 千米，此外还有凤港减河（龙凤减河）、鹉池河、窝头河、牛牧屯引河等支流小河分布其间，加上干渠、支渠，初步建立起香河县洪、涝、旱、碱综合治理的水利工程体系。

北运河系（北）京杭（州）大运河北段，自安平镇鲁家务村西北入本县，经安平镇、淑阳镇、钳屯镇、五百户镇曲道南流，至五百户镇东双街村南出境。辖区内流程 20.38 千米，流域面积 237.52 平方千米。

青龙湾河为北运河分洪河道，自本县五百户镇土门楼闸起，沿钳屯、五百户、刘宋等乡镇南部边界东流，于刘宋镇庆功台村东南入天津宝坻区。辖区内流长 18.20 千米。

4. 土壤

香河土壤类型受地貌类型影响，差异较大，分 3 个土类，8 个亚类，10 个土属，56 个土种，主要土类为：褐土、潮土、风沙土。

褐土：褐土类面积约 5000.03 公顷，占总土地面积的 11.55%，分布在蒋辛屯镇、淑阳镇 2 个镇 31 个村庄。

潮土：潮土分布面积最大，为耕性良好的主要土类，面积约 38290.37 公顷，占土壤总面积的 88.45%，在钱旺、安平、五百户、渠口、钳屯、刘宋、蒋辛屯均有分布。

风沙土：多以流动、半流动沙丘方式存在，面积约 30.59 公顷，占总土地面积的 0.67%，分布在淑阳、安平、五百户、钱旺等乡镇。

5. 植被

香河县属平原地区，是传统的农业县，以种植业和林业为主。农作物以小麦、玉米、谷子、高粱、大豆、芝麻、花生、薯类、棉花为主。现在随着冬春大棚的发展，种类除原有的白菜、韭菜、豆角、西红柿等北方常见蔬菜外，又增加了佛手瓜、美国芹菜、紫菜等移植品种。

树木品种有杨树、柳树、槐树、椿树、松树、合欢树等。鲜果种植以苹果、桃、梨和葡萄居多，还有李子、樱桃、柿子、杏、枣等。

（二）人文资源

目前香河县有国家 4A 级旅游景区 2 个，分别是香河第一城景区和香河金钥匙景区，国家 3A 级旅游景区 2 个，分别是水岸潮白田园综合体和万亩荷塘景区。另外还有国华影视基地、国家足球训练基地、机器人小镇、大爱城康养小镇、滨河风景绿道、运河文化公园、金门闸遗址公园、潮白河滨河公园等，工农业旅游示范点潮白码头度假村。

香河现有国家级非物质文化遗产——香河县安头屯中幡 1 项，省级非物质文化遗产五行通臂拳、大河各庄竹马、西南街音乐会、民间竹马会 4 项，市级非物质文化遗产玉雕、古建模型、香河吹歌、文武高跷会、西路评剧、龙舞、王家摆大头会、珐琅镶嵌制作技艺、香河肉饼制作技艺等 16 项。香河县被称为"中国中幡文化之乡"，先后受邀参加世界园艺博览会及天津、上海等处的非物质文化遗产展演。香河肉饼、饸饹、馅糊饼、臭豆腐等多种美食既美味又独具特色，特别是香河肉饼，多次荣登中央电视台、北京电视台等相关栏目，成为河北省"不得不品的十大特色美食"之一。香河的花丝首饰、玉雕、珐琅镶嵌等多种传统手工制作技艺精湛，景泰蓝珐琅制品、烧蓝银饰饰品获评"廊坊十大旅游商品"，多次参与国礼制作。香河县先后获评京津冀最佳休闲旅游目的地、全国最佳休闲旅游目的地奖，荣登"最美中国榜"。

二、旅游资源基本类型

按照《旅游资源分类、调查与评价》（GB/T 18972—2017），经过调研，香河县主要旅游资源类型见表 2-1。

表 2-1　香河县旅游资源分类表

主类	亚类	基本类型	资源单体名称
B 水域景观	BA 河系	BAA 游憩河段	潮白河、青龙湾河
	BB 湖沼	BBC 潭池	万亩荷塘
	BC 地下水	BCB 埋藏水体	地热资源
C 生物景观	CA 植被景观	CAA 林地	农田、果园、林地（杨树、果树、玉米地、菜地、苗圃等）
		CAB 独树与丛树	古银杏树、古楸、古国槐
E 建筑与设施	EA 人文景观综合体	EAA 社会与商贸活动场所	金钥匙家居会展中心、香河中商农产品交易中心、香河国际家具城
		EAD 建设工程与生产地	机器人小镇、可口可乐生产基地
		EAE 文化活动场所	新城广场、香河文化广场、五一公园、国家足球训练基地、国安足球训练基地、农博馆、国安珍宝馆、荣毅仁纪念馆、中国现代瓷器艺术博物馆
		EAF 康体游乐休闲度假地	第一城、泽普生态园、潮白码头度假村、木森林生态鱼塘、国华文化影视城、锦鲤生态农庄、枫亭居私家菜馆、老高农家院、爱晚国家养老基地
		EAG 宗教与祭祀活动场所	扁城天主教堂、香椿营清真寺、宝庆寺遗址、栖隐寺塔基、文庙、九圣庙
		EAI 纪念地与纪念活动场所	马家窝古庙遗址、于辛庄墓群遗址、周腾蛟墓表、周元村汉墓遗址
	EB 实用建筑与核心设施	EBH 港口、渡口与码头	金门闸遗址、和意桥碑、红庙运河木船遗迹
		EBF 渠道、运河段落	北运河
	EC 景观与小品建筑	ECA 形象标志物	运河公园、机器人小镇

主类	亚类	基本类型	资源单体名称
G 旅游购品	GA 农业产品	GAA 种植业产品及制品	香河肉饼、咯吱、馅糊饼、邢营臭豆腐、王二先生烧饼、德和花生仁
	GC 手工工艺品	GCC 家具	香河金钥匙家具城
		GCH 画作	珐琅镶嵌技术、花丝制作技术、金晓晓饰品、新华珐琅制品厂、美银花丝首饰厂、天音乐器有限公司、云鹏工艺品有限公司
H 人文活动	HA 人事活动记录	HAA 地方人物	香河老人周凤臣、王蔚、王少奇、陈然、张策、王乐亭、郝寿辰、袁懋功、张中行
		HAB 地方事件	安平事件、庆功台惨案、铁佛堂传说、安头屯传说、王二奶奶传说、黄院传说、义井传说、扁城传说、中井亭传说、卸甲庄传说、庆功台传说
	HB 岁时节令	HBA 宗教活动与庙会	安头屯中幡、竹马会、民间吹打乐、西路评剧、五行通臂拳、文武高跷会、灯宫会、小车会、地秧歌、五虎棍、梅花班、狮子会、少林会、坛子会、龙灯会、吵子会、大头会、十部贤会、傀儡戏、皮影戏、京东大鼓、戏迷协会、"一城杯"新春花会
		HBC 现代节庆	香河国际家居文化节、香河"荷花节"

第二节 景区景点概况

一、旅游景区

(一)中信国安第一城

由中信国安集团公司投资兴建的中信国安第一城国际会议展览中心,是国家 4A 级旅游景区,位于香河县运河畔,西临北京,东接天津,地理位置得天独厚,交通十分便捷。中信国安第一城是以老北京都城建筑群为原型,创造性地复建明清北京"内九外七"的城垣格局，并按 1∶1 比例复建圆明园七景；占地面积 240 万平方米，建筑面积 60 万平方米，建筑群气势恢宏，园林、宫殿古香古色，楼阁亭台、坊巷古街鳞次栉比；以会议展览为经营主业，集休闲度假、康体健身、美食购物、影视拍摄等多种功能于一体，第一城已成为目前国内规模最大的综合性国际会展中心之一。

图 2-1　中信国安第一城

(二)香河运河文化公园

中信国安集团响应党中央的号召，以保护运河文化为己任，整合优势资源，启动中信国安运河生态文化项目。修复运河生态，建设运河文化公园、湿地公园，水中植荷莲，岸边种绿柳，营造荷塘月色、渔歌唱晚的运河文化原生态，并在运河文化园中创建集运河博物馆、图书馆、民俗文化展陈于一体的运河文化中心，吸引各地游客游运河，赏风景，品美食，玩垂钓，文化公园成了京畿运河上亮丽的风景。

图 2-2　香河运河文化公园

(三)香河家具城

香河家具城是由红星美凯龙家居行家博览中心、金钥匙家居品牌 CBD、鑫亿隆家居文化广场、顺隆家具城、汇美家具城、鹏大家具城、香河好百年家具博览中心、嘉亿龙家居博览中心等 22 座单体家具城组成，拥有红木家具、家具套房、办公家具、宾馆套房家具、中高档沙发、软床、户外类、藤艺类、工艺品类等专业家具展厅 50 个，总面积 220 万平方米。城内参展企业6000 多家，是北方最大的家具销售集散地、全国最大的办公家具和红木家具批发市场。

(四)金钥匙会展中心

金钥匙会展中心为国家 4A 级旅游景区，地处环渤海经济圈腹地，京津冀都市圈金点之区，距北京 45 千米、天津 70 千米、唐山 80 千米，京哈高速公路等多条国道、省道穿境而过，是配套最齐全、行业最集中、功能最强大的北方最大的超前家居商业中心。景区以京津市场为依托，辐射华北、东北、西北地区。四通八达的交通网络为各地游客及家具客商搭建了广阔的人流、物流平台，是游客休闲购物的好去处。

(五)国华影视基地

国华影视基地坐落在香河县钱旺镇，建于 2007 年，总面积为 667 万平方米。专门从事电视剧及电视节目制作、复制、发行、节目版权交易及代理交易，经营范围为影视剧、电视综艺节目、电视专题节目、动画故事节目、广播剧等。现有封闭摄影棚 8 座，用现代的理念铸造五千年文化遗产的风格，百年景观得以重现。国华影视基地西眺北运河，南望潮白河，冬日溜冰赏雪，夏季戏水鹰鱼，南风北景，美不胜收。汇集"北京东西琉璃厂一条街、松竹斋、荣宝斋、四大牌楼、永定门、明清街、民国街道、王爷府"等有中国特色的古建筑群。同时加大外景地的开发力度，目前，基地内国华山庄已建成，欧洲小镇景区已初具规模。基地内拥有三星级酒店 1 座及相关配套设施，可同时接纳 800 人食宿。自 2007 年成立至今，基地与北京数十家有影响的电视剧制作公司、河北广播电视联合，与多家电影公司合作，已先后拍摄了《赵氏孤儿》《辛亥革命》《天下人家》《亮剑 2》《神话》《徐悲鸿》《狼烟北平》《百年荣宝斋》《决战黎明》《迷情姐妹》等数十部电影、电视剧，连续三年承制并出品《春节戏曲联欢晚会》。2009 年，被确定为全市文化产业发展"五个一工程"之一和省级文化产业示范基地，纳入《河北省文化产业振兴规划》；被列为河北省重点建设项目。

(六)乐农美联生态农场

乐农美联生态农场位于香河县安头屯镇，总投资 1 亿元，占地 200000 平方米，是集观光旅游、餐饮美食、休闲娱乐及特色种养殖于一体的新型农业项目。目前，农场已完成投资 3600 万元，建成阳光温室 5000 平方米，蔬菜种植温室 7000 平方米，精品采摘区 8000 平方米。"干农家事、吃农家饭、住农家屋、赏民俗风。"乐农美联生态农场以原生态景观和现代农业为载体，把旅游、餐饮、娱乐、休闲、度假与特色种植、养殖相结合，目前已经形成了生态采摘和旅游项目群。

图 2-3　乐农美联生态农场

（七）东方千年古葡萄庄园

东方千年古葡萄庄园项目是以传承全球重要农业文化遗产"宣化牛奶葡萄"的种植、采摘、研发、保护于一体的农业示范园区，投资 3 亿元，主要包括葡萄种植园、世界葡萄品种及架型展示园、葡萄研发基地、农业展览馆、民俗博物馆、名贵植物园、珍稀水果采摘温室等，是集葡萄种植、酿酒以及休闲观光、生态旅游于一体的现代农庄。

图 2-4　东方千年古葡萄庄园

（八）刘宋镇万亩荷塘

刘宋镇万亩荷塘面积 906 万平方米，为北方平原莲藕单体面积最大的种植观赏基地。万亩荷塘获得"廊坊市乡村旅游示范点"称号，其所在的庆功台村获得"中国乡村旅游模范村"称号。在这里"青青荷叶浩如海，点点芙蓉似浪花，栈道浮桥探幽径，一叶扁舟畅晚霞"，让游客尽享自然生态之美。

图 2-5 刘宋镇万亩荷塘

(九)水岸潮白田园综合体

水岸潮白田园综合体位于香河县蒋辛屯镇北李庄村，是以农、旅、文、养为主题，集优质特色花果种植、景泰蓝工艺品加工、旅游观光度假于一体

图 2-6 水岸潮白——李家大院

的综合景区。

景区采用"公司运作＋合作社＋村民"的商业模式，将闲置农宅统一设计、改造成独具匠心、不同风格的主题民宿 27 套。目前投入使用的项目还有火车主题商业街、李家大院、萌宠乐园、景泰蓝展馆、亲子研学等。

通过文旅的深度融合，使田园变风景、农房变景观、村庄变景区。水岸潮白田园综合体现已成为京津冀游客休闲度假、宁心静气的首选之地。

(十)香居小筑

香居小筑坐落于蒋辛屯镇的北吴村、王店子村、仓头村，以美丽乡村为根基、以生态农业旅游为依托，引入"新乡贤"设计。突破农家院等传统乡村旅游模式，租赁乡村中大量闲置的农民住宅，在保持原有建筑风格的前提下，通过加固、清洁、修复，处处体现着农家老屋的年代感。

香居小筑定位为全新乡村生活方式体验主题民宿，建设"一房一主题、一院一世界"的精品风光，将其打造成体现乡村良好生态环境的文化休闲小镇，是京郊田园休闲游、手工艺市集的新载体，是私人定制乡村旅宿的新体验，同时也是乡间度假、理想生活的新境界。目前已建成的"香居小筑"主题民宿有以民俗茶韵为主题的一号院——乡韵茶情，以民俗文化为主题的二号院——民俗馆，以民俗展览、民宿服务为主题的三号院——民宿中心，以燕京八绝文化为主题的四号院——非遗文化，以净心禅修为主题的五号院——精一别院，以农家老物件为主题的六号院——潮白筱院。此外，还有正在筹建中的主题民宿：音乐工作室、中医非遗之家、投资北京工作室、融媒体工作坊、书法"家"、雕塑"家"、国学讲堂等。

(十一)香河文化艺术中心

香河文化艺术中心为多元化空间，包含以文博馆、文化馆、多功能展厅为核心的文化展示空间，以图书馆为核心的新型文化阅读空间，以剧场和戏楼为核心的文化演艺空间，以影城、艺术主题餐厅、乒羽中心、老年活动中心为核心的文化休闲消费空间。

(十二)香河机器人小镇

香河机器人小镇地处北京东南方向，位于河北香河经济开发区，距北京CBD仅40千米。小镇以人工智能为特色，以机器人核心零部件为支撑，以机器人本体为核心，以系统集成为市场引领，目标为打造全球一流机器人产业集群。

目前借助产业类、生态类、服务类等完善的配套，香河机器人小镇被构建为产业高度聚集、生态环境优美、人文气息浓厚、城镇智慧运营兼具生活魅力的特色小镇。

二、旅游商品

(一)珐琅

香河县于1972年开始兴起珐琅镶嵌，后形成规模。其中以景泰蓝工艺而闻名，品种有景泰蓝瓶、观音瓶、鸟兽制品、盆景、小件珐琅、首饰和脱胎珐琅瓶等。1990年，香河珐琅生产厂家有40多个，从业人员4000多人，年生产能力20万件以上，成为北京景泰蓝的重要生产基地。"周棋磊"观音瓶、"碟花""钢花""艺美"等高档景泰蓝瓶享誉中外。

(二)香神系列酒

香河第一城酒业有限公司(原金星酒厂)位于香河县淑阳镇。第一城酒业有限公司是廊坊市百强企业，香河县重点骨干企业之一，主导产品"第一城"牌香酒、香神酒、香酒王系列。产品曾多次荣获国际、国家、省、市名优产品，消费者信得过产品，金榜畅销产品，质检好产品，社会公认满意产品等称号。在2003年公司通过ISO 9001：2000国际质量体系认证的基础上，香酒王系列产品又被评为"人民大会堂会议活动指定用酒"，2005年取得CNAB-SI 52：2004国际食品认证资格。

三、特色小吃

香河肉饼是香河县特产，皮薄、肉厚、油香，吃起来面质软和、肉鲜细嫩，符合北方人的吃喝习惯，既可当菜，又可做主食，已有200多年的历史了。因为牛羊肉非常充足，面食稀少，所以请客人吃面食是一种盛情的款待。因此，在平时招待客人时，主人都会专门做成皮特别薄的肉馅饼，里面的肉馅清晰可见，以表达自己的热情好客。后来，这种制饼的方法流传到了同样是古代少数民族聚居的回鹘及回族地区。

在明初，明成祖朱棣迁都北京时，就有大批回族人被迁移到北京东部，河北香河一带。在移居香河的回族人中，有个姓哈的人家搬过来不久，就开了家小饭店，并且取名"哈家店"，随之而来的还有他祖传的制饼技术。后来，经过上百年的传承、研究、改进，哈老板及其子孙创造出了风味独特的香河肉饼。香河肉饼传遍京津是在乾隆年间，乾隆皇帝赋诗一首"香河有奇饼，老妪技艺新，此店一餐毕，忘却天下珍"，更是让香河肉饼载誉全国，名扬天下。

四、民间民俗——中幡

香河县安头屯中幡起源于隋唐，有着悠久的历史。唐宋时期，北运河航运过程中，帆用在船上借以增加船的航速和调整船的航向。后来帆被用在陆上玩耍，逐渐发展出各种花样和手法，经过人们很多年的改进与创新，才发展成为有组织的民间表演艺术团体，取名为中幡会。中幡分筒、面、楼三部分，筒长1丈8尺，控制幡速减轻下垂惯力，幡面衬风，使幡的重心稳固平衡。

在清代，安头屯中幡极为盛行，曾两次受到皇封。第一次是清乾隆年间，御封两面幡面，一面题字为"龙祥凤舞"，一面为"人神共悦"；第二次是清咸丰年间，御笔幡面两个，一书"风调雨顺"，一书"国泰民安"。目前，咸丰元年御封"国泰民安"幡面仍完好保存。

中华人民共和国成立后，特别是近年来，安头屯中幡会在活动中挖潜，在演出中壮大。1992年参加文化部组织的中幡表演，演出长达2个小时，获得与会领导及观众的一致称赞。2000年参加河北省"首届民间艺术节"获二等奖。

2008年6月，安头屯中幡入选第二批国家级非物质文化遗产名录。2008年11月，香河县安头屯镇被文化部命名为"中国民间文化艺术（中幡会）之乡"。2012年8月，香河县被中国文联命名为"中国中幡文化之乡"，并挂牌"中国中幡文化研究中心"。

图 2-7　中幡

第三节　旅游开发对策

　　香河旅游开发要紧抓大运河文化带建设契机，充分利用资源和区位优势，做好廊坊段大运河生态工程、文化工程、旅游工程，统筹文物保护、文化传承、旅游开发，扎实做好"保护好、传承好、利用好"三篇文章，做亮点，做绿线，大力抓好北运河和潮白河域综合治理生态工程，运河沿线古城、古镇、渡口、码头等恢复工作，构建别具风情的运河生态景观带。实现运河廊坊河段通航，开辟独具特色的水上交通，引入休闲娱乐设施，营造休闲度假氛围，建设运河风情休闲走廊；以地域文脉为根基，以中国运河文化为题材，规划运河大项目，打造风情运河旅游品牌。加强对现有中信国安第一城等运河沿线景区建设升级，在运河沿岸重要节点开发文化演艺、民俗体验、特色小镇、主题节庆等多业态复合型旅游产品，全面推进大运河文化旅游带发展，使之成为具有区域竞争力的国家级旅游目的地，具体如下。

一、全力推进北运河旅游通航工程

　　北运河香河段旅游通航是落实京津冀协同发展的重要举措，是践行大运河保护传承利用的核心抓手，是引领香河高质量发展的绿色触媒。香河县将塑造一河贯通、分段定位、辐射城乡的整体空间架构，形成"一带、三段、两翼、多核"的旅游通航发展格局。"一带"即以运河旅游通航为核心的文化旅游发展带。"三段"即北部森林风貌、中部休闲风情、南部田园风光三个特色风景区段。"两翼"即运河旅游辐射带动的东西两侧城乡旅游发展片区。"多核"即以河心岛、王家摆、金门闸等为核心的文旅项目。

在旅游形象上,香河的定位为"京畿首驿·如意香河"。"京畿首驿",即香河县为北运河通航旅游出京第一站,应落实京津冀协同发展要求,充分借势北京,发展运河休闲旅游。"如意香河",即通航旅游应营造如意圆满、轻松闲适的休闲氛围。

同时保通航,要形成"一闸坝、三桥梁、五码头"的通航设施空间布局。一闸坝就是曹店橡胶坝改造成可通船闸坝;三桥梁就是新建王家摆桥、安运桥、双街桥;五码头就是建设一座中心码头及鲁家务等四座旅游码头。塑风情,即结合资源优势和旅游发展定位,着力塑造三大特色风景区段:北段优生态,塑造"大水厚绿、鸥鹭翔集"的森林风貌;中段兴文化,塑造"十里烟柳、云帆霄鼓"的休闲风情;南段融田园,塑造"带水绕田、沃野欢歌"的田园风光。兴文旅,即整合重构运河沿线的历史文化遗产及其体系,建设"便捷可达、公交衔接"的旅游交通支撑体系,构建"一闸两馆多点一环线"的历史遗产保护展陈体系,形成假日休闲旅游的核心产品体系,打造北运河航旅枢纽和区域休闲旅游目的地,让游客尽享"水岸互动"的假日休闲极致体验。

二、继续发挥通武廊联盟的作用

通武廊是京津冀协同发展的"金三角",三地以大运河为纽带,地域一体、文化一脉,历史渊源深厚,交往半径相宜,人员往来密切,旅游资源优势互补,具有良好区域旅游发展基础和优势。应以大运河为纽带,进一步加深通州、武清、廊坊三地旅游合作,联手推出香河第一城、蒋辛屯乡村旅游片区、武清区南湖·绿博园、北运河休闲旅游驿站等一批以运河文化为主题的精品旅游线路,让游客领略大运河绿色生态之美,提升三地旅游产业发展水平,激发旅游市场活力,打造品牌突出的区域发展增长极,携手共创京津冀旅游协同发展先行区和示范区。

三、积极探索文化旅游融合发展新模式

为切实加强大运河(廊坊段)的整体保护和开发利用,从本体维护和环境整治入手,强化运河流域文化带建设,谋划实施生态综合整治项目。流淌千

年的大运河孕育了中幡文化、武术文化、戏曲文化、民俗文化、中医文化、饮食文化、诗词文化等香河独具魅力的文化形态，当代家居会展文化、影视旅游文化等特色文化品牌更是享誉京津。应以"旅游＋"和"＋旅游"为抓手，积极探索文化旅游融合发展新模式、新途径，努力打造文化旅游新产品、新业态，培育以中信国安第一城、刘宋镇万亩荷塘为核心的夏季花卉旅游目的地，叫响"运河驿站，荷香香河"的旅游品牌。

四、注重多种形式展示运河魅力

继续扩大"大运河文化云名片"作用。通过 VR 全景、虚拟现实等技术，全方位展示香河大运河文化。在"一部手机游香河"智慧旅游系统的基础上，完善"慧游香河"小程序，丰富手机的旅游功能。

创新性推进文化进景区。在水岸潮白景区图书馆"隐庐分馆"和景泰蓝观摩研学场所，继续开展开展了京津冀中幡文化交流大赛、京津冀通臂拳交流大赛、香河肉饼美食大赛等非遗文化进景区活动，以及"亲子读书"等系列文化活动。

将人工智能产业与旅游融合，集合机器人酒店、互动式 VR 体验、3D 打印等娱乐功能于一体，拓展机器人小镇独特的"旅游＋科技"的融合业态创新。

百舸争流千帆竞，乘风破浪正远航。香河将抢抓京津冀协同发展、北京城市副中心建设、大运河文化带建设等重大历史机遇，举全县之力、聚全民之智，书写全域旅游新篇章，建设美丽幸福新香河！

第三章 景县旅游资源现状与旅游发展对策

第一节 概 述

大运河景县段河道全长 73.2 千米，辖区内险工段 37 处，总长 17880 米，引水闸 2 处（玉泉庄闸、叶园闸），穿堤涵洞 78 处。以大运河河道中心线为界，中心线以西自南往北依次隶属景县的留智庙镇、北留智镇、安陵镇、刘集乡、连镇乡，主要农作物是小麦、玉米。直至中华人民共和国成立初期，大运河景县段一直承担着繁重的航运任务。1978 年后，由于水源缺乏，大运河景县段中断航运至今。

一、自然资源

（一）地形地貌

景县地处黑龙港流域，为冲积平原，属华北平原的一部分。地势平坦，西南地势较高，向东及东北缓慢倾斜，海拔由 25 米降至 14.1 米，属冲积平原地貌单元。地势相对低洼，由西南向东北，平均地面的坡降为 1/10000～1/5000，局部地势起伏不平，有岗有洼。辖区内有蝶形大洼 8 处，面积 85.2 平方千米，占全县总面积的 7.2%。西南部有广川洼，中部有杨院洼、温城洼、朱河洼，东部有赵桥洼、第十洼，东北部有冷家洼、连镇洼等。

(二)气候

景县属暖温带半湿润地区,大陆性季风气候显著,四季分明,历年平均降水 540 毫米,降水集中在 6 月到 8 月,平均为 395.4 毫米,占全年降水量的 71.4%。年最大降水量 799 毫米(1977 年),日最大降水量 181 毫米(1984 年 8 月 9 日);历年平均日照时数 2500 小时,年日照百分率 58%;年平均气温 15.2℃,年极端最高气温 41.9℃,年极端最低气温 −23.9℃;最大冻土深 68 厘米;最大积雪深 6 厘米;受季风影响,冬季多偏北风,夏季多偏南风,主导风向为西南风,风向频率 13%。

(三)水文

地表水:景县位于海河水系的东南部,属黑龙港流域。辖区内主要有 4 条河流:江江河、惠民渠、南运河、清凉江,河道总长 173 千米,均为季节性河道,地表水缺乏。其中惠民渠从县城东部南北向通过。

地下水:景县地下水赋存于第四系松散地层中,属孔隙水类型。据河北平原第四系地层研究成果,景县地下水划分为浅层潜水含水组和深层承压含水组。浅层潜水含水组底板埋深 60 米左右,本县东部及西部分布有较大面积的浅层淡水,浅层地下水补给源为大气降水,深层地下水以上层越流补给为主,侧向径流补给次之,补给条件差。

(四)土壤

全县土壤共分为潮土、褐土 2 个土类,4 个土属,41 个土种,土壤母质主要为冲积和风积物。土壤分布主要以潮土为主,面积约占全县土壤总面积的 99%,土壤质地以轻壤质为主,土壤中性偏碱,pH 值多在 6.8～7.2。

(五)植被

自然植被多为草本植物,现存植被主要为人工栽培种类。常见自然植被主要有马唐、旋花、小蓟、节节草、车前子、茅草、沙道、藜藜、狗尾草、苍耳、马齿苋等;常见人工栽培植被主要有小麦、玉米、棉花、谷子、豆类、高粱、薯类、花生、芝麻等农作物，杨树、柳树、榆树、槐树等生态林和用材林，苹果、梨、桃、杏、枣、李子及大叶桑等果树和桑园经济林。

二、人文资源

景县地处齐鲁文化和燕赵文化的结合部，大运河作为重要的交通大动脉，不仅促进了沿岸地区的经济社会的繁荣发展，而且孕育了景县灿烂的运河文化。景县多有历史名人遗迹，有西汉儒学大师董仲舒的故里，有西汉治军名将周亚夫的封地，有南北朝时期高氏、封氏两大名门望族的墓群。唐代著名边塞诗人高适、贾岛等都在景县留下了脍炙人口的名篇佳句；康熙、乾隆皇帝在此驻跸，题词作赋，留下了很多民间传说；清朝才子纪晓岚和清朝重臣景州人魏廷珍，在此携手漫游，饮酒作对；明初燕王扫北时，也曾屯兵于此。无数文人墨客、羽士高僧因景县大运河沿线繁华的城镇和秀丽的景色而流连忘返，并留下了大量优美的诗词文赋。景县华家口夯土险工（世界文化遗产点）、景州开福寺舍利塔（国家级重点文保单位）、封氏墓群（国家级重点文保单位）、高氏墓群（国家级重点文保单位）、周亚夫墓（省级重点文保单位）、太平军血战连镇遗址、华家口的三教寺、乾隆登岸处、魏廷珍接驾处、古码头、安陵古镇运河码头、安陵渔唱（景州八景之一）等历史文化遗址于大运河沿岸星罗棋布，更有白草洼、华家口等运河古村落守护着大运河。

第二节　景区景点概况

一、景州塔

河北中南部有"沧州的狮子、景州的塔、真定府的大菩萨"三大古迹的说法。景州的塔，指的就是景州舍利塔。景州舍利塔全名"释迦文舍利宝塔"，简称"舍利塔"，俗称"景州塔"。该塔位于景县县城中心，是我国建成年代较早、保存完好、规模宏伟、现存较高的内旋式砖石塔，它以明快、简洁、朴实无华而著称，1996 年被国务院公布为全国重点文物保护单位。

据史料记载，景州塔始建于北魏高宗兴安年间（452—453 年）。845 年，唐武宗灭佛，景州塔连同寺庙被毁坏。宋神宗元丰二年（1079 年），光禄寺丞、知冀州倄县事常谔，按照宋代的建筑风格重建景州塔。明永乐五年（1407 年），僧人正如朗修建开福寺。明隆庆元年(1567年)，开福寺僧人建千佛阁。清康熙十一年(1672年)，汛兵金应隆、承差高如斗重修开福寺。至此，形成了以塔为主体，无量殿、千佛阁、东方丈、西方丈、山门、神道组成的布局合理、错落有致的开福寺建筑群。不幸的是，1967年千佛阁和无量殿被作为"四旧"拆除。

景州舍利塔高63.85米，底座周长50.5米，为密檐八面十三层砖石结构，由塔基、塔身、刹网三部分构成。塔基由巨石成台，下有一口深井。塔体由砖砌成，每层内砌环行走廊，与东西南北四个洞户相通；层间砌阶梯数百级，盘旋而上，可达塔顶，登顶远眺，有欲穷千里之慨。塔顶为葫芦状，以青铜铸造，高2.05米；铜顶下部罩以铁刹网，高3.3米，四面各悬一铁匾，南面铁匾之上铸佛像三尊，东、西、北三面铁匾均铸有"齐隋重修"字样。刹网、铁匾与洞户被风鼓荡，作水涛声，故有"古塔风涛"之说。

二、封氏墓群

封氏墓群又名封家坟，俗称"十八乱冢"，它位于景县前村乡后屯村北一带。现墓群保存有封土的尚有15座，最大墓冢高约7米，墓群占地面积130万平方米。

景县封氏是南北朝时期北方名门望族之一，极盛时期在北魏，上可追溯至后汉及魏晋，下延续到北齐、隋和唐。据《魏书》《北齐书》《北史》《隋书》《新唐书》宰相系表和《景县志》记载，见于史传的有官位者就有六七十人之多。南北朝时期讲门阀，景县的封氏是当时的名门望族之一，其官位之高、人数之多，在当时也是少有的。

1948年，当地群众挖开4座墓，取出许多随葬品，还有5合墓志和1方墓志盖，其中人物有封魔奴、封延之及妻崔氏、封之绘及其妻王氏。封氏墓群所出文物，是北魏、北齐时期珍贵实物资料，它对研究当时的历史有重要参考价值。其中一青瓷精品仰覆莲花大尊，一仰一覆两朵大莲花，上贴有浮雕的飞天和飞龙，制作异常精美，造型极其雄伟，为北朝时期青瓷的代表作。封氏墓群于1961年被国务院列为全国重点文物保护单位。

三、高氏墓群

高氏墓群位于景县城南约15千米的王瞳镇、杜桥镇一带，属全国重点文物保护单位。当地群众称之为"高氏祖坟"或"皇姑陵"，是北魏至隋代的渤海高氏族墓。现存有封土墓 10 座，分布范围较广，总面积约 37 万平方米，分为 4 个保护区：隋庄保护区，位于隋庄村东南约 1 千米处，包括 3、4、6、7 号墓；大高义保护区，位于大高义村西约 500 米处，包括 8、10、11、12 号墓；野林庄保护区，位于野林庄村北约 700 米处，仅有 2 号墓；李高义保护区，位于李高义村东北约 400 米处，有 14 号墓一座。

该墓群相传原有墓冢近百座，历经沧桑，封土流失，多数泯没；历年来，农民在打井和农田基本建设时，经常发现古代墓葬。1973 年 4 月，河北省博物馆和文管处获悉当地村民在耕地中发现隋高六奇墓后，立即派人调查，收集到前几年出土文物多件（有墓志 2 方），证实了这一批墓葬确系南北朝时期渤海高氏族墓，便将有封土的墓葬做了统一编号，加以保护，并有计划地发掘了 3 座墓。3 座墓是南向砖室墓，砌法基本相同，形状大小不一，葬式不同，有的较为罕见。

四、亚夫陵园

亚夫陵园位于景县城内，亚夫路西侧，总占地面积 2.2 万平方米，其中亚夫墓占地 4700 平方米，墓底周长 600 米，高约 16 米，1956 年 7 月 9 日入选河北省重点文物保护单位。周亚夫墓一直保护完好，1974 年，重新立了标志牌。墓周边建有底座，苍松翠柏，树木环绕，郁郁青青，蔚为壮观，并先后于 2009 年和 2015 年进行了两次改造。

周亚夫系汉朝开国名将周勃的次子。周勃在追随汉高祖刘邦打天下时，击赵贲，败章平，围章邯，对阵项羽，讨平叛乱，屡建奇功。汉高祖六年（前201 年），受封绛侯。因其兄周胜杀人获罪除爵，汉文帝于是从周勃诸子中选贤能之人为侯，众人皆推周亚夫，于是文帝封周亚夫为脩侯，脩即今景县。后景帝即位，亚夫性直，数次惹景帝不悦，辞官赋闲在家，后其子为其造寿冢，被人诬告，景帝令廷尉审理。亚夫明白景帝心思，忧愤至极，仰天长叹，绝食五日，呕血而亡。闻其死讯，其封地脩（今景县）之军民为感其忠正，捧土为冢是为亚夫墓（一说衣冠冢）。

陵园建设一改阴森肃穆之状，设计大气，颇具文化内涵，以休闲、旅游、健身为主题。园内建有周亚夫的汉白玉雕像、生平纪念碑、四角亭、文化长廊等设施。园内绿树成荫、园路环绕，绿化品种丰富多彩，乔灌花木有机结合，陵园绿化错落有致，三季有花、四季常青。在现有周亚夫陵园的基础上，景县打造了亚夫公园。深挖周亚夫历史事迹及其精神品质，通过对公园环境风貌提升，建设汉文化长廊、暮色水秀等，多维度立体化展示周亚夫历史文化形象，并挖掘、发扬周亚夫为人耿直、为官清廉的品格，将其打造为展示汉文化、具有北方园林特色的主题文化公园，以及集市民休闲、文化旅游、廉政教育、中小学文化科普功能于一体的研学实践教育基地、廉政教育基地、市民文化休闲中心。

五、华家口夯土险工

华家口夯土险工属于景县安陵镇华家口村，对面是吴桥县。华家口夯土险工原建于清宣统三年(1911年)，是时任知县王为仁主持修建的。自该险工修好后，大运河华家口段再没有决堤记录。

该险工全长255米，呈梯形，南北走向，顶宽13米，全程高程5.8米至6.7米不等，平均20%。堤内坡采用黄土、白灰加糯米浆夯筑成坝墙，坝墙每步宽1.8米，厚18厘米，分步夯筑。底部采用坝基抗滑木桩施工工艺，外坡与顶部为素土夯实而成。该险工为研究清代夯筑防水技术和运河堤岸防护发展史提供了实物资料。但是由于年代久远，多年来受河水、雨水、风力侵蚀，冻融风化及坝顶过往载重车辆震轧，乃至地震等多种因素影响，坝体失去内聚力，造成剥落、疏松、不均匀沉降、内坡下滑等现象，使坝体本身损伤较重。

为加强夯土险工保护，2012年8月，景县对华家口夯土险工进行了修缮保护，同时对运河河道及华家口夯土险工进行了环境整治，制定了《中国大运河华家口夯土险工保护管理规定》。2014年6月22日，中国大运河项目成功入选世界文化遗产名录，景县华家口夯土坝也走向前台。

六、董子故里文化旅游园

董子故里文化旅游园位于景县广川镇，包括董子故居、董子学宫等。其中董子故居位于景县广川镇董故庄村，是董仲舒出生、成长、成才的地方，是孕育一代圣儒的摇篮。董子故居整体分为前庭院、后花园的空间布局，前庭院主要以汉代冀南地区传统民宅为参考，打造董仲舒幼时所居屋舍，设计有正堂、耳房、厢房、马厩等；后花园是参照董仲舒"三年不窥园"的典故进行设计，通过绿草如茵、假山、赏月等元素复原营建景观空间，供人体验董子幼时所居环境，体现董子埋头苦学、博览群书的学习精神。

位于广川镇的董子学宫为一个集董子纪念与研究、历史文化展示、汉文化传播、旅游观光为一体的城市文化纪念公园。总体布局形成一轴一心一环十二大景点。一轴即中心纪念主轴，一心即董子纪念核心—董圣院，一环即文化山水体验环，十二大景点即原天寻迹、合和广场、鼎湖揽月、董圣广场、董子书院、圣贤之迹、莲湖茗榭、荷风四面、踏柳寻源、枫林书山、塔影飞瀑、崇儒民艺。所有项目建成后将成为国际儒学文化研学交流基地和中华优秀传统文化体验基地，成为衡水又一张靓丽的文化名片。

七、景泓苑现代农业园

坐落在景县青兰乡西青兰村，全园规划占地 13 万平方米，由衡水景泓苑现代农业科技有限公司投资近 1.1 亿元倾力打造，是一个集现代农业展示、新型观光旅游和国学文化教育为一体的生态型休闲景区。

景泓苑现代农业园一期占地 90 万平方米。主要包括以下板块：国学文化广场、垂钓区、果蔬采摘区、珍禽养殖区、现代农业展示区、苗木观赏区及生产生活区。国学文化广场展示的是以西汉儒学家董仲舒为主的景县历史名人和悠久的历史文化。设计以观光农业风情为蓝本，以中国儒学文化为底蕴，融合了自然、生态和儒学文化相结合的生态观光特色，把景县历史名人以生动人物形象造型展现在游客面前。目前，各种人物造型、景观小品和绿化工程已完成。另外，此处还成为提升公民文明素质和道德水准、凝聚社会正能量、推动社会主义核心价值观的涵育基地。基地建成后，能够使人们在旅游、学习、休闲的同时，受到社会主义核心价值观的熏陶。垂钓区已完成琵琶岛、观光亭、绕岛池塘、绿化工程及其他附属设施建设。果蔬采摘区主要有苹果、梨、核桃、杏、桃、樱桃、冬枣等十几个树种。珍禽养殖区。饲养有野猪、梅花鹿、孔雀、驼鸟等二十余种珍禽动物供游客观赏。现代农业展示区主要展示无土栽培、立体栽培、滴灌等先进技术成果，目前黄瓜、西红柿等绿色蔬菜已供应市场，并按照健康理念打造了 6 类黑色农产品——黑小麦、黑谷子、黑芝麻、黑花生、黑豆、黑蒜。同时开设石磨坊区，不仅让游客能够体验到推碾子磨面的农事乐趣，而且还能品尝到绿色无公害农产品。苗木观赏区主要种植有红叶碧桃、紫叶稠李、红叶樱花、西府海棠、金叶榆等。

按照发展规划，园区将围绕"现代农业展示基地，新型观光旅游农业基地，现代农业科技教育、培训、实习基地，新品种、新技术、新成果的应用及推广基地，农业产业化经营示范基地，国学文化现代教育基地"六大功能进行定位建造和经营，未来将成为集生产、科研服务、科普培训、旅游观光、国学文化教育于一体的现代生态农业综合展示园。

八、河北博隆现代农业示范园

示范园位于河北省景县安陵镇前村，南邻 395 省道，东临 104 国道，距县城 7 千米，距德州市 25 千米，距北京市 256 千米，距衡德高速出口 25 千米，距京沪高速出口 10 千米，地理位置优越，交通发达便利。示范园是一家集果品种植、粮食种植、蔬菜种植、特色养殖、农业休闲观光、科研实验于一体的现代化农业企业。

该园注重一二三产业融合，生产与农业休闲观光同步建设，融为一体，已经建成了五区、五园、三廊、一带、一厅、一店于一体的农业休闲观光工程，实现了产业联动发展。五区：种植区、采摘区、养殖区、观光区、住宿餐饮区；五园：荷花园、蔬菜采摘园、垂钓园、珍禽观赏园、农耕文化园；三廊：紫藤长廊、葡萄长廊、异形瓜果长廊；一带：运河文化观光带；一厅：建成 1000 平方米博隆展厅，集农耕文化、运河文化、园区展示、特色农产品展销于一体；一店：建成苹果家园酒店一座，共 3500 平方米，可同时容纳 300 人就餐，100 人住宿，还有多功能会议室 2 个，100 个停车位。2017 年被认定为"河北省观光采摘果园""河北省巾帼乡村旅游点"。2018 年荣升为"河北省五星级休闲农业园"。

第三节　旅游开发对策

近年来，景县把现代农业园区建设作为乡村振兴战略的引爆点，鼓励土地适度规模经营，本着"因地制宜、合理布局、注重特色"的原则，积极打造"农业＋旅游"的发展模式，推动种养加销、生态、观光、休闲多元化发展，以景泓苑、凯俊等一批现代农业生态园为主的农业观光园涌现，极大地带动了周边经济发展，更给市民、游客提供了一个可以就近放松休闲、旅游观光的好去处。

一、主要问题

(一)文物损毁和文化遗产损失

一些地方运河沿线的古宅、古街、古巷以及深埋地下或为草木掩映的闸坝、堤岸、碑刻等，没有发掘整理或采取相应保护措施。非物质文化遗产的保护工作较为困难，甚至被忽视，一些具有地方特色的民间工艺，随着老艺人的逐渐故去，技艺失传，后继无人。

(二)协调机制不健全

景县大运河是与山东德州、河北沧州的界河，在河道治理、绿化美化、旅游开发等方面，缺乏协调沟通和统一规划。大运河的保护和开发涉及文物、环保、水务、交通、国土、农林等多个部门，目前大运河的保护管理工作还没有形成一个良好的协调机制。

(三)生态环境治理难度大

河道淤积严重，水源减少，水量不足，污染严重，水质较差；水利设施管理失范，水利工程已经严重老化，大部分年久失修，已不能发挥其应有的作用。运河周围环境不佳，一些沿岸居民环保意识不强，运河整治难度较大。

(四)用地落实较难

大运河沿线土地绝大多数是农户承包的集体用地，部分土地属于基本农田，大规模开展绿化美化工程，以及进行道路建设、旅游开发等项目建设时，落实用地较难，需要进行土地调规。

二、旅游发展建议

科学规划大运河沿线旅游开发、环境保护和产业发展，通过实施环境治理、河道疏浚、岸线修复、生态保护、绿化美化等工程，以运河为脉络，打造集文物保护、生态农业、观光旅游、宜居宜业、民俗记忆于一体，具有鲜明景县特色的大运河文化带、经济带、开放带、生态带、幸福带。

(一)优化空间布局

要围绕大运河通航、公路风景带、遗产景点、文化村镇、新农村建设等修建不同等级标准规格的交通通道。修建沿运河大堤堤顶风景公路；修建运河村庄至所在乡镇政府公路，方便交通通行；修建运河景点、村庄至县域内董子文化园、高氏墓群、景州塔文化广场等文化旅游景点的景观公路；修建运河景点至吴桥、德州等的地交通公路。

(二)深入挖掘运河文化

要对当地的大运河旅游文化进行深入分析和挖掘，主要包括三个方面。第一，是以董仲舒为代表的"大儒运河"，倾力打造景县董子故里文化旅游和儒学学术交流基地。第二，依托运河夯土险工、景州塔等历史文化遗址遗迹，发展乡村旅游、生态旅游。第三，是以景县粉生达、馓子等当地美食为代表的"美食运河"，扩大具有景县特色旅游产品知名度，打造品牌。景县将深入挖掘运河文化历史积淀，树立运河文化的典型代表，使运河文化成为当地旅游尤其是全域旅游发展的独特内核。

景县境内文物遗迹遗址数不胜数，应对运河沿岸的文物古迹、故事典故和古村落等进行摸底调查，整理成册，大力宣传。对大运河文化遗址遗迹等进行细致调查挖掘，摸清底数，登记造册。有计划、有步骤地实施大运河沿线重点文化遗产抢救保护项目，集中修缮、整治和展示一批具有典型运河遗产价值的文物。重点加强对世界文化遗产点华家口夯土险工以及景县开福寺舍利塔、广川董子故里、安陵古镇运河码头、封氏墓群、安陵桥遗址、华家口三教寺等文物的保护和修缮，整治周围区域环境，增加文化元素，提升文化内涵，打造景县运河文化名片。

另外，要保护好非物质文化遗产资源。大运河景县段的主要非物质文化遗产有：《环堤秋雨》《康熙题词》、乾隆皇帝经过大运河南巡登景州塔留下《登开福寺塔作》两首、《晚秋泊安陵》《安陵渔唱》《安陵驿》《发景州》《寒食连窝舟中》《九月连窝舟中》《景州道中》《送郡守李邺罢归景州》等历代题咏，馓子、了花、粉生达、铜胎画珐琅等传统手工艺和船工号子等。对于这些非物质文化遗产，需要我们深入挖掘并传承保护。

(三)挖掘旅游资源

要充分利用运河沿线特色文化、历史古迹、田园风光等资源，打造一批具有地域特色的旅游品牌。加快推进运河生态长廊、运河风情公园等旅游景点景区建设，沿途配置运河文化景观小品、观景台、特色驿站、生态厕所等服务设施，打造运河风景带。发展水上娱乐运动项目，举办自行车赛、健步走等活动，建设集体育运动、疗养度假为一体的水乡风情休闲区。建设一批美丽乡村、特色游园、生态农庄、观赏花海等各类景点，打造旅游景点星罗棋布的运河旅游带。

(四)培育旅游品牌

要发挥运河沿线资源优势，打造一批知名品牌。第一，整合利用董子故里文化和文物资源，打造"董子故里·儒乡衡水"文化品牌，即与弘扬社会主义核心价值观和中华优秀传统文化相结合，与推动文化和旅游融合发展相结合。不断挖掘、研究、弘扬儒学大师董仲舒的思想，不断扩大董子思想的影响力。第二，以华家口夯土险工为基础，打造华家口村"运河水乡"乡村旅游品牌。推动华家口村大运河文化旅游观光区的建设，实现历史文化保护与乡村旅游开发的双赢。第三，以大运河保护开发为契机，打造运河文化小镇品牌。将提炼形成的运河典型文化符号和建筑元素广泛运用，着力打造文化创作基础，切实提高运河文化小镇的可识别性。

(五)提升旅游服务

要推进交通互联，带动区域旅游发展。建设沿运河的休闲观光步道、自行车道、船道以及其他配套交通和服务设施。推进旅游公路、旅游码头、绿色景观廊道、游客集散中心、旅游标识标牌、公共休闲娱乐场所、停车场等旅游基础设施建设。积极开展河道治理，加强堤段保护，对运河沿线堤顶及上下堤坡道修复、硬化，对险工段进行维护和加固，加强河道清淤，逐步恢复通航功能。

第四章 沧县旅游资源现状与旅游发展对策

第一节 概 述

一、基本概况

沧县位于河北省东南部，冀中平原东部。地理坐标在北纬 38°5′ 至 38°3′，东经 116°27′ 至 117°9′ 之间。东邻黄骅市，西接河间市、献县，南同泊头市、南皮县毗邻，北与青县接壤，东南与孟村回族自治县相连。环拱沧州市区，京杭大运河和京沪铁路、京沪高速公路纵贯南北，石黄高速公路和307 国道跨越东西。

(一)自然资源

1. 地质地貌

沧县县域西部地区地势较高，土质较好，为冲击平原向滨海平原过渡地带；东部地区以望海寺、李天木、北桃杏为一线，地貌呈冲积—海积混合类型。其地面海拔高程一般在5 米以下，涝洼地较多且土质盐碱。

2. 气候

沧县属暖温带半湿润大陆季风气候，四季分明，温度适中。春旱、夏涝、秋爽、冬干已成规律。常年降水量在550～700 毫米。降水量空间分布不均，西北部和中南部多，东北部少。

3. 水文

县域河流属海河水系。市级以上河流主要有南运河、捷地减河、黑龙港河、南排河、老盐河、沧浪渠、大浪淀排水渠。

4. 生物资源

生物资源较丰富。沧县属于落叶阔叶树种区，县内有林果品种 38 科 60 属，主要有杨、柳、榆、槐、臭椿、白蜡、悬铃木(法国梧桐)、合欢等。果树品种有枣、苹果、梨、桃、杏、山楂、葡萄等。金丝小枣是沧县的地方特产，驰名中外。

野生动物主要有鸟类(麻雀、喜鹊、燕子、啄木鸟、乌鸦等)、兽(刺猬、黄鼠、田鼠、野兔、耗子、獾等)和昆虫类(蜻蜓、马蜂等)、水产类(草鱼、鲤鱼、鲫鱼、梭鱼、鲢鱼、河蟹、虾等)。家畜家禽饲养以牛、马、驴、骡、羊、猪、鸡、鸭、鹅、兔为主。沧州黄牛、渤海驴、奶山羊为地方优良品种。

(二)人文资源

沧县历史悠久，文化源远流长、内涵深厚，是远近闻名的武术之乡、金丝小枣之乡、书法之乡、曲艺之乡、民间文化艺术之乡、一代文宗纪晓岚故里，全县现有国家级文物保护单位 2 处(铁狮子和纪晓岚墓地)，另外还有铁钱库、捷地清真寺、沧州古城等。沧县非物质文化遗产价值较高，特别是沧县的武术、龙狮、木板大鼓享誉全国。

二、运河历史

沧县段南运河位于沧州市沧县中部，为海河流域漳卫南运河系的下游河道，元以后为京杭大运河的组成部分。

沧州段南运河始于东汉建安十一年(206 年)曹操开凿的平虏渠，隋唐为永济渠，宋金元称御河，元以后为京杭大运河的下游河段，明代称卫河，清代至今称南运河。

沧县段大运河自张官屯乡肖家楼村流入县境，经张官屯乡、纸房头乡、捷地回族乡、兴济镇 4 个乡镇，兴济镇冯官屯村出县境。河道长 39.41 千米。河底高程起点为 15.27 米，止点高程 5.30 米。河底平均纵坡 1：18536，河槽复式或单式 U 形断面，河床上口宽 60～110 米，槽深 6～9 米，堤距为 72～

1663 米。河床多为粉质壤土或沙质壤土。河道水量少，局部接近干涸。两侧堤防大部分为土堤，局部堤顶硬化兼做公路或城市道路，南运河没有砌体纤道，局部主河槽两侧的缕堤在运河航运时期兼做纤道。

运河堤防除部分城镇、村庄路段因为兼作交通道路局部以砖、沥青或水泥混凝土硬化外，其余大部分保持了比较自然的堤防形态，人为干预较少，且存在一些树龄较高的老树，整体真实性较好。

南运河自建成以来一直以漕运为主要功能，兼有少量排灌功能。清末由于河道失修，海运兴起，漕运开始没落；陆路运输的快速发展，尤其是津浦铁路的建造，直接导致了运河漕运的没落。中华人民共和国成立初期运河尚有航运，南运河于 20 世纪 70 年代全面断航，航运功能基本消失，南运河作为整个水系泄洪入海通道的功能大部分被漳卫新河所取代。目前，南运河承担着一定的输水功能，同时，局部满足现代化的工业、农业及城市居民用水需求。随着南水北调东线工程的建设，南运河河道仍将发挥重要作用。

捷地减河（又称南减水河或砖河）西起河北省沧县捷地回族乡，流经沧州南、沧县、黄骅市，东北流至今黄骅歧口附近入海，全长 96 千米。捷地减河为南运河分洪道之一。开挖于明弘治三年（1490 年）。明末，渐淤塞。清雍正四年（1726 年），怡亲王允祥亲自主持，于沧州之砖河，开挖引河长 60 千米，并建五孔闸一座，闸口共宽八丈，四座中墩各宽五尺，共二丈。乾隆三十六年（1771 年），为减少天津水患，下旨"将闸改为滚水坝，并将坝顶降低一尺二寸"。嘉庆十二年（1807 年）运河淤积，坝口低矮，又将"坝顶龙骨提高二尺二寸"。清同治年间（1862—1875 年），翟香国（直隶总督李鸿章的表叔）主持开挖了周青庄至西高头段，并在下三堡以下 5 千米处建一挡潮闸，以防海潮上流。清光绪十五年（1889 年），又开挖了一次捷地减河，西起捷地，东到西高头。民国时期将滚水坝改造成闸。

捷地分洪设施位于河北省沧县捷地回族乡西南，南运河右岸。主要包括：捷地减河、捷地分洪闸及明代滚水坝龙骨石、1933 年德国造分洪启闭机及附属文物清代宪示碑和乾隆御书《捷地、兴济坝工纪事诗碑》等。捷地分洪闸是捷地减河的渠首工程，是南运河段至今仍在发挥重要作用的分洪闸之一。此闸为一座开敞式八孔分洪闸，每孔净宽 2.65 米，闸底高程 8.52 米。闸墩是钢筋砼结构，边墩、冀墙、铺盖、消力池和护坦为料石结构。分洪闸采用齿条式电动或手摇两用启闭机设备（德国西门子产品）。

肖家楼枢纽位于沧县肖家楼村北南排河上，是南排河与南运河的交叉工程，始建于 1960 年 2 月，同年 7 月完成，并于 1965 年进行扩建。水闸采用钢筋砼箱式涵洞，孔数为 22 孔。工程的主要功能是排泄沥涝、改良盐碱地及蓄水灌溉。

第二节　景区景点概况

沧县拥有国家 3A 级旅游景区纪晓岚文化园，还有沧州铁狮子、铁钱库展馆、神然生态园、御碑苑、沧州旧城址、纪晓岚文化园、杜林登瀛桥、沧县博兴生态观光园、无公害小枣观光采摘园等旅游资源。

一、沧州铁狮子

沧州铁狮子，当地俗称"镇海吼"，它位于沧县旧州城内，坐落于原开元寺前，狮身高 3.8 米，头部高 1.5 米，通高 5.48 米，通长 6.5 米，身躯宽 3.17 米。其总重量为 29.3 吨。沧州铁狮子是我国最大的铸铁文物，1961 年，被国务院列为第一批全国重点文物保护单位。铁狮子已成为沧州的市徽，铁狮头顶及项下各铸有"狮子王"三个字，头内有"窦田、郭宝玉"字，左肋有"山东李云造"五字，铁狮腹腔内满铸有《金刚经》文，然因年代久远，字迹多漫灭不全。在铁狮子右项及牙边皆铸有"大周广顺三年铸造"字样，可以断定铸造于五代后周广顺三年，即 953 年，距今已有 1000 多年的历史。这说明我国劳动人民很早就掌握了这样精巧的塑造艺术。沧州铁狮子具有较高的科研、历史和珍贵艺术价值，是研究我国古代铸造技术、雕塑艺术、社会生产力发展水平和佛都史的具象资料。

铁狮子体魄宏大、造型雄伟、文物价值甚高，但因年代久远，历经沧桑，现腐蚀严重，多处破损，狮身下沉。中华人民共和国成立前，曾建亭保护，但未能根本改观。

图 4-1　铁狮子

其用途历来存在着多种说法，古今不一。一说是后周世宗北伐契丹时，为镇沧州城而铸造。另一说则认为铁狮位于沧州开元寺前，腹内有经文且背负莲花宝座，故应为文殊菩萨的坐骑。还有人根据铁狮的别名"镇海吼"，推测是当地居民为镇海啸而建造的异兽。铁狮子采用泥范明浇法铸造而成，铸造时在身上留有很多铭文。据《沧县志》记载，相传周世宗柴荣北征契丹罚罪人所铸，"以镇州城"。可是，后来的考据家分辩说，周世宗素不信佛，罚罪之说不足信。流传广泛又比较合乎情理的，是当地一个有名的传说。古时沧州一带滨临沧海，海水经常泛滥，海啸为害，民不聊生，当地人为清除这无情的水患，自动集资捐钱，请当时山东有名的铸造师李云铸此狮以镇遏海啸水患，并取名"镇海吼"。狮身外面铸有捐钱者的姓名，一般认为此说比较可信。

二、铁钱库

铁钱库里面摆放着是 1997 年从沧州旧城遗址中挖掘出来的重达 48 吨的"铁钱疙瘩"，这些铁钱因为年代久远已经融为一体。被挖掘出来的古钱堆平均厚度为 80 厘米，呈不规则状。由于年代久远，铁钱已锈蚀成块。古钱呈圆形方孔，一般厚度为 4 毫米，有少数古币字迹依稀可辨，其中有"大和通宝"

系唐朝文宗年间铸印，"大观通宝""政和通宝"则铸于北宋徽宗年间。据有关人士推测，当时此处可能是国家造钱的地方，故有"铁钱库"的说法，但至今无准确资料可查。

图 4-2　铁钱库

三、纪晓岚文化园

景区为一座园林式仿古建筑，园林面积宽广，水榭亭台，树木环绕，外围红色长墙，清幽雅致。景区面积 5 万多平方米。人们都知道，纪晓岚最爱旱烟，有"纪大烟袋"的绰号，因此纪园特别设计了由生铁铸成、长达 8.2 米、重 21 吨的"大烟袋"，堪称世界之最。纪晓岚文化园有宦海书丛馆、阅微草堂、滦如槐姑室、九十九砚亭、文漪阁等仿古建筑，以实物、绘画等方式，再现了纪晓岚的生平和著述。另外，藏砚阁、文漪阁内还珍藏着百方砚台和一部由商务印书馆出版的《四库全书》，这两件宝物被视为镇园之宝。

图 4-3　纪晓岚文化园(一)

纪晓岚文化园内的主要景点有以下几个。

(一)仿古三大殿

(1)正大殿是"四库流风",采取仿明清皇宫式建筑。殿楣悬挂两块蓝底金字匾额,殿前楹柱上挂有抱柱对联。匾额分别有已故著名学者、文物鉴定家史树青先生题写的"四库流风"和中国著名古建筑专家(著名建筑学家梁思成先生的弟子)罗哲文先生题写的"文澜阁"。内部陈设一尊纪晓岚的坐姿塑像,购进了一部由商务印书馆影印的文津阁《四库全书》,编纂《四库全书》是纪晓岚一生最辉煌、最主要的业绩。殿内设有华贵的金箔画《校书图》,展示了当年纪晓岚编纂《四库全书》的场景。悬挂着清朝前期帝王像和编书主要学者画像,以体现乾隆盛世文化的气象。所藏《四库全书》对外开放,可供学者们学习、查阅资料。

(2)东殿为"敬先堂"。内有一尊纪晓岚的胸像,摆设香案,陈设纪氏家族的残碑、家谱。墙上悬挂纪氏祖先石刻画像,可供纪氏族人前来瞻仰、祭奠。

(3)西殿是"奉贤馆"。内设展示沧州历史文物古迹、名人故里的文化沙盘,墙上悬挂沧州历代名人(文臣、武将)画像,通过沙盘和图片全面展示沧州壮阔的历史以及历代名人的业绩和风采。

(二)阅微草堂

阅微草堂为仿清四合院建筑，整体参照纪晓岚在北京的故居布局。

(1)阅微草堂为北房正房。门楣悬挂复制的清代著名学者、书法家桂馥题写的匾额《阅微草堂》，门前有抱柱对联。内部陈设纪晓岚生活用具及文房四宝。

(2)宦海书丛馆为南屋正房。有匾额及对联，内部用图片形式展示纪晓岚生平履历。另摆柜台出售纪念品。

(3)滦如槐姑室为西屋正房。内部展示、陈设各种阅微草堂笔记版本。墙上用图画形式展示《阅微草堂》里的故事情节。

(4)九十九砚斋为东屋正房。主要展示纪晓岚藏砚复制品和砚铭拓片。

(三)亭台楼阁

(1)以纪晓岚别字"春帆"命名的"春帆湖"，利用水塘建成。湖上修筑了湖心亭，取名"观弈亭"，设有曲栏、水榭、拱桥等；西岸建有方形轩，取名"黄梁轩"，北侧有荷花池。

(2)趣联廊。在四库流风与阅微草堂之间有一长廊。长廊两端分别建有四角景亭，在廊(亭)柱或横梁写有(或挂牌)纪晓岚的应对妙联。

此外还建有几处供游人休憩、观光、照相的场所，增加游园的乐趣。设计了大烟袋、钻钱眼等趣味场所，还设有经营纪念品的店铺。

图 4-4　纪晓岚文化园(二)

(四)文化园绿化

文化园本着四季常绿、三季有花的原则，结合本地土壤气候条件，根据纪晓岚著作中描写的花卉、草木来整体设计。院内根据各景点的特性分别采用枣树、紫藤、竹林、海棠、古槐、柿树、月季、垂柳等植物布局，营造出一个富有生气、灵气、雅气、温馨的园林氛围，让游人在古香古色的园林风光中得到心旷神怡的心灵感受。

图 4-5 纪晓岚文化园(三)

四、沧县博兴生态观光园

沧县博兴生态观光园位于沧州市沧县、黄骅相交区域，南接沧东经济开发区，北连南排河，占地330多万平方米，总投资3亿元，是集农林牧生产、休闲娱乐、旅游观光、科技教育为一体的综合生态园。园区建设划分为九大区：即苗木培植区、棚膜种植区、水果采摘区、畜禽养殖区、水面养殖区、观光垂钓区、良种繁育区、科技教育区、休闲服务区。园区地理位置优越，交通便捷，位于石黄高速和307国道连接线东侧，距石黄高速出入口仅10分钟车程，距307国道5分多钟车程。园区以服务"三农"为主旨，以"生态、科技、高效"为主导，诚信经营，精心管理，高品位、高标准打造建设，使之不仅成为具有一定特色的生产园、生态园、科技园，而且成为怡情别致的休闲园、乐民园和带动一方群众致富的示范园。

观光农业园以生态农业开发为基础，以创造优美的自然环境、生产优质的绿色产品为宗旨，走农业观光、农村休闲度假之路。在种植项目选择和设计上充分考虑了农业与旅游业的有机结合。在休闲活动安排上，生态农业观光追求与游客具有互动性，游客参与性项目有采摘、民俗文化体验、野外拓展、运动休闲、垂钓、植物组织培养等。观光园使久居城市的游客回归自然，是体验农家生活的理想度假胜地，也是学校进行"寓教于游，寓教于乐"的科普教育理想基地。

沧县博兴生态观光园旅游项目符合生态农业观光旅游发展的要求。一方面拓宽旅游业的广度，为旅游活动增添了新景观，有助于生态保护和环境优化，使环境恢复魅力；另一方面改变了传统的农业生态结构，优化了农业经济的组合，开拓了农业和土地被利用的新领域，增加农产品的商品量和农业附加值，加速农业向现代新型农业的转变。通过生态观光园的建设，可极大改善沧县人民的旅游环境，为广大群众休闲旅游带来便利，所提供的旅游服务能够辐射至周边地域，吸引众多游客来观光，提高沧县知名度。

五、沧州力源绿色休闲生态园

该项目位于沧州市南 2 千米迎宾大道延伸线路西沧县捷地回族乡付庄子，隶属于力源活塞工业集团股份有限公司，是一家以生态农业开发为宗旨，及农业现代生产力、博览示范、教学实习、科普教育、赏花品果、采摘娱乐、休闲游憩于一体的现代化企业，是沧州市农业产业化重点龙头企业。

项目主要建设农业生态园区：农业科学试验田及蔬菜大棚种植基地；观赏区：修建观赏园区，包含现代农业风格，如原生态栽培，立体栽培，奇异太空瓜果等；游客中心：为游客提供休闲、采摘、野餐企业拓训等服务设施；力源生态农业园区为广大客户提供各地土特产及相关农副产品。休闲互动区：以休闲茶庄、力园餐厅为主。

六、神然生态观光园

神然生态观光园坐落于沧县旧州镇感化屯村南排河南岸，面积 44 万平方米，距离沧州市 18 千米，是以原生态环境、柴进庄园、草料场、农耕文化为景观基底，以拓展培训、露天婚庆接待、武术文化旅游和养生文化为经济增长点，以孝文化为附属的体验式文化园区。

七、御碑苑

沧州捷地御碑苑水利风景区位于沧县捷地乡西南部，是依托南运河、捷地减河形成的城市河湖型水利风景区，为省级水利风景区。

景区规划总面积 6.57 万平方米，其中水域面积 2 万平方米。景区内外人文景观、自然景观众多，由"三园、三廊、两河、两闸、两碑、一柳、一墙"组成。

"三园"，分别是宪示碑园、垂钓园、治水园。其中治水园占地面积达5300 余平米，园内设大禹治水汉白玉雕像、同心治水掌印墙和治水园石柱等，用以纪念当年大禹在沧州一带治水的功绩。园内还有水利专家学者题写的碑刻 60 块，充分展现了水利人的治水理念和为水利事业共同发展的美好意愿。

"三廊"，即京杭运河碑廊、历史长廊和大运河捷地碑廊。京杭大运河碑廊、历史长廊是以大运河为主线，从历史、人文、传说各个角度演绎大运河、南运河和捷地碱河的悠久历史和人文掌故；大运河捷地碑廊则收集了乾隆有关水文化的诗词、书画和对联。

"两河"，一条是京杭大运河，另一条是为运河分洪的捷地减河。捷地减河为明代开挖，分流了大运河的水患，使百姓免受水涝之苦。

"两闸"，分别是分洪闸和捷地闸，工程自明代开始，建坝铺设的龙骨巨石至今也清晰可见。至清朝，乾隆更加重视治水工程的修建，曾赋诗："为求社稷稳如山，乾隆三次下江南。乘船巡幸临捷地，碑文御书留人间。"可见，乾隆下江南，绝非仅为游山玩水、觅宗追源。

"两碑"，为乾隆御碑和宪示碑。前者为乾隆御笔亲提，后者是官府保护水利工程的公约文书。后于清朝被用作修建岳飞庙的墙石，横砌在墙体上。尔后又在其背面镌刻了保护岳庙的公文，因此，现在的宪示碑背面的碑文，须斜身横看。

"一柳"，也称狮吼柳。为百年小叶垂柳，高 30 余米，树干粗超 3 米，树冠直径达 25 米，形状酷似一头雄狮。相传，当年乾隆巡临捷地，监督分洪闸工程，上岸后折柳枝，顺手插在地上。年复一年，小柳枝长成参天大树，像一头雄狮蹲坐在分洪闸前，俯瞰着大运河、捷地减河的千古洪流。

"一墙"，为沧州作家作品墙。其中一篇《运河赋》，描写了大运河两岸，沧州大地的历史变迁，写出了沧州人对家乡的赞美、热爱之情。

景区内风景秀丽，是一处集生态修复、滨水休闲、运动娱乐、郊游度假、文化科教等多功能于一体的水利风景区。

第三节 旅游开发对策

一、旅游发展现状

沧县处于华北平原，缺山少水，自然资源主要以生产性造林为主，缺乏独特的地貌特征和特色，开发利用难度大。沧县历史悠久，文化源远流长，是著名的武术之乡、书法之乡、曲艺之乡、一代文宗纪晓岚故里，目前，沧县A级以上景区7个，旅游景点9个。得天独厚的人文条件为沧县发展文化旅游业奠定了良好的基础。

(一)创新旅游思路，大力发展乡村旅游业

近年来，沧县大力实施乡村旅游项目带动战略，全力构建以乡村旅游项目为支撑的旅游产业体系，形成了以项目建设助推旅游发展的新格局。如正在建设的"御封香椿园"、捷地回族乡傅家圈村等都在依托特色优势推动乡村旅游的开发。

(二)依靠文化底蕴，推进文化与乡村旅游结合

沧县拥有深厚的历史文化积淀，沧县的文化旅游分为五个部分：古沧州文化旅游、纪晓岚文化旅游、大运河文化旅游、金丝小枣文化旅游、休闲健身旅游。沧县根据自身特色资源，以服务京津、辐射周边，以做大做强休闲旅游产业为核心，按照"立足当前、着眼长远、远近结合、统筹兼顾"的原则，坚持把诸多文化元素更多地植入乡村旅游业，将文化旅游与乡村旅游相结合。

(三)借力现代农业，助推全县休闲观光农业

沧县大力发展以生态旅游、休闲采摘、农业体验、有机蔬菜品尝为主要

内容的生态农业休闲观光旅游，并涌现了一批河北省乡村旅游示范点。观光农业旅游成为沧县满足游客需要、农民受益、前景广阔的朝阳产业。沧县环绕市区，北依京津，具有丰富的现代农业旅游资源和文化底蕴，特殊的区位优势和发达的设施农业为沧县发展农业观光旅游提供了有利的条件。

二、主要旅游产品

(一)古沧州文化旅游

旧州，是今沧州的母体，文化底蕴深厚、历史悠久，人文景观、历史遗迹较多，是古代地方政治、经济、文化中心，著名的冶铁铸造中心、佛教圣地和军事要地。历经千年的沧州古城遗址、唐开元古寺、后周铁狮子、宋代铁钱库、出土碑石、毛公甘泉、林冲神庙等 20 余处旅游景点正在逐步开发，其中铁狮子是国务院公布的全国第一批重点文物保护对象。是我国早期大型铸铁艺术珍品，对研究冶铁史、雕塑史、佛教均有重要价值。沧县早在 20 世纪 80 年代就将其开发成沧州第一个 2A 级旅游景区。

(二)纪晓岚文化旅游

沧县政府充分挖掘"一代文宗"纪晓岚的故乡这一宝贵文史资源，形成"文物遗存——研究学会——文化园林——经济项目"的纪晓岚文化产业链条。一系列措施取得了可观的经济效益。中鼎文化传播公司、晓岚村、阅微食府、晓岚枣业等文化实体年营业额 2 亿多元。纪晓岚文化园 3A 景区，就是沧县政府开发纪昀文化的缩影。不仅如此，县政府还将进一步将纪晓岚文化园、墓地、祖茔与本地的小枣观光园等景点衔接起来，使纪晓岚文化与沧州地域文化相互衔接、错位开发、整体提高，形成有机的整体，打造我国北方文化名牌。

(三)大运河文化旅游

运河在沧县境内长 40 千米，沿途风光旖旎，文化遗迹众多。捷地分洪闸是运河众多文化遗产中的一个，历经百年，保存至今。现将大运河、捷地减河与乾隆文化相互融合，精心打造三廊(京杭运河文化廊、历史长廊、大运河碑廊)，三园(宪示碑园、垂钓园和治水园)，两闸(捷地分洪闸、捷地闸)，两碑(乾隆碑、宪示碑)等景点，组合包装成 2A 级"御碑苑"景区，从历史、人文、传说等各个角度演绎大运河、捷地减河的悠久历史和灿烂文化。

(四)金丝小枣文化旅游

沧县政府充分发挥"小枣之乡"资源优势，以金丝小枣采摘、观赏为重点，把"朴寺世纪枣林"申报为河北省百家乡村旅游示范点，陈颖圩百枣园申报为河北省农业旅游示范点，把全国最大的红枣市场定为旅游商品销售单位，将三处连为一体，开辟成独具特色的农业休闲观光旅游专线，拓展旅游发展空间。

(五)休闲健身旅游

沧州神然生态观光园 2011 年荣获 2A 级旅游景区称号。该园以"生态农园，柔美温泉"为开发主线，以生态环境、特色农业为景观基地，乡村旅游得到快速发展，先后建设了百草园、采摘区、CS① 实战基地等休闲娱乐项目，成为集生态旅游、水果采摘、农业观光等为一体的休闲旅游胜地。

三、大运河价值

(一)历史价值

沧县段大运河始于东汉末年曹操开挖的平虏渠，是中国大运河的重要组成部分，是沟通南北的不可或缺的重要段落。它基本沿袭了隋代永济渠的走向和位置，自开凿以来始终为南北水上交通大动脉的重要组成部分，对我国南北方经济、文化交流起到了重要作用。

沧县段大运河至今仍然保存着完整的人工水利体系，不仅保存了完整的古代河道、堤防及部分纤道，而且保存了明清时期开挖的 3 条减河和大量古代及近现代水利工程设施，携带了丰富的历史信息，充分反映了大运河在各个不同历史时期的工程技术水平，揭示了大运河功能逐渐变化的历史过程，具有极高的历史价值。

---

① CS：Counter Strike，即射击类游戏。

（二）文化价值

沧县独具特色的运河文化是中华民族文化的重要组成部分。沧县段古运河上大量的渡口、船坞、码头等运河特有节点的产生，促进了沿岸城镇、村落的形成和发展，推动了沧州文化的发展，丰富了运河区域文化的内容。同时，便利的航运也促进了我国不同民族的融合。

沧县段运河水利工程作为大运河文化的直接载体，承载着大量的文化信息，相关历史文献记载是运河水利工程建造时期经济、政治、军事、文化等时代背景的见证。对运河及水利工程遗产本身和相关文献进行研究，能使我们更加深刻地了解民族历史，增强民族自豪感，具有重要的教育意义。同时，配合申报世界文化遗产，对沧州段运河遗产进行有效的保护，选取有代表性的遗产点进行展示，为沿线人们提供高品位的文化生活场所，进而带动区域经济的发展。

（三）科学价值

沧县段大运河开挖选址方面，充分合理地利用了自然河道，在认真勘察自然地形的基础上，针对整个区域进行研究，体现了统一规划、优化选址的思想。

沧县段大运河在平面布局上设计了多处弯道，称作"三弯抵一闸"，人为延长了运河河道的长度，进而合理解决了河道落差大、水流急的问题，以保证航运需要，同时也降低了拉纤的难度。为解决南运河经常决溢的问题，减河、减坝、堤岸闸坝等水利工程屡兴，这些水利工程的选址、设计、施工均具有较高的科学性。运河堤防系统由缕堤、遥堤、月堤、格堤组成，各种形式的堤坝在选址、设计及施工技术上均具有较高的科学性。沧州段南运河部分段落仍保存了缕堤、遥堤及月堤的堤防形态。

南运河现有减河均为明清两代开挖，主要目的为调节南运河水位以满足通航需要。减河选址多为大运河上易于溃坝的低洼要害部位，具有很高的科学性。渠首工程根据不同时期的水量大小多次改建，体现了一定的科学价值。

由于水流于弯道转弯处对堤岸的冲击力较大，进而促进了运河工程防冲技术的发展。从古至今，人们在运河弯道处修建了以夯土、砖、石、混凝土为材料的各种类型的险工，有效地解决了运河堤坝的防冲问题。

四、旅游发展建议

（1）拓宽融资渠道，增大投资力度。发挥好旅游大会带动作用，鼓励社会资本投资旅游产业。做足"旅游＋"文章，举办采摘节、丰收节，加大对沧县旅游线路推介宣传。

（2）优化消费环境，提高服务水平。景区门票价格调整要提前半年向社会公布，旅游收费向社会公示。落实景区优惠政策、使公交服务延伸到景区和乡村旅游点。完成对旅游从业人员培训，提升从业人员服务意识和服务水平。制定并实施旅游环境卫生、旅游安全、节能环保等标准，重点保障餐饮、住宿、厕所的卫生质量。修护完善景区内设施设备，营造良好的旅游环境。

（3）推动旅游产品多样化发展。突出抓好大运河文化带建设，推进捷地水运民俗文化开发；推出田园风光、民俗风情、农家生活、文化体验等不同类型的乡村旅游点；开发有文化创意的枣系列产品和绿色产品及特色餐饮；推出具有沧县特色和民族特色的演艺、节庆等文化旅游产品。

（4）积极开发，打造环京津体育休闲旅游业。充分利用资源优势，规划建设户外体育旅游项目。

第五章 泊头市旅游资源现状与旅游发展对策

第一节 概　述

　　泊头市是河北省沧州市下辖的县级市。泊头始建于东汉，因运河漕运兴起而得名，是环渤海地区重要的工业城市。北距北京 250 千米，东距天津 160 千米，西距石家庄 190 千米，南距济南 210 千米，距天津港 180 千米、黄骅港 80 千米。泊头位于京、津、石、济的中心位置，京津唐经济圈内，环渤海经济带中，处在长三角经济圈与京津唐经济圈之间，既可接受京津的辐射，又能在长三角、京津唐经济圈产业互动中受益，同时还能承接面向环渤海地区转移的国外产业和资本。泊头境内有京沪铁路、石黄高速、京沪高速、104 国道、106 国道穿城而过，京杭大运河纵贯市区。

一、基本概况

(一)自然资源

1. 地形地貌

　　泊头市位于河北平原腹心地带，属典型平原地貌，东接滨河平原，西连山前平原，无山无丘，平坦开阔，地形简单。古河残堤及淀泊淤积形成的槽形浅平洼地自西向东分布在市境北部一线。地势自南向东北缓倾，最高点西辛店乡秦村，海拔 16.1 米，最低点文庙镇楚贾杜村，海拔 10.1 米，平均海拔 13.2 米，自然坡降为万分之一。

2. 气候

泊头市属暖温带湿润大陆性季风气候区，又属冀南暖湿轻干旱区。气候季间差明显，四季分明，冬季寒冷干燥，春季常干旱多风，夏季炎热多雨，秋季天高气爽。春、秋、冬三季多有西北风，夏季以西南风为多。年平均气温 12.7℃，无霜期 187 天，年均日照 2784 小时，年均降水 543 毫米，降水多集中在 7 月和 8 月两个月。

3. 水文

泊头市境内主要河流有：南运河、清凉江、滏阳新河、滏东排河、连接河、老盐河、江江河、南排河、黑龙港河。

4. 土壤

泊头市土壤由古河流冲积形成，层理清晰，土层深厚，疏松涵润，矿物质营养较高。各种农作物及野生植物均有生长。

(二) 人文资源

近年来，泊头市高度重视大运河的保护利用，加大投入力度，先后实施了前辛倒虹吸、尹庄闸改建、解放桥北侧护坡延长等 10 余项工程，修建了运河橡胶坝、运河景观带等项目，为大运河的旅游开发利用奠定了基础。如今泊头市充分利用大运河穿城而过的自然禀赋，深入挖掘、开发大运河文化。同时，积极推进全域旅游开发，努力打好四张"旅游牌"：第一是着力打好文化旅游牌，依托运河景观带、清真寺等节点，打造富有泊头特色、彰显地方人文风貌的历史文化旅游；第二是着力打好红色旅游牌，立足泊头革命老区的实际，依托华北局城市工作部、富镇烈士陵园纪念塔、军屯惨案纪念碑等革命遗址，讲好革命故事，传承革命精神，打造爱国教育基地和红色旅游一日游线路；第三是着力打好工业旅游牌，结合"十里香文博园"建设，挖掘开发"十里香大运河酒文化产业园"景观，结合泊头 1300 多年的铸造历史，用好"中国铸造名城"这张名片，统筹好铸造小镇、铸造公园、铸造博物馆建设，努力打造工业旅游城市；第四是着力打好生态旅游牌，依托泊头出产梨、枣、桑葚的优势，组织好梨园赏花旅游、梨果采摘等活动，大力支持灌河观光园、亚丰梨园等发展，带动观光、采摘于一体的生态休闲农业的发展。

二、发展历史

泊头市始建于东汉，初兴于隋唐，建镇于金代，因运河漕运兴起而得名。泊头古楼市区是泊头市最能体现泊头运河文化的集中地区。此地考古发现商代陶片等历史文化层及遗物堆积，说明历史上的泊头已有人居住。泊头兴起于运河漕运，自南运河通经该市，逐渐形成南北水陆要冲。商人乘其便利，在泊头设肆设栈，南方的稻米、丝织品、漆器、瓷器等各类商品迭次运来泊头，转销于河北中、北部广大地区，而泊头周围地区的粮食、鸭梨等土特产品及铸造铁器借此营销。明清时的泊头已是"两岸商贾云集，为数百里所未有"。清后期便已称"运河巨镇"。民国初期，则"东西两岸殷实，商号不下千余家，轮舶辐辏，阛阓填盈"，成为津南地区一大商埠，其销货和辐射范围涉及河北省、山东省和天津市的广大地区。

借助商贸之兴，泊头的工业起步较早，明清时即有铸造、烘炉、竹编等工业和手工业。1912 年，中国最大的化工企业——永华火柴公司在泊头建成投产，是当时亚洲最大的火柴厂，成为民族工业的骄傲；之后，五洲烟厂、酿酒厂、肥皂厂等相继建成，而经营铸造业的铁厂有 40 多家，并拥有了 5000人的产业工人队伍。初具规模的工业基础，使泊头成为冀东南近现代工业的发源地之一。

大运河是泊头的繁荣之河。近代以来，依靠运河强大的运输能力，华北局城工部选址泊头，为平津战役的胜利做出巨大贡献。直到 20 世纪 60 年代，运河依然具有相当规模的航运能力，天津与德州间的货轮往来不绝。

第二节　景区景点概况

一、红色旅游

(一)中共华北局城工部旧址

中共华北局城工部旧址位于泊头市政府南 1500 米的胜利街北头，建筑坐西朝东，东西长 46 米，南北宽 20 米，总占地 920 平方米。建筑为山西民居格式，四梁八柱式砖木结构，平顶，正房 5 间，进深 6 米，间宽 3 米；左右侧房各 3 间，前房与侧房之间有一夹道，宽 2 米；大门朝南，开在南夹道内，北有一便门，可通往外院；建筑均高 8 米，四周各开屋门 1 个，每间屋都有券顶窗户 4 个；出前屋至前庭院，南北各有侧房 4 间。此建筑据说系清末时期一山西商人所建，曾用来开当铺、药店、夜校等。

1948 年 2 月至 12 月，中共华北局城工部在泊头办公，并在此为确保平津战役的胜利做出了卓有成效的工作：收集了北平、天津等方面的大量情报，为中共中央在解放平津中的战略决策、战术实施提供了可靠依据；培养了大批共产党员和进步学生，为接收北平、天津做了组织上和干部上的准备；接纳了不少民主人士，吴晗、兰天野、童超、苏民等均经此地转移到解放区。1998 年由泊头市委、市政府和北京市文物局共同对城工部进行了全面维修。目前城工部成为泊头市爱国主义教育基地。

(二)军屯惨案纪念碑

军屯惨案纪念碑坐落于泊头市营子镇东北 3 千米的军屯村。为纪念日寇侵华期间制造的"军屯惨案"中遇害的 100 多名死难者，中共营子镇军屯村支部、军屯村委会于 1999 年建立。

纪念碑周围为庭院式建筑，占地面积为 3330 平方米，坐南朝北，碑亭呈六角轿顶式，坐落在院内中央位置。亭总高 8.15 米(象征 1945 年 8 月 15 日日本投降)，其中亭基座高 3.77 米(象征 1937 年 7 月 7 日卢沟桥事变)，南北面分别为 3 级 6 步台阶，共 18 层。亭内竖纪念碑一座，高 3 米，宽 1.2 米，厚 0.2 米，坐南面北，碑身下面镌"军屯惨案纪念碑"七个大字，背面是碑文及遇难者姓名，碑亭由汉白玉护栏四周围护，目前成为泊头市青少年爱国主义教育基地。

(三)富镇烈士纪念塔

位于泊头市西 45 千米的富镇，西距镇政府约 250 米。纪念塔被四面砖墙围护，院南北长 55 米，东西宽 30 米。塔体为二层八面木质结构，坐北朝南，通高 10 米。台基为水泥砖结构，边长 4.2 米，高 1.35 米，共 8 面。第一层塔高 4 米，边长 2.8 米，东、西、南各开一门。第二层塔高 3.2 米，边长 2.5 米，朝南开一门。纪念塔是献交县(今属泊头市郝村镇)党、政、民、武全体为纪念在抗日战争和解放战争中牺牲的革命先烈于 1948 年建立的。

二、工业旅游

(一)泊头铸造博物馆

博物馆设计为特殊仿古型建筑，坐落于泊头市区北部。博物馆使用面积 1500 平方米，分三个展厅，分别为社会历史文物展厅、铸造展厅与民俗展厅。社会历史文物展厅展出从春秋战国时期至清末民国时期泊头辖区出土的文物 270 余件。按其级别分，有国家二级、三级和省市县级各个级别的文物；按其种类分，包括瓷器、陶器、铜器、铁器、玉石、丝织、纸绢、景泰蓝等。所出土的文物基本能够反映泊头区域人类生产生活的轨迹。

铸造展厅占地面积约为 500 平方米，主要反映了泊头铸造起源、发展历史和铸造工艺、发展过程及国家重点工程和高尖端科技使用的泊头铸造铸件。从种类分有铸铁、铸铜、铸铝、铸玛钢件、压铸、工艺铸造等；从铸件的用途分有机械制造、建筑、航空航天、汽车制造、生产生活等，用途广泛。

民俗展厅占地面积约 150 平方米，主要展示泊头当地清末至民国时期的生产生活器具和"文化大革命"时期的一些图文资料。按类别分有陶器、瓷器、铜器、纺织物、纸制品、石器、石膏、木器、竹器、藤器 10 类，40 多种。

(二)十里香酒文化产业园

十里香酒文化产业园位于京杭大运河畔、泊头市开发区内，国家 2A 级工业旅游景区，河北省工业旅游示范点。总占地 719 亩，包括"三园"即工业园、发酵园和文博园，五大功能区即工业生产、生物发酵、酒文化博物馆、接待中心、会议中心等。

十里香股份公司，始建于 1946 年，至今已有 70 多年的历史，现在已建成华北地区最大规模的浓香窖池群，为河北省最大规模的浓香型白酒酿造基地。通过全景展示"十里香"酒的纯手工酿造技艺，浓墨重彩地记录和传承了大运河酒史文化。游客来此可欣赏到十里香制作工艺流程和祭酒封坛仪式表演。

(三)大运河酒文化产业园

大运河酒文化产业园位于泊头市工业区京杭大运河畔,国家2A级工业旅游景区之一,作为有着浓郁历史色彩的本土品牌"十里香"酒早已闻名冀域,香溢古河。"十里香"已然成了沧州乃至河北酒业的杰出代表。通过对外展示"十里香"酒的纯手工老五甑酿造技艺,将中华民族灿烂的大运河酒史文化更好地传承和发扬。

大运河酒文化产业园项目建筑规模包括发酵车间3万平方米,原酒储存库5000平方米,粮食储存和粉碎车间1.2万平方米,游客中心7000平方米,其他设施5万平方米,项目总投资4.5亿元。

三、乡村旅游

"万顷梨园花似玉 春来如海香醉人"泊头鸭梨拥有悠久的种植历史,是享誉中外的鸭梨主产区,素有"中国鸭梨之乡"美称。在运河水的浇灌下,鸭梨果形俊秀、皮薄肉细,口感脆嫩可口。如今,鸭梨产业已经成为泊头的特色支柱产业并远销四方。

(一)亚丰鸭梨观光采摘园

亚丰鸭梨观光采摘园位于齐桥镇政府东侧的大炉村,距市区约10千米,距京沪高速公路10千米,距石黄高速公路15公里。

园内有鸭梨、皇冠梨、圆黄梨等品种,每年4月梨花开放,自7月初至10月上旬果实相继成熟采摘。建有4米多高的观光台,登上观光台万亩梨花尽收眼底,美不胜收。

果园配套服务功能完善,有消防、安防、救护等设施,道路通畅,交通便利。园内现已建有观光台、游客休息处、停车场、卫生间等。

(二)三岔河鸭梨观光采摘园

三岔河鸭梨观光采摘园位于泊头市的三岔河村,三面环水,是以鸭梨、金丝小枣为主的观光果园,结合260余处传统土梨窖进行景点化开发,打造出以百年梨园为核心的"梨花圣境"观光体验、土梨窖体验、梨园观景、垂钓鲜食、露营戏水等特色精品旅游项目。

梨花开放时节，不仅有遍布四野的花海，还有独具特色的河湾风景，更有丰富的历史传说、文化遗迹，形成了底蕴深厚的果品文化和民俗文化。

(三)泊头市苟鲁道古桑文化产业园

泊头市苟鲁道古桑文化产业园位于泊头市营子镇苟鲁道村，园区规划北至庄二村，南至老盐河，东至大五村，西至石桥村，共计86万平方米。由泊头市现代种植合作社承建。该项目以弘扬古桑养生文化为核心，以京津冀协同乡村田园旅游热度为契机，以桑树产品深加工为着力点，不仅可以满足城市居民体验田园风光，熟悉了解古桑养生文化，而且可实现桑民故土创业增收，安居乐业。该项目分为"一馆、一园、一区、一网、一基地"5部分内容，即古桑文化展览馆、休闲观光园、田园采摘区、古桑文化网站、产品加工基地，已成为河北省集古桑文化、养生、休闲观光为一体的旅游胜地。

四、民俗文化旅游

(一)泊头清真寺

泊头清真寺位于市区清真街南端，始建于明永乐二年(1404年)，占地面积11200平方米，房屋近200间，建筑面积3000多平方米。该寺坐西朝东，正门门楼3间，高10米，单檐歇山，古棚出厦，琉璃瓦顶，朱门铜饰，门楣楷书"化肇无极"，"清真寺"黑底金字悬于上方。寺内院落分为前庭、中庭和大殿。大殿地面为800多块柏木长方板铺设，可容1200多人做礼拜。大殿两廊稍低，并有便门通向外边。大殿正门两侧有楹联一副，原有明清两代皇帝、太子太保、衍圣公等达官显贵的题匾18块，现仅存"清真光明"匾一块，藏于班克楼内。2001年7月由国务院公布为全国重点文物保护单位，是国家2A级旅游景区。

(二)运河带状公园

运河带状公园位于运河东岸，裕华桥两侧，呈规则形带状，全长1200米，面积为42000平方米。该处地势平坦，土质较好，适宜植物生长。带状公园的建设是为了治理运河，衬托裕华桥的雄伟，同时为附近居民开辟了一活动、游憩场所，因此建成开放性公园，既美化了市容市貌，又改善了人们的生活环境。

该公园设计采取规则式与自然式相结合的方法，力求以绿化为主，绿美结合。桥两侧为对称式布局，而一侧灵活布局，运用建筑小品和雕塑艺术形式，丰富了全园景趣。

第三节　旅游开发对策

一、旅游现状

(一)随运河而兴的商贸文明

运河是南北交通的枢纽，它的贯通促进了中国各个历史时期经济、社会和文化的发展。地处南运河段的泊头市，本身是因运河而生的码头小城，除了漕运，更多的是行船经商。南腔北调，东西客流，在此驻足，辐辏一处，对本地的文化形成与传播起到了相当大的作用。泊头的商业也因此繁荣，铸造、雕版印刷、火柴制造、梨果贸易，时间既久，自成一种独特的商业文化。

泊头区域，历史上"背负瀛海，前抢广川，地势平衍"，土地丰沃，河渠纵横，由于黄河、漳河、滹沱河三大河的长期冲积，造就了这块土地深厚的地层，河流沉积物构成了沃土的母质，自古勤劳的人们种植稼穑，农业生产相对发达。特色产业鸭梨的种植和外销，使果品突破了自然经济的局限，进入商品领域，成为社会交换产品，有利的交通条件和商业经济环境，促进了泊头商业都会的形成。

泊头商业依托运河漕粮业发端，尤其是明朝以后，码头的发展兴起，带来了商贸经济的繁荣，明清至民国，泊头商业贸易达到兴盛时期。在南北沟通和商业贸易中，它的枢纽作用日渐明显。漕运畅通，首先带来货畅其流、商贾云集和南北船客的来来往往，促进南北文化的交流，使南方的竹、丝、陶瓷、茶叶等与北方的皮毛、药材，鲁冀豫的粮棉油，农产品、铁器等相互交易，汇集于此。明清两代，南方发展起来的茶叶、竹编、雕印等产业也扎根泊镇，慢慢壮大起来，出现许多经营南方货物的商家，如福建、浙江茶叶店，江西瓷器店，湖北桐油店，浙江白糖店，江苏药材店，南方丝绸庄和竹货店等，形成了运河沿线的特色商业。

泊头商业的繁荣促进了南方产业在此的发展，同时各行业又互相带动，互相促进。纸张、油墨、刻板的齐全，再加上梨枣木雕印原料的优势，使雕印业一度繁荣起来。雕印业也印刷实用、卜用书籍，尤其是《精选杂字》等买卖用书籍，《精选杂字》一书是专供生意人用的日常书籍，从目前掌握实物看，从咸丰元年一直到民国二十几年，重印十几次，相当于今天畅销书的一版再版，而且五六家堂号都有刻印，可见当时此书需求之广。此书越是需要的人多，越证明当时各种生意的兴旺。

泊头的铸造产业已有1300多年历史，生铁冶铸技艺被列为国家非物质文化遗产。沧州市复制的120吨的铁狮子就出自泊头，泊头整个城市最多的店铺门脸也是关于铸造产业链的，从吊车、模具到玻璃丝网，满满的都是金属的厚重气息。砂型铸造是较为传统的铸造工艺，以砂为主要材料，每个模具大多数分为两个部位，更为小巧精细的树脂模具可以分成多个部分，看起来像是每个模具都在寻找自己契合的另一半，类似于传统建筑的榫卯结构，通过浇筑牢牢固定在一起。

(二)长河人物传佳话

人是土地的造物精灵。一方水土育一方人，运河文明、农耕文明及驿站文化交融的特质，孕育出这里杰出之辈特有的精神风貌。

在泊头文化史上，有三道熠熠生辉的光环。

第一道，刘德筑日华宫，整理天下典籍。刘德是汉代河间王，被称为河间献王，为汉景帝次子，栗姬所生，和中山靖王刘胜为同父异母兄弟。由于国名叫河间，治所在今献县河城街附近，建筑整理古籍的地点在今泊头富镇境内。据《汉书·刘德传》记载："河间献王德以孝景前二年立，修学好古，实事求是。从民得善书，必为好写与之，留其真，加金帛赐以招之。繇是四方道术之人不远千里，或有先祖旧书，多奉以奏献王者，故得书多与汉朝等。"

第二道，张祜为中晚唐诗坛增彩添色。张祜在中晚唐诗人之中排位是靠前的，据《唐音癸签》"集录一"所载：晚唐诗文集共137家，其中著名者为20人，张祜与杜牧、李商隐、温庭筠可并称，许浑、皮日休、陆龟蒙尚在其后。张祜留诗340多首，大体分为三类，一为山水描述，一为咏怀心迹，一为品茗饮酒。晚年诗风有转变，由柔和平滑变为苍茫雄浑，气韵笔力俱胜，后人说他"稍窥建安风骨"。后人评价张祜诗"籍其独具的性情与遭遇，既得陶孟之简淡，又化入李白之神韵，裁思精利，流转自然而仍具雄博之气"。

第三道，余继登实现了为官为文的圆满结合。余继登是明朝万历年间的礼部尚书，泊头市余庄人。余继登的诗，有 300 多首，多为应制、酬人应答之作，有少数是述怀咏物的。但透过这些诗作，很能看出作者的纯洁灵魂和完美人格，诗风雅静、纯正，借物咏怀，借人明志。虽然这些诗是余继登为官之余的心情流露，却反映了他的高尚情操和高雅情趣。

(三)历代诗文话运河

泊头市文学创作历史悠久，作家、诗人层出不穷。自唐代的诗人张祜，至明、清的余继登、王兰生、王化昭、苏俊大等，都留下了不少传世的著作和诗文。20 世纪 30 年代，以潘芷汀等进步学生为代表的一批文学作者登上文坛，创作了大量时代气息浓郁，充满青春韵味的文学作品。左翼作家联盟泊头支部在泊镇第九师范学校(今泊头师范学校)的建立，使区域内创作队伍得到进一步发展和壮大。

中华人民共和国成立后，相继涌现出一批作家、诗人，其中有潘文敏、申身、杜金才等。20 世纪 70 年代，交河县文化馆(泊头市文化馆的前身)以朱振岳、孙柏昌为负责人的创作组，通过文学创作培训班和改稿会等多种形式，加紧对创作队伍的培养和建设。

在泊头文学创作的历史上，文学社团的作用不可低估。最有影响的是中国左翼作家联盟泊头支部和朝花诗社。中国左翼作家联盟泊头支部于 1933 年初在泊镇第九师范学校成立，以校刊《泊声月刊》为阵地，发表了大量进步文章而被校方停刊。朝花诗社于 1982 年 7 月 4 日由当时的农民青年余畅发起成立，诗社设在文庙镇尹圈村。诗社成立后，坚持定期活动，倡导"直面社会、关注人生、言之有物、以真情动人"的文风，并提倡"反映时代，替农民立言"，先后在国内外报刊发表了数百件文学作品，并于 1985 年出版了诗集《朝花诗选》，在国内外引起广泛反响。

朝花诗社办有社刊《朝花》诗刊。诗刊辟有《朝花诗会》《大野诗鸿》《朝花人物》《运河暖波》等栏目，先后出版了 13 期。诗社成立后受到各级党委、政府的支持和奖励，并受到团中央及河北省委、省政府的表彰，1985 年被命名为"全国新长征突击队"，1986 年被沧州行署授予"建功立业模范团体"称号。

"朝花诗社"先后吸收本地社员 53 人，外地社员数百人。著名画家、诗人老庄，篆刻家韩焕峰，画家田云鹏等都曾是朝花诗社社员。

2004 年始，由市文联、文化局主持，陆续编辑出版了"大运河文学丛书"共计 16 部，其中《泊头小说选》《泊头诗歌选》《泊头散文选》《泊头诗词选》《泊头风物》等著作受到社会各界的广泛关注和好评。同时创办了综合性文学季刊《清凉江》，诗词季刊《中水诗词》和《泊头文化》报。这两刊一报的创办，为作者提供了发表作品的平台，培养和团结了大批作者，对于繁荣新世纪泊头的文学创作、壮大作家队伍，起到了不可替代的作用。

(四)民间文学自成风景

中华人民共和国的成立，赋予了民歌新的生命，民歌创作进入了一个崭新的时期，劳动人民翻身做主人，美好的前景展现在人们的眼前，这正像一个人在经过艰苦跋涉的沙漠旅行后，突然看到了碧波万顷的大海。人们用歌声唱出了对党、对毛主席、对新生活的无限热爱，创作了如《东方红》《咱们的领袖毛泽东》《浏阳河》《八月桂花遍地开》等作品。

泊头民歌以河北民歌风为主，兼具山东民歌特点，或质朴淳厚，或粗犷强悍，或诙谐风趣，大多以豪放见长。在泊头，带曲谱、能演唱的民歌主要分为劳动民歌、生活民歌、抗战民歌等。

(1)劳动民歌。是一种由体力劳动直接激发起来的民间歌谣。它伴随着劳动节奏歌唱，与劳动行为相结合，具有协调动作、指挥劳动、鼓舞情绪等功能。

(2)生活民歌。一般通过对千姿百态的生活场景、生活事件的描述，来表达人民群众的思想感情。美与丑、善与恶、痛苦与欢乐、剥削与被剥削，一切都会在生活民歌中加以反映。

(3)抗战民歌。抗日战争时期，地处华北平原的泊头经历了波澜壮阔的战斗，在战火的洗礼中，泊头涌现了大批以抗战为题材的优秀民歌。

（五）千姿百态的民间艺术

民间艺术是以农民和手工业者为创作主体，是劳动者为满足自己的生活和审美需求而创造的艺术。在泊头，民间花会大多集中在春节、元宵节期间，一般自正月初五开始，正月十四至十六达到高潮。活动期间，看会的人们拥挤如潮，人山人海，热闹非凡。民间花会在很长一段历史时期，成为丰富泊头市人民群众文化生活的重要载体。据调查，在泊头流传的民间花会种类繁多，有高跷、落子、腰鼓、跑驴、小竹马、荷花缸、小风流、大秧歌、狮子舞、跑旱船、龙灯、十步弦、十八罗汉、渔家乐、八仙人、小车子会等。

（六）慷慨气犹在的民间武术

泊头是六合拳的发源地。据史籍载，泊头民间武术兴于明、盛于清，明代民间习武之风渐盛，清代泊头民间武术活跃，门派增多。明清时期泊头境内有 105 人中武举人、武进士。六合拳功法完备，套路多，内容广，其招式舒展轻敏，手法连贯，步法清晰，刚柔并蓄，飘洒实用。健身防身效果明显，深受习武者喜爱。

（七）运河水润出十里酒香

清顺治年间，新桥驿（古泊头）为漕运咽喉，商贾云集、酒业兴旺，运河边上有一古井，称"一步三眼井"。三个泉眼，一通天泉，一通地眼，中间一个是让人喝的。以井水酿酒，味儿甚佳，取名"十里香"。十里香酒为泊头市特产，中国国家地理标志产品，以其深厚的文化底蕴、绵柔醇甜的品质赢得了广大消费者的喜爱。

二、发展建议

（一）做好"非遗"保护

政府应大力搜集和整理古老民歌的曲谱，加强对泊头民歌的宣传力度，以视频或文字的方式展现泊头民歌历史悠久、内涵丰富的特点。政府可开办专业的学校和培训机构，定期举办民间工艺展览会及交流会，同时出台系列政策，做好相关技术工艺的记录和保留工作。

(二)综合整治环境

整治大运河及沿岸的环境，完善基础设施，仿照明清时期的大运河沿岸开展特色活动，如特色集市。特色集市不同于普通集市，此集市上贩卖之物均为泊头特色产品，练摊之人亦可着古装吸引来往市民，以及外地前来观光的游客。这样既能够提高大运河的知名度，又可以带来额外收益。

(三)加强古建筑的管理力度

市、县两级文物保护主管部门以及有关单位要切实履行职责，加强对现在已经列入市级、县级重点文物保护单位的管理力度，对各乡镇古建筑登记备案，统一管理。

今后，泊头市将深入贯彻习近平总书记对大运河文化带建设的重要批示精神，充分利用大运河穿城而过的自然禀赋，深入挖掘开发大运河文化。同时，积极推进全域旅游开发，努力打好四张"旅游牌"，整合旅游资源，增强旅游产品内涵，打响泊头旅游品牌，提升全域旅游开发水平，让大运河畔的古驿新城焕发出新的活力。

着力打好文化旅游牌，依托运河景观带、清真寺等节点，打造富有泊头特色、彰显地方人文风貌的历史文化旅游。着力打好红色旅游牌，立足泊头革命老区实际，依托华北局城市工作部、富镇烈士陵园纪念塔、军屯惨案纪念碑等革命遗址，讲好革命故事，传承革命精神，打造爱国教育基地和红色旅游一日游线路。着力打好工业旅游牌，结合"十里香文博园"建设，挖掘开发"十里香大运河酒文化产业园"景观；同时，结合泊头1300多年的铸造历史，用好"中国铸造名城"这张名片，统筹好铸造小镇、铸造公园、铸造博物馆建设，努力打造工业旅游城市。着力打好生态旅游牌，依托泊头梨枣、桑葚优势，组织好梨园赏花旅游、梨果采摘等活动，大力支持灌河观光园、亚丰梨园等发展，带动观光、采摘于一体的生态休闲农业。

第六章 青县旅游资源现状与旅游发展对策

第一节　概　述

　　青县隶属河北省沧州市，位于华北平原东部，南接沧州，北依京津，位置优越，交通便利，京沪铁路、京沪高速铁路、京沪高速公路、104 国道、津保公路、沧廊高速公路等交通干线从贯穿其中，京杭大运河纵贯南北。青县历史悠久，人杰地灵，相传这里曾是盘古择居之地。青县南北长 25 千米，东西宽 48 千米，总面积 968 平方千米；地理坐标为北纬 38°45′，东经 116°34′至 117°6′；地势平缓，西高东低；北与天津市静海县相邻，东与黄骅市接壤，南与沧县相连，西与大城县毗邻；北距北京市 171 千米、天津市 83 千米，东距渤海 60 千米，南邻沧州市 35 千米，西南距省会石家庄市 210 千米，是河北省进入京津的北大门，有"津南第一县"之称。

一、自然资源

（一）地质地貌

　　地质：青县地处沧县台拱中部、兴济凸起北部，西邻大城凸起、里坦凹陷、南皮凹陷、东光凸起、吴桥凹陷，南连武城凸起、北接双窑凸起，西部断层走向东北，倾向东南，属正断层，规模较小。

　　地貌：青县位于华北平原东部海陆交替沉积平原上，地处冀中地平原向海滨平原过渡地带，地势平坦，地面标高 6～7 米，西南高东北低，自西南向东北微倾斜，最高海拔 7.5 米，最低海拔 3.5 米，坡降 1/15000。全县地貌以低平洼地为主，缓岗、缓坡、洼地交错分布，面积比 2∶3∶5；南运河黑龙港河与三个支流从南流向北，北排河、子牙新河从西流向东，把黑龙港河与其支流拦腰截断，构成全县纵横交错的河网系统。

(二)气候

青县气候属温带半湿润大陆性季风气候，四季分明。年均气温 12.1℃，年日照 2769.8 小时，无霜期 180 天，年均降水量 618 毫米。

(三)水文

属海陆交互沉积平原地质区，地下水储存于第四系含水层中，其埋藏规律自西南向东北，由浅变深，沙层由厚变薄，由粗变细、水量由大变小，水质由甜变咸。现有河流为南运河、黑龙港河、子牙河、北排河渠，均属海河水系，黑龙港流域。现各河渠均为季节性河流，汛期客水流入，旱季断流无水，河水量变化大。

(四)土壤

青县土壤分布受地貌、母质、河流水文地质条件影响，区域分布规律性较为明显，人工排灌、平整土地等活动在一定程度上也改变了土壤的性状，使基层土壤分布更为复杂。青县土壤划分为 2 个土类、4 个亚类、11 个土属、32 个土种。

(五)植被

植被主要为温带落叶林植被，生物资源丰富。随着环境条件的改变，野生植物趋于减少，现存主要植被为农作物。

二、人文旅游资源

近年来，青县借助被确定为全省全域旅游示范县创建单位的契机，对全县旅游资源进行整合，挖掘当地特色文化、现代农业、道德文化，依托各地区位优势和不同客源市场，在各具特色的旅游产品基础上，设计推出特色互补、错位发展的三大精品旅游片区。

总之，青县形成了以盘古文化旅游景区、大司马庄园景区、清水白休闲农业观光园为代表的旅游景区，日益崛起为集"爱心之城""好人之城""生态之城"于一体的旅游重镇。

第二节　景区景点概况

一、青云观

青云观位于青县觉道庄村，西距青县县城20千米。觉道庄的老子祭奠具有2000多年的历史传统。觉道庄是传说中老子羽化之地，其墓位于村后，村前有青云观、雷音寺，一道一佛，觉道庄是道佛并立的古刹。青云观内有殿堂15座，供奉80尊神像，是华北平原上历史悠久的道观。相传春秋战国时期，老子(李耳)弃周守藏室史官出行，云游四方至此地隐居，传经布道，民众由此相聚而居，逐渐形成村落，起名为道德庄。至元初，道号为"觉道"的张核大师来到此庄，四外化缘，在原老子讲经道场营造起一座颇具影响的道观——青云观。道德庄也由觉道大师的功德更名为觉道家庄，后称觉道庄，成为了道教圣地。后来村周围先后建起了碧霞庵、五龙圣母庙等道观。历史上在此曾涌现出众多颇有造诣的道师和法师。

图6-1　青云观

二、张广王现代农业观光园

张广王现代农业观光园位于位于青县曹寺乡张广王村，是青县现代农业示范区的核心区。该园区建成区面积3万多亩，累计投资10亿多元，建成了3千多亩以上蔬菜大棚和16个百亩以上蔬菜园。该园区有徽派建筑风格农家小院8栋，每栋小院设厨房，游客可以亲自烹饪农家菜，同为徽派建筑风格建筑的现代农业推广培训中心占地6000平方米，有风味餐厅、农业培训、农产品展示、会务、婚宴和住宿等接待服务。园区坚持以"技术高端、装备高端、品种高端、产品高端"为抓手，以一二三产业融合发展为目标，规划建设了现代农业科技展示区、绿色蔬菜生产区、休闲体验采摘区、新品种试验示范区、果树采摘区、农民科技培训中心、娱乐广场等功能区。园区内菜区路硬化11公里，灌溉、电力设施齐备。农庄周围水资源丰富，有多条小溪环绕，为园区增添了水韵之美。

目前，园区建成占地666.7平方米的玻璃智能温室及阳光板、棚膜连栋大棚，达到了世界先进、国内一流的水平；建成高标准日光温室191座，春秋大棚120座；引种了香蕉、火龙果等南方品种，实现了南果北种；栽了无花果、草莓、羊角脆、冬枣等多种果蔬品种，特别是温室冬枣是目前我国北方最大的温室冬枣生产基地；试验种植蔬菜新品种80多个；6000平方米的集农民科技培训、农产品展示、餐饮住宿于一体的培训中心已投入使用。园区被评为"国家2A级旅游景区"、"2A级休闲农业旅游景区"和"省级观光农业四星级观光园"。每年吸引了大量游客前来参观游览。

三、盘古庙

盘古文化作为中华民族的根祖文化，是华夏文明史上最具系统性、典型性的文化资源和宝贵财富。青县的盘古文化历史悠久，以盘古命名的"大盘古村""小盘古村"已有400多年的历史，而盘古沟、盘古墓、盘古潭、盘古井等盘古文化古迹也尚存在青县境内。沧州民谣唱道："一文一武，一国宝，一人祖。"文者，指的是一代文宗纪晓岚。武者，指的是沧州乃驰名中外的武术之乡。国宝指沧州铁狮。人祖即盘古，盘古庙会作为中国历史上唯一相传4000多年的祭祀庙会就举办在青县。盘古庙始建于唐哀帝天佑二年(905年)，相传盘古灵光多次闪耀，金光四射，遂建庙以祀。清康熙九年（1670 年）重修，1944 年被日军炮火摧毁，1983 年重建，1995 年后由三宝弟子彭南和接手开发，建了盘古前殿、盘古中殿、天王殿、地下龙宫、念佛堂等景点。站在山下远望，盘古山似一罗盘在太阳下闪亮，从山麓到山顶，四栋琉璃大殿依山而建，分为盘古前殿、盘古中殿、天王殿、地下龙宫、念佛堂等，雕梁画栋，突兀在山顶上，分外耀眼。景区面积 800 亩，其中庙宇建筑面积 9200 平方米。

盘古庙会（始于三国魏）每年两次，于三月初三和九月初九举行，庙会正期四天，延期或十晌或半月不定，有唱戏的、说书的、马戏杂耍等节目助兴。在此期间善男信女、寺院僧道、商贾游客车马舟楫云集于此。

四、马场炮台

马场炮台位于青县以北约 8 千米处的北运河岸边马厂镇，北靠津保公路，东临京福公路、京福高速公路和京沪铁路，地理位置重要，水陆交通方便。

据《青县志》载，马厂炮台建于清同治十年（1871 年）二月。直隶总督李鸿章奏调部队移驻青县马厂，建兵营、炮台于京杭大运河东西两岸。东营区环城筑墙 7.5 千米，设炮台 9 座，占地 351 万平方米；西营区筑墙 4.5 千米，设炮台 5 座，占地 126 万平方米；14 座炮台，总占地面积 478 万平方米。南运河东营区始终驻军至今。

现存中央炮台 1 座及东西营区 10 多座炮台遗址。保存较好的中央炮台位于东营区中间，占地 1.1 万平方米，有 3 层，通高 11 米，呈圆形。第一层夯土筑成，高 4 米，直径 120 米；第二层夯土结构，高 3.5 米，直径 90 米；第三层是三合土（黏土、白灰、糯米汁）夯筑而成，高 3.5 米，直径 30 米。炮台上修有炮位、暗道、排水道等。围绕中央炮台，东、西营区沿围墙分别建有月牙形、碉堡形炮台 8 座和 5 座。

清朝马厂炮台担负着"拱卫攸关"的重任，是中国近代史上现存较早、较完整且规模较大的军事建筑，见证了中华民族从封建和半殖民地半封建社会走上共和之路的历程，有着重要的历史、文物、文化、旅游和军事价值。2013 年，马厂炮台被国务院公布为全国重点文物保护单位，现为爱国主义教育基地。

五、观音寺

观音寺位于青县城西南 20 千米；东临渤海，西眺省会，南控齐鲁，北锁幽燕，地理位置优越；东傍京沪高速公路 1 千米，南汇沧保高速公路 2 千米，交通发达。

《青县志》载：观音寺在县西南四十里大孝子墓东南隅，同治六年（1867年）重修。观音寺位于新兴镇大孝子墓村东，始建于何年何月已无从考证，但在其几百年的历史长河中，许多帝王墨客曾到此观瞻凭吊，留下了不少动人的故事。

现在的观音寺建在原址上，由佛教大师释仁宽从 2002 年开始筹资修建，首期工程已于 2005 年年底竣工，占地 4000 多平方米，建有山门、鼓楼、天王殿、施无畏佛殿、东方三圣殿、退居寮、西方三圣殿、方丈寮、僧寮等。

观音寺坐北朝南，东西长 50 多米，南北 80 多米，它的正面是山门，也叫"三门"，即无相门、空门、无作门。它的建筑风格属于重檐歇山式，"三门"始于汉明帝，在封建社会，只有帝王宫室设三门，其他官宦舍宅，均不得设三门。"三门"两旁是四尊威武的石狮，代表着辅正摧邪。"三门"中间的台阶饰滚龙石雕，此段台阶叫"御道"。上面五条龙翻云吐雾，喻义五龙捧圣，这是一般人不能逾越的雷池，只有帝王才能踏足。

六、中古红木文化小镇

中古红木文化小镇在 2013 年的中古红木文化产业园的基础上建成，获批为河北省首批创建类特色小镇。小镇规划面积 3.6 平方千米，其中建设用地 1.5 平方千米，总投资 30 亿元。小镇的建设是在青县县委、县政府倾力扶持发展文化旅游产业，逐步确立"拜盘古、品蔬菜、赏红木"的发展目标与基本格局的大背景下，创意、立项、逐步推进的。始建之初就紧紧围绕"打文化牌，走旅游路线"这一目标，规划建设中式生活体验、红木家具专业交易、红木家具标准化生产、中国古典家具历史博览、校企联合产品研发、技工专业人才培训、会议会展、五星级明清建筑风格度假村（配套商住）和影视拍摄为一体的跨界复合型综合经济体。形成了独具红木风韵、主题集中突出、文化传承厚重、人文特点浓郁的红木文化片区，也成为京津休闲度假旅游的首选目的地。

如今，红木小镇周边的红木家具生产销售企业已从 2013 年 800 多家发展到近 4000 家，行业总资产近百亿元，已具备产业基础和集聚效应。

第三节　旅游开发对策

一、旅游发展现状

大运河青县段全长 45.7 千米，历史悠久。曹操为铲除袁绍余部、北征乌桓，为便利军运，于建安十一年(206 年)，令董昭开凿平虏渠、泉州渠等人工运河，《水经注》《海河志》《青县志》《青县水利史》等志书中对平虏渠均有记载，被人们称为南运河的母亲河。

2006 年京杭大运河被国务院公布为全国重点文物保护单位，经过考古与调查，青县段运河已发现遗存 30 余处，其中 A 类遗址为流河段运河河道、马厂炮台及军营遗址、青县铁路给水所、周官屯子牙河穿运枢纽、青县乾隆碑；其中马厂炮台及军营遗址被确定为大运河"申遗"的大遗址保护项目。

大运河除其河道本身具有的生态价值和文化价值外，还衍生出了与之密不可分、经济价值较高的众多旅游资源。青县在运河岸边建有盘古庙，拥有盘古武校、千顷苜蓿园，建有国家 2A 级旅游景区觉道庄青云观、广旺农庄和司马庄农业生态观光园。

二、旅游发展建议

面对京津冀协同发展中涌现出的巨大市场，青县应以"跳出旅游抓旅游"的思维，将当地农业、工业、文化和城镇等元素与旅游产业"嫁接"，探索构建"全区域规划、全景式打造、全媒化营销、全产业发展"的旅游发展格局。

(一)打好"三张牌"

第一，打好特色文化牌，发展地域特色文化游。青县拥有盘古文化、大运河文化、老子文化、武术文化、宗教文化、红木文化、道德文化等内涵丰厚的人文资源。应充分挖掘特色文化，开发旅游项目和旅游商品，打好文化旅游牌。

第二，打好生态农业牌，发展农家体验游。青县是蔬菜瓜果之乡，羊角脆、金丝小枣、冬枣、特种有机蔬菜、盘古鸭梨等早已驰名京津。在县旅游业中，生态农业是一大亮点，其中万亩蔬菜种植、盘古八千亩梨花都是独有的旅游资源。近年来，青县大力发展设施蔬菜、特色蔬菜，尤其广旺农庄一直致力于引进香蕉、木瓜、火龙果等南方水果品种，并已成功育苗，"南果北种"模式又将成为青县生态农业的一个亮点。

第三，打好道德文化牌，发展道德文化红色游。"道德青县，爱心之城"，青县好人多已成为青县的金名片。充分宣扬青县公民道德建设成果，推广孝老敬亲的典范作用，以公民道德建设展馆和中心敬老园为载体，打好红色旅游牌，也是青县旅游发展的优势。

(二)建好三大片区

张广王旅游片区，包括青县盘古公园(集休闲、娱乐、健身、观赏于一体的综合性公园，全园共设 7 大景观区)、中心敬老园(综合性养老机构，被全国老龄委命名为全国首届"敬老文明号")、张广王景区(集生态农业采摘、亲水垂钓、亲农体验、农家乐餐饮及住宿于一体的综合旅游度假村)和盘古寺景区(众多盘古古迹聚集一地，独占鳌头)。

中古红木文化产业园旅游片区，包括中古红木文化产业园区(集生产加工、经贸物流、文化旅游、休闲购物于一体的创新型园区)、司马庄景区(以司马庄蔬菜高科技示范园种植的新、特、奇有机蔬菜为基础，以采摘、品尝有机蔬菜为主)、八极拳基地(八极拳国际训练基地，中外武术交流平台)和马厂炮台遗址(大运河 A 类遗产点)。

觉道庄旅游片区，包括觉道庄景区(历史悠久，远近闻名，传说为老子羽化之处)和清水白景区(集生态观光园、乡村旅游、体验农业生产生活和休闲娱乐功能为一体的乡村旅游观光园)。

三个片区通过"规、建、编、引、推"实现一日游。"规"即规划先行，编制三个片区专门规划，相互衔接起来。"建"即加强景区景点及交通道路等配套设施建设，鼓励景区投资和社会投资，着力打造张广王农业观光旅游园区，使之成为全省乃至全国知名的旅游目的地。"编"即编撰、挖掘、整理文化故事，研究旅游文化内涵和趣味性，增加景点吸引力。"引"即加大招引力度，吸引社会力量投资景区的开发管理。加强与京津知名旅行社合作，与成熟旅游线路进行捆绑销售，实现借力发展。"推"即加大宣传推介力度，制作《青县旅游形象》宣传片，通过参加旅游产业发展大会、旅游交易会，利用宾馆、日常接待等渠道向社会投放推介。同时，举办青县旅游节，吸引四方游客，扩大知名度。

(三)打造四条精品线路

通过对县旅游资源进行整合，初步确定重点开发四条旅游线路。一是"生态游"线路，盘古公园—盘古寺(春季赏梨花)—清水白农业观光园(观赏珍奇动物，春季赏油菜花海，夏季沙滩戏水)—觉道庄(青云观、老子湖游船)—农场农业科技生态示范园(四季采摘、观光)。二是"文化游"线路，孝子墓观音寺—广旺农庄(春季采摘羊角脆，秋季采摘冬枣等)—八极拳武术训练基地(观赏武术表演)—中古红木产业园(欣赏红木文化，参观古典家具制作)。三是"道德游"线路，青县道德馆—中心敬老园(老荣军讲述革命故事)—广旺农庄(春季采摘羊角脆，秋季采摘冬枣等)—马厂古炮台—京杭大运河(乘船游览)。四是"欢乐游"线路(北京二日)，北京—肃宁华斯裘皮城—山东德百温泉度假村—吴桥杂技大世界—盘古寺(春季赏梨花)—广旺农庄(春季采摘羊角脆，秋季采摘冬枣等)。

(四)实施"旅游＋"战略

1."旅游＋农业"

生态农业作为青县的一张亮丽名片，成为青县发展农家休闲体验游的坚实基础。青县是蔬菜瓜果之乡，羊角脆甜瓜、金丝小枣、冬枣、特种有机蔬菜、盘古鸭梨等早已驰名京津。在青县旅游业中，生态农业是一大亮点，其中万亩蔬菜种植、盘古八千亩梨花都是独有的旅游资源。青县应抢抓司马庄、张广旺被列为省级现代农业示范园的机遇，开发集农业采摘、农家体验、农村美食于一体的体验民宿民俗、品尝农家美食的农业休闲体验游，探索"现代农业园区＋乡村旅游＋农村电商"模式，培育一批农旅一体化休闲观光园区和乡村旅游带。未来，青县还将充分利用得天独厚的区位优势与京津密切的地缘、亲缘、人脉资源，以蔬菜瓜果采摘、农家体验、农家乐等形式吸引游客，把青县打造成京津周末休闲度假的"后花园"。

2."旅游＋工业"

引导小洋人公司、思盼香油、同聚祥酒业等名企名品，发挥中国驰名商标和省级非物质文化遗产的优势，开发集制作工艺展示、企业博物馆、产品销售于一体的工业游，带动工业企业参与旅游开发和服务。

3."旅游＋文化"

加快建设集图书馆、文化馆、博物馆、美术馆、民俗馆、非遗馆、道德馆于一体的市民文化活动中心，打造文化游乐新景观；积极推进中古红木小镇建设，挖掘宣传红木文化，做大做强红木文化产业。

4.旅游＋城镇"

把旅游业发展与城市建设、美丽乡村建设有机结合，围绕盘古寺、大运河等重点区域，打造一批"美丽乡村"示范带，以各具特色、宜居宜游的民俗体验村、旅游休闲村，吸引大城市的游客前来休闲娱乐。

第七章 清河县旅游资源现状与旅游发展对策

第一节 概　述

　　清河县位于河北省东南部，邢台市的东部；地理坐标为北纬36°55′到37°10′，东经115°30′到115°50′；东西最大横距27千米，南北最大纵距28千米，总面积500.434平方千米；东北与衡水市故城县接壤，东隔卫运河，与山东省夏津县相望，自南而西分别与临西县、威县为邻，北依清凉江，与南宫市毗连。

一、自然资源

（一）地质地貌

　　地质：清河县全境处于新华夏第二沉降带的河北平原沉降带的东南部、临清凹陷区的北部，属整个华北凹陷区的次级构造单元，位于邢衡隆起带和临清凹陷区的交界处。主要有西南、东北走向的两条规模大的断裂带和两条小的断裂带。两条大的断裂带分别在县境东西两侧，称为沧东断裂和明化镇断裂；两条小的断裂带均匀分布其间。自下而上地壳分太古界、古生界、中生界、新生界四个地层。

　　地貌：清河县境位于华北平原的南部，古黄河冲积扇的北斜面，表土系古黄河、海河等水系泛滥冲积、沉积而成，海拔27.6～31米，西北高，东南低，坡降1/20000～

1/10000。全境地势、广阔平坦而微有起伏，以平缓地貌为主，可分为五类地
貌：缓岗地带、沙丘平地和沙岗地带、黄河古道和浅平洼地、小二坡地、河
旁洼地。

(二)气候

清河县属暖温带半湿润大陆性季风气候，四季分明；年平均日照 2523.5
小时，年平均气温 13.8℃；平均无霜期 179 天，属两年三熟或一年两熟耕作
区；年平均降水量 505.5 毫米，以 7～8 月最为集中。

(三)水文

清河县境古代多水多河。据记载，辖区内曾有古黄河、清河、屯氏河、
屯氏别河、隋唐大运河、京杭大运河、蔡河、张甲河等历史名河。清河县现
存过境河流有卫运河和清凉江，自产径流有新清临渠、民兴渠、丰收渠、南
李干渠、丰收一至五支渠、胜利渠、焦庄地上渠。

(四)土壤

清河县土壤分为潮土和新城沙土 2 个土类，5 个亚类，10 个土属，42 个
土种。其中潮土包括潮土、盐化潮土、褐化潮土 3 个亚类。潮土亚类包括沙
质潮土、沙壤质潮土、轻壤质潮土、中壤质潮土 4 个土属，15 个土种。盐化
潮土亚类包括沙壤质盐化潮土、轻壤质盐化潮土和中壤质盐化潮土 3 个土属，
22 个土种。褐化潮土亚类包括沙壤质褐化潮土、中壤质褐化潮土 2 个土属，3
个土种。新城沙土包括风沙土、沙丘 2 个亚类，2 个土种。

(五)生物

清河县动物资源中，野生兽类有野兔、刺猬、鼠类、蝙蝠等。鸟类有鹰、
鸽、鹊、乌鸦、麻雀、布谷鸟、啄木鸟、猫头鹰、燕子、大雁等。虫类有蝎
子、蚕、蜥蜴、蚯蚓、蜜蜂、蜻蜓、蝉、瓢虫等。水生及两栖动物有鲤鱼、
鲶鱼、鲫鱼、鳝鱼、草鱼、鲢鱼、泥鳅、青蛙、蟾蜍等。植物资源中，乔木
有毛白杨、速生杨、柳树、泡桐、榆树、洋槐、国槐等防护林和用材林树种，

灌木有石榴、花椒、紫惠槐、枸杞、无花果、杞柳、怪柳、紫荆、月季、蔷薇、玫瑰等。野生草本植物有蒲公英、苋菜、苍耳、茅草、薄荷等数十种。

二、人文资源

大运河在清河有两段，即隋唐运河和京杭大运河，我国极少存在拥有两条运河的县市。隋唐运河现已埋藏于地下，在县城西侧，清河境内流经长度约为29千米，平均宽度为150米，途径15个村，南经王洼，北至王成后北入清凉江。隋唐运河承载着厚重的历史文化，省级文物保护单位——宋贝州古城因其而建，北宋时期贝州城是中国北方的物资集散中心、军事要地，有"天下北库"之称。历史名人打虎英雄武松出生在隋唐运河西岸的王什庄村。南宋时期因黄河水患，河道埋于地下。

京杭大运河在县城东南部15千米的油坊镇，东隔运河与山东夏津县相望，清河境内流经长度为20千米，宽度为660～1200米，途径12个村，南经二哥营，北至渡口驿村出境。清河县拥有两处国家重点文物保护单位——大运河油坊码头和朱唐口险工，码头共有6个，是中国北方保存最完好的码头。因漕运的兴盛，油坊镇一度非常繁华，唱戏的、说书的、玩杂技的应有尽有，每天都有好几千人来这里购买货物、看热闹，被人们誉为"北方的小上海"。目前，因河道经常断流停止漕运。

两段运河为清河留下了丰厚的历史文化资源，一直影响着清河县人民的民风民俗。特色文化主要有：武松文化——清河是武松的故乡；张氏文化——清河是世界张姓起源；状元文化——历史上有10名状元为清河人；羊绒文化——世界羊绒看中国，中国羊绒看清河，清河是世界上最大的羊绒加工集散地。清河被国家有关部门授予"中国张氏文化之乡""中国张姓历史文化研究中心""中国武松文化之乡"等称号。唐代第一位状元孙伏伽为清河人，清河还被誉为"状元之乡"。

目前，与运河有关的文化遗产有：大运河油坊码头和朱唐口险工，为全国重点文物保护单位；宋贝州古城为河北省重点文物保护单位；元侯祠（滕小圣庙，现由其后人重新修建）为县级文物保护单位。明清至民国时期位于京杭大运河沿岸的油坊古镇庙宇众多，种类齐全，出名的有崇兴寺，除了庙宇还有山西会馆、益庆和盐店、协记烟铺、聚源砟碳行、同泰昌当铺、普济堂药铺、茂芳茶馆、刘记洗澡堂等上百家老字号店铺。

非物质文化遗产方面，省级非物质文化遗产：清河中华张氏传统祭祀；市级非物质文化遗产：木刻套色印刷清河神符，清河木板书。另外还有与京杭大运河文化相关的腾小圣的传说、四根弦、运河小调等28个县级非物质文化遗产；同时运河两岸还有与武松、赵匡胤相关的历史故事广为流传。

第二节　景区景点概况

一、中国羊绒博物馆

中国羊绒博物馆为清河羊绒制品市场的配套建设项目，规划建筑面积8000平方米，一期建筑面积1000平方米，投资2000万元。该馆分为序言、世界羊绒产业发展史、中国羊绒工业史、清河历史风物、清河羊绒初加工发展史、清河羊绒深加工发展史6个展厅，是国内首家以羊绒为主题的博物馆。

该馆通过图片和实物的形式从多个角度展示世界和我国羊绒发展历史和现状，进一步理清羊绒产业发展脉络，发掘羊绒文化的独特内涵，使人们对有着"软黄金"称谓的羊绒产业发展历程有清晰了解。

清河羊绒制品市场总规划面积66万平方米，总投资10亿元。整体由产品展示交易区、生产加工区、配套服务区和生活区四部分组成。市场于2008年9月正式启动运营，吸引了包括鄂尔多斯、鹿王、恒源祥、兆君、皮皮狗、珍贝等国内知名羊绒制品生产企业和经销商300余家入驻。经营的产品既有高档次的山羊绒制品，也有物美价廉的绵羊绒制品，产品有羊绒衫、羊绒裤、羊绒围巾、羊绒披肩，还有各种纱线、面料等产品。市场被河北省旅游局确定为"河北省工业旅游示范点"。位于交易区的中国羊绒博物馆被称为"中国羊绒第一馆"。市场还建成了国际羊绒交易中心与特色商品交易区，使市场有望在未来几年成为国内重要的羊绒纺织品集散中心、价格形成中心和信息发布中心。

二、武松公园

武松公园位于清河县城，其鉴古照今的雄浑风格和空灵悠远的景色意韵，构成了京九线上一道崭新的风景，使经济繁荣的地域融入了浓郁的文化气息。

武松公园占地面积11万平方米，规模庞大的仿古式群景建筑、园林式风格布局，逼真地再现了一些文化古迹和传说故事。武松是清河的骄傲，是清河历史荣耀的象征之一。整个园区植花木10万株，内有8700平方米水泊人工湖。总体布局形同二龙抱珠，气势宏大，雅趣横生。园内共有景点30余处，亭、台、楼、榭、桥、廊、林、苑均按高规格构筑，每处皆试图追求最佳效果。园中山水环抱，瀑布斜飞；泉喷翠玉，花斗奇艳；垂柳环湖，波光涟漪；佳木繁荫，曲径通幽，处处皆有鬼斧神工、人间仙境之感。其中武松打虎雕像、碑廊、三碗轩、醉仙桥及十二生肖院一律采用汉白玉和花岗岩。长30米、高10米的迎门影壁，按照日月同辉的创意，设置了27米的大型浮雕，正中间"雄风长啸"四个镏金大字形似龙虎，意韵奔腾，是清河形象的写照，是清河精神的渲染，是清河速度的象征，是清河人向外界展示的风采。

三、华夏张氏祖庭

华夏张氏祖庭坐落于清河县城西，占地面积近2万平方米，是张氏文化生态园整体规划的核心区域，由上海同济大学规划设计。世界张氏总会先期出资1500万元，之后发动全球张氏族人捐资并在清河县委、县政府的大力支持下，共计投资近4000万元，于2008年8月正式动工兴建，在工期紧、任务重、难度大的情况下，历时9个月于2009年5月基本竣工。

张氏祖庭包括门阙、挥公堂、张氏纪功柱阵、挥公墓、甬道、牌坊等。其风格独特，仿照黄帝时期的祭祀建筑形式，以黄河流域原始社会的酋长金字塔状建筑为原型，以上古"明堂"（效仿天圆地方，四周环水、四面没墙的宫殿）为意象，以"亚"字型布局为基础，配以独特的牌坊，高11.8米的汉白玉挥公雕像、祭祀广场、门阙、望楼等，达到了古朴、宏大、庄严、神圣的历史场景感和纪念性效果，使现代与远古形成一种跨越时空的交融，成为世界上独一无二的氏族纪念圣地。

来自世界各地的张氏后裔，先后在华夏张氏祖庭成功举办了世界张氏总会第四届恳亲大会、华夏张氏祖庭重阳节祭祖大典、庚寅年中华张氏祭祖节等活动。

四、清凉江生态园

清凉江生态园位于清河县城北侧，是清河县委、县政府开发整理垃圾场、污水坑、沼泽地的基础上建设的一项环保工程和民心工程。清凉江生态园现有 1000 万平方米，是 2004 年下半年动工修建的。目前生态园共分为南湖区和北湖区两个部分。南湖区总占地面积为 46 万平方米，其中水面达 20 万平方米。按照春夏秋冬四季植物的生长特点划分为春华、夏韵、秋色、冬景 4 个园，园内有红叶碧桃、红梅、石榴、百日红、木槿花、柿子树、山楂树、雪松、塔松、五角枫、火炬、栾树等 100 多个品种花木。南湖区还建有风雨桥、知鱼桥、荷花桥以及秀水亭、望湖亭、棚膜、荷花塘、水榭等 20 多个景点。

北湖区总占地面积为 53 万平方米，其中水面 13.3 万平方米，主要景点有百鸟戏水湾、竹岛飘玉带、桃花映朱栏、延寿山等。白杨、垂柳、桃林绿荫成片，不仅吸引了大量游人，还引来许多野鸭和罕见的其他十几种鸟禽。

五、宋贝州古城

宋贝州古城位于西隋唐运河的东侧，据清河县旧志记载，古贝州城系"宋元祐六年监官赵荐之重修"，城为土墙夯筑，南北长 1.2 千米，东西长 2 千米，城池呈长方形，城垣断续可见，现遗存约 900 米，高 4～6 米不等，是北宋著名的农民暴动王则起义发生地，也是唐宋时期中国北方的军事、物资集散地，有"天下北库"之称。1993 年被定为省级重点文物保护单位。

六、大运河油坊码头

大运河油坊码头位于清河县城东南 15 千米处的卫运河畔，为明清至民国时期大运河漕运重要码头，国家级文物保护单位。现存码头 6 个且保存完好，是大运河上的重要码头之一，主要有客运码头、百货码头、运粮码头、运盐码头、运煤炭码头等，南北总长 933.8 米，材质以青砖为主，辅以干砌石、浆砌石以及少量砖砌建筑。油坊码头是大运河上较有名气的水陆码头，在明代至民国初年，舟来船往，商贾云集，油坊古镇也因此成为物资集散交流中心，被誉为"北方的小上海"，是河北清河、威县、南宫、故城以及山东高唐、夏津、武城等地的商品集散地。其中益庆和盐店在最北边的码头西侧，为存盐货场，县级文物保护单位，是清代道光年间由山西蒲州（今山西省永济市）商人所建，占地近 6000 平方米，遗址现存库房 20 余间，道光年间盐店账房 5

间，砖脚坯墙，两头抱厦，是典型的清代建筑风格。

第三节　旅游发展对策

一、旅游发展情况

近年来，随着国家和省市对文化旅游事业的高度重视，清河县委、县政府加大了对文化旅游产业开发的投入和政策支持，成立了清河县文化旅游产业领导小组；编制完成了《中国·清河文化旅游产业聚集区总体规划》，岳庄、尹才庄和花园三个省级乡村旅游示范村的旅游开发规划；提出了全力打造羊绒制品购物游、张氏祖庭寻根游、千年古郡景观游、农业观光生态游四大旅游名片；谋划建设青阳新区，并在青阳新区的北部区域建设特色小镇，让清河厚重的历史文化魅力更加彰显。

目前，清河县建成了清河羊绒制品城、羊绒博物馆、华夏张氏祖庭、武大郎墓、隆兴寺、清凉江生态园、武松公园等旅游景点。清河湖、宋代贝州城和明代古城、隋唐运河、马屯万亩山楂观光旅游景区、汉冢子古墓、大运河油坊码头等旅游资源都在等待开发利用。其中，马屯万亩山楂观光旅游景区被确定为河北省"十三五"期间重点建设项目，岳庄、尹才庄和花园三个村被确定为省级乡村旅游示范村。

（一）加大文物保护工作力度

清河县对清河历史文化进行了进一步挖掘、整合。按照清河县人民政府《关于进一步加强文物保护工作的意见》要求，对一些不可移动文物进行重点保护。截至目前，全县有国家级重点文物保护单位2个：京杭大运河清河段和大运河清河县油坊码头；省级重点文物保护单位3个：宋代古贝州城遗址、杜村商代遗址、汉甘陵古墓；县级重点文物保护单位23个。

（二）推进文化旅游产业聚集区建设

清河文化旅游产业聚集区位于清河县西北区域，与县城相连，是清河县今后打造文化旅游产业的重要区域，集聚了众多文化要素，按照"生态优先打造、民俗文化支撑、影视基地促动、旅游消费拉动"的发展战略和两新(城市新的功能区和新的经济增长点)、两城(欢乐城和贝州古城)、一村(温泉度假村)的发展思路。借鉴河南开封"清明上河园"的模式,积极建设富有清河特色的文化旅游产业聚集区,集中打造"文化体验、购物旅游、寻根祭祖、运河观光、美食娱乐"为一体的旅游发展集群。确定了电子商务创业园、华夏张氏祖庭二期工程、隆兴寺、清河文博院、隋唐运河 3 千米景观带、欢乐城、金瓶梅文化园、影视城、马屯万亩山楂观光采摘园、植物园等为重点建设、推进、招商的项目。为切实把聚集区各项工作落到实处,县委、县政府成立了清河县文化旅游产业聚集区领导小组,推进文化旅游产业聚集区工作的开展。

另外"三馆一场"主体工程已完工,安装工程完成了 2/3,装修、灯具、空调等配套设施正在施工中。

(三)做好旅游纪念品企业扶持和完善工作

清河县的旅游纪念品主要有前熬村的马氏黑陶工艺和后孙庄村的刺绣厂,两厂的产品工艺、质量很高,但都没有注册。目前,已和两家企业座谈,争取进行规范管理,作为重点文化企业向省厅申报。

二、旅游发展建议

(一)规划思路与空间布局

清河县旅游产业的开发思路遵循"生态优先打造,民俗文化支撑,影视基地促动,旅游消费拉动"的基本原则和两新、两城、一村的发展思路,贯穿聚集区重点旅游项目设置。以清凉江、隋唐大运河、清河湖、生态园等水系为主线,连通聚集区内主要文化节点和景观区域,突出清河羊绒文化、张氏文化、古城文化、金瓶梅文化,打造一幅"碧水环城,人文厚地"的天然画卷。

在空间上聚集区形成"两带六区一基地、四极并举"的空间布局。"两带":清凉江生态景观带、大运河综合景观带。"六区":羊绒文化体验区、城市游憩区、娱乐休闲区、户外运动休闲区、传统文化休闲区、乡村生态体验区。"一基地":贝州古城影视基地。"四极":羊绒文化商务旅游增长极、贝州古城影视基地增长极、张氏祖庭文化旅游增长极和欢乐城娱乐休闲消费增长极。

1. 水韵清河

规划对聚集区水系结构进行梳理，恢复隋唐大运河在清河县内的河段，连通清河湖和县域重点水渠，形成以清凉江为龙头，至邢清公路段运河为龙身，以隋唐运河南端为龙尾的"龙形水系"，对西北区内主要文化旅游节点进行水系连通，东通清凉江生态园，西接张氏祖庭，形成碧水环绕、水景交融的清河城休闲花园，将文化旅游产业聚集区打造成"水韵清河"。在明代古城四周，新挖一条环城水系，将胜利渠、大运河、清河湖连通，形成明代古城四面环水的景色。

2. 羊绒文化体验区

清凉江生态园北区水源充足，植被良好，可以改造成一个大型的植物园，供城市居民游憩。对现有羊绒城规模进行扩大，北侧新建物流园区、电子商务大厦、羊绒博物馆、商务酒店、高档住宅等，打造清河"羊绒之都"。

3. 城市游憩区

利用清凉江生态园环境优美、羊绒城商业购物旅游发达，且临近清河城市核心区域的优势，位于清河县上风上水的区位，结合水源充足、植被茂盛的优势，在城市游憩区北部设置清河县植物园，为改善清河生态环境、清河居民游憩游玩的公共场所。城市游憩区南部重点布置休闲娱乐、文化体育、商务金融、高档居住等类型的项目，打造成展现清河县文化形象、城市魅力的"城市客厅"。

4. 娱乐休闲区

利用清河湖北面到清凉江的开阔场地和地热资源，开发高端大型现代游乐项目和度假休闲旅游项目，用以拉动清河县文化旅游消费。开发思路为由清河政府完善基础设施建设，并提供开发所需要的土地，招商引资，和专业公司合作开发，共同获益。

5. 传统文化休闲区

借助区域内张氏祖庭、隆兴寺等主要旅游景区，完善旅游产品体系，对其外部空间环境、基础配套设施等提出规划要求。在张氏祖庭北面，新建一座"挥公湖"，向东与隋唐大运河相连接。

6. 户外运动休闲区

利用古城文化体验区与传统文化休闲区之间的绿地，开发自驾车游线，完善户外运动服务，开拓"背包客""驴友"市场，提升户外运动市场知名度，打造成清河县户外运动活动站点，开发运河水上运动和沿运河骑行等运动旅游项目。

在遗址保护的基础上，借助影视和旅游手法激活水浒文化、古城文化和大运河文化。让躺着的历史站起来，睡着的文化醒过来。一是对贝州古城进行局部修复，形成部分宋明风格的仿古街区，作为拍摄古装影视作品的外景地；二是进一步在外围打造仿古建筑风格的商业区等；三是成立文化公司，以清河本地的大运河文化、水浒文化、张氏文化为文化历史背景，创作文学作品，继而衍生成影视作品。通过这些作品的拍摄和发行，提供优厚条件，吸引国内著名影视制作团队和人员来此拍摄，使之成为国内知名的影视拍摄地。

(二)强化保障措施，助推产业发展

1. 坚持改革引领，强化人才支撑

要深入贯彻《中华人民共和国旅游法》和《国务院关于促进旅游业改革发展的若干意见》，加快构建"政府主导、企业主体、市场运作、社会参与"的管理体制和运行机制，实现旅游管理权责对等、高效运转。坚持市场化导向，制定文化旅游招商引资、争取投资、多元融资工作措施，激发社会资金、民营资本投资活力。优化"八大工程"项目详规和建设方案。提高景区开发准入门槛，提升项目建设投资规模和质量档次，完善旅游"六要素"统一规划建设和质量标准，健全旅游质量监督机制，提升旅游业发展水平。实行政策聚焦，加大文化创意、营销策划、职业经理人等紧缺人才的引进。发挥职教联盟作用，打造非遗传习基地，加快演艺、工艺、技艺传承人等专业人才的培养。建立导游员星级评定制度和激励机制，优化队伍结构，强化素质培训，提升服务形象。

2. 加大有效投入，完善基础设施

要建立逐步增长的财政投入机制，重点支持旅游基础设施和文化旅游项目建设，加强旅游公共服务、宣传营销和人才培训。在城市建设项目资金安排中保障文化旅游基础设施建设。积极试点小企业"旅游贷"，落实景区经营权、门票收益抵(质)押融资，支持重点旅游企业在资本市场直接融资。开通

市本级旅游公交线路，将武大郎文化园、张氏祖庭、隋唐大运河、温泉度假村、隆兴寺、快活林、清河羊绒城等重点景区连点成线。注重引进高档娱乐项目，加快建设自驾游服务中心，健全旅游信息服务平台，构建齐全、便捷的旅游公共服务体系。

3. 重视生态保护，实现永续发展

生态环境优越是清河县发展文化旅游产业的独特优势。要强化资源节约集约和生态环境保护意识，以生态文化旅游品牌为主线，以国家生态市创建为抓手，坚持生态保护和开发利用相结合，确保旅游开发与自然景观、人文景观相协调，旅游设施建设与生态环境承载力相适应，促进文化旅游可持续发展。巩固提升农村清洁工程成果，加强森林资源保护管理，有效处理旅游景区(点)内的污水、烟尘和生活垃圾，实现达标排放。

(三)推进区域联动，实现合作共赢

1. 促进示范区协同

要主动加强与邢台、临城、邯郸大名等县市的沟通协作，整合共享旅游资源，联手争取重大政策的扶持，合力推进市场开拓，联动发展。构建利益共享机制，积极引导示范区旅游企业互利合作。深化大区域联合，主动对接大运河经济带重点城市，开展旅游城市、营销联盟合作，打造泛大运河经济带无障碍文化旅游区。

2. 聚力全域化发展

要打破行政区划限制，把清河县作为一个大景区来策划和经营，对文化旅游资源实行统一保护、规划、开发和营销，推进旅游交通、市场、信息和管理机制一体化，实现资源共享、优势互补，避免各自为战、重复建设。按照"两带六区一基地、四极并举"的布局，突出核心区，实现文化旅游大联合、大繁荣。

3. 突出全方位营销

要投入更多财力、聚焦更高平台，打造清河县文化旅游总体品牌和特色子品牌，构筑旅游产品开发核心竞争力。积极呼吁并参与建立县级示范区宣传平台，统一策划营销示范区形象。

（四）坚持龙头带动，打造优势品牌

1. 打造精品线路

合理规划建设"慢城"要素，整体打造张氏祖庭—隋唐大运河—贝州古城影视基地—欢乐城游乐园—温泉度假村—隆兴寺—快活林—清河植物园—清河羊绒等清河县重点文化游，着力建设县本级旅游核心区。

2. 注重深度开发

围绕"文化体验、购物旅游、寻根祭祖、运河观光、美食娱乐"的主题，开发生态、文化、休闲、美食、工艺品等特色旅游产品系列，加强与城市功能、休闲农业、健康养生等资源的深度融合，提升乡村旅游，培育体育旅游，拉长产业链条，发挥叠加效应。深入挖掘历史遗迹区的文化内涵，创新古村老街、名人故居、非遗项目的展示方式，注重开发自然生态景点的养生功能，提升旅游品质。大力推进古贝州摄影、影视、写生基地建设，加强市场培育，形成产业优势。

（五）深入挖掘资源，彰显文化特色

1. 加强清河县地域文化研究

充分发挥机构和社会组织作用，加大挖掘、整理和研究力度，理清清河县历史文化脉络，加速研究成果向文化旅游转化与运用。积聚县内外相关专家学者，设立专项经费，加强宣传与普及，重编乡土教材，纳入中小学校教学内容，提升清河县地域文化的知晓度和影响力。

2. 加大历史文化资源保护

启动国家历史文化名城创建工作，建立清河县历史遗存数据库，出台清河县古村落、古民居修缮技术和新建仿古建筑技术标准，编制该县重点历史建筑保护方案。设立市县两级文物保护专项资金，加强与上级文物主管部门的沟通协调，积极争取重点文物、非遗保护专项资金，做好历史遗存、传统技艺、风情民俗、古村老街的传承保护与开发利用。

3. 加快文化旅游深度融合

文化是旅游的灵魂，旅游是文化的载体。要以文化体验为主导，在项目开发、景区建设中注重非遗动态展示，拓展旅游互动体验功能，如谋划葛传武式太极拳的学习、木刻套色印刷清河神符体验。规划建设融清河县美食、土产、民俗、文化演艺、文房四宝等元素于一体的特色商业街，鼓励发展"夜市经济"，营造清河县景观、商贸繁荣景象。

第八章 大名县旅游资源现状与旅游发展对策

第一节 概 述

  大名县位于河北省东南部，冀鲁豫三省交界处，是冀、鲁、豫三省经济、文化交流的枢纽地带；位于东经114°58′11″～115°28′28″，北纬36°05′07″～36°30′10″；东与山东省冠县、莘县毗邻，南与河南省南乐县相连，西与魏县交界，西北与广平县为邻，北与馆陶县接壤；东西长45.45千米，南北宽37.58千米。县治驻大名镇，北距省会石家庄247千米，西北距邯郸市73千米，西南距河南省安阳市92千米，南距河南省濮阳市75千米，东距山东省聊城市92千米，东北距山东省临清市101千米。

  大名历史悠久，人杰地灵。春秋时代属卫国，名"五鹿"，是历史上著名的"五鹿城"；战国时期属魏国；秦朝为东郡；汉朝为冀州魏郡；唐德宗建中三年(782年)改称大名府；宋仁宗庆历二年(1024年)建陪都，史称"北京"，元、明、清为路、府、道所在地；清代曾为直隶省第一省会。

一、自然资源

(一)地形地貌

  地形：大名县属华北地台断坳带的一部分，处在内黄隆起与临清坳陷交界处，具有第四系继承老构造的断坳特点，故地势由西南向东北倾斜。这里原是一个海湾，由于漳河、黄河的高速冲积沉淀而于新第三系的中新世形成陆地。此后，随着漳河、黄河的频繁改道和冲刷，沉积层越来越厚。

地貌：大名县坐落于华北大平原南端，属掩埋古河道的壤质土冲积平原。以卫河为界，卫西为漳河冲积扇的边缘，土质黏重。卫东是由黄河冲积物形成的，土质以沙为主。平原是构成大名地貌的主体，占总面积的90%以上。沙丘主要分布在黄河故道。龙王庙、北峰、张铁集等乡镇较多。沙丘的成因一是黄河改道自然形成，二是改道后由长期风力搬运堆积而成。所以，大名县的沙丘成土母质，均为黄河主流沉积物。

(二)气候

大名县属温带半湿润大陆性季风气候区。总的气候特点是：四季分明，气候温和，光照充足，雨量适中，雨季同季，无霜期长，干寒同期。即春季干燥多风，夏季炎热多雨，秋季凉爽宜人，冬季寒冷少雪。全年的主导风向为南风，其次是北风，出现东风、西风的机会较少。历年平均降水量为504.9毫米。全年降水主要集中在6—8月，平均降水量为307.1毫米；冬季12月至翌年2月降水稀少，以雪为主，平均为16.1毫米。

(三)水文

卫河：卫河在大名境内河道长48.5千米，左堤长38.3千米，右堤长31.79千米。1978年经国务院批准，对原河道进行了顺直和开挖，行洪能力由原来的800立方米/秒提高到2500立方米/秒，达到50年一遇的标准。

漳河：县境内河道长27千米，左堤长22.65千米，右堤长29.78千米，行洪能力为700立方米/秒。

马颊河：县境内河道长25.2千米。1971年对该河进行了治理，使行洪能力达到246立方米/秒。

(四)土壤

大名县的土壤共分2个土类(褐土、潮土)，5个亚类(褐土性土、潮褐土、潮土、褐土化潮土、盐化潮土)。

（五）生物

植物资源中林木主栽树种包括泡桐、榆树、柳树、杨树、桑树、杏树、枣树、梨树、苹果树等。药材类包括药用菌类植物马勃和药用植物类的莱菔子、板蓝根、车前草、马齿苋、黄芪等。花卉类包括紫罗兰、霸王鞭、大叶黄杨、山茶、凤仙花、芍药、牡丹、水仙等。

动物类资源包括家养类梅花鹿、水貂、鹦鹉、百灵、蜜蜂等。野生类动物鸟纲有鸬鹚（鱼鹰）、鸿雁、老鹰、猫头鹰等，哺乳纲有刺猬、黄鼠狼、豹猫、狐狸等。

二、人文资源

大名县文化灿烂，人文荟萃，历史上曾几度繁荣昌盛。现有五礼记碑、狄仁杰祠堂碑、马文操神道碑、朱熹写经碑、万堤古墓群等省级重点保护文物和宋代大名府遗址、直隶七师校址等，为发展大名经济创造了良好的文化环境。宋真宗赵恒亲征时曾驻扎过大名府；宋仁宗赵祯把大名府称为"北京"。悠久的历史和丰厚的人文基础，孕育形成了独具大名地域特色的六大文化脉系：都府文化、运河文化、石刻文化、红色文化、宗教文化、名人文化。

大名县现存的历史遗迹有北宋大名府故城、何弘敬墓志铭、五礼记碑、天主教堂、宣圣会医院旧址、明清大名府城、狄仁杰祠堂碑、马文操神道碑、罗让神道碑、朱熹写经碑、郭彬墓、万堤墓群、沙疙瘩诚碑、金北清真寺、陈氏墓石刻、郭隆真故居、龙王庙旧址、石家寨泰山行宫庙遗址。

大名县非物质文化遗产有传统手工技艺、杂技与竞技、传统美术、传统戏剧、民间音乐、戏剧、曲艺、民间文学、传统体育与竞技、民间舞蹈、民间信仰、书法、文化空间、传统医药、民俗15个类别120多项。其中国家级1项：草编，省级10项：草编、二毛烧鸡制作技艺、五百居香肠制作技艺、郭八火烧制作技艺、大名滴溜酒传统酿造技艺、小磨香油传统制作技艺、佛汉拳、二郎拳、南宫碑书法、大平调。

第二节　景区景点概况

一、大名县石刻博物馆

大名县石刻博物馆，占地近 46667 平方米，建筑面积 13000 平方米，是一座北方园林风格仿宋式建筑专题石刻艺术博物馆，馆内珍藏历代碑刻、墓志、石刻造像三百余件，藏品时代系列完整，时间跨度千余年。大名县石刻博物馆坐落于著名的"北京大名府"故城遗址（北宋时期重要的陪都，现为全国重点文物保护单位），建有五礼记碑亭、弘敬阁、长乐园、游客服务中心、学术交流中心等主体建筑，珍藏有中国第一大古碑——"五礼记碑"，中国第一大墓志铭——"何弘敬墓志铭"，"唐·米公墓志""明·陈皇后家族谕记碑""明·中极殿大学士黄立极墓志铭"等重要石刻文物，展现了大唐名家的绝代书法以及宋元名士的潇洒笔墨，再现了昔日明清大名府的辉煌。

二、宋都第一府——北京大名府古城遗迹

北京大名府古城遗迹位于县城东北一带，以大街、双台村为中心，现在的东门口、南门口、铁窗口、北门口四村是故城的东、南、西、北四大城门旧址，分外城和内皇城（也称宫城），外城周长 22.2 千米，占地面积 26.1 平方千米，内城周长 1.5 千米。

大名府帮城始建于前燕建熙元年（360 年），明洪武三十四年（1401 年），毁于漳卫洪泛。1992 年被省政府列为省级重点文物保护单位，2006 年被国务院公布为国家级重点文物保护单位。

三、兴化寺

兴化寺位于大名府城西门外，铁窗口村南，现正在修复和完善中。兴化寺中间坐落着一尊三面观音，大寂光殿坐东朝西，全部是木结构。大殿的北、东、南三面的外墙上画满了佛教故事，殿内东面供奉着三尊菩萨，可以说是金碧辉煌。殿的北面供奉着小时候的释迦牟尼，站在大象上一手指天，一手指地。

大名县是中国佛家禅宗文化的发祥地之一。东汉安帝永初元年（107 年），

佛教传入大名，临济宗祖庭大名兴化寺建于唐朝中期，是唐代著名法师义玄和尚的创法、圆寂之所，也是二、三代临济宗传法之地。义玄法师在此仗锡坐堂，普化禅风。咸通八年(867年)四月十日在此圆寂，所得舍利一分为二，各建塔供奉：一塔在大名兴化寺，一塔在正定临济寺，都命名澄灵塔。

四、狄仁杰祠堂碑

狄仁杰祠堂碑位于大名县孔庄村北，初立于大周圣历元年(698年)，后祠堂及碑因战乱而毁。唐宪宗元和六年(811年)十一月，魏博节度使田弘正在原址为狄公重建祠堂及碑。现祠堂已不存在，仅残留此碑于原址。该碑青石质地，由首、身、座三部分组成，碑体(除座)高 4.46 米、宽 1.46 米、厚 0.46 米。碑首为六龙戏珠圆首，碑额阳篆"大唐狄梁公祠堂之碑"，3 行 3 字排列。碑体阳面楷书碑文，由冯宿撰文，胡澄书丹。碑文记述了狄公任魏州刺史时的政绩和重修此碑的经过。

现碑身淤地一半，上部稍风化，有轻微裂痕，碑座淤埋地下完好。此碑为研究武则天时期的唐史提供了有价值的参考资料，现为河北省重点文物保护单位。

五、何弘敬墓

何弘敬墓志铭为中国已出土中最大唐代墓志铭。墓志有盖均为青石质，志盖呈顶式，顶面边长 0.96～1.00 米，底边长 1.88～1.96 米，厚 0.88 米。顶面正中篆刻"唐故魏博节度使检校太尉兼中书令赠大师庐江何公墓志铭"25字。四周有四杀浮雕兽面及四神，四杀交角处浮雕牛、马等动物，雕工精美、神态生动。四侧边雕刻波浪，图案简练，线条流畅。墓志为正方形，边长 1.95 米，厚 0.53 米。表石四侧边的中部雕刻花卉、供养人，上下雕刻波浪、花瓣，墓志镌楷书 60 行，满行 58 字，共 3800 字。

六、朱熹写经碑

朱熹写经碑又名"朱子太极石刻"，位于大名县石刻博物馆内，原碑书于南宋乾道丁亥年(1167年)，朱熹撰文书丹蔡元定刻，行书窠字体。立于常州府，即现湖南长沙市，元仁宗延祐己未(1319年)废毁。明成化年间(1465

年—1487年)大名府督学畿南按照南宋传下的"原碑"拓片重新翻刻"朱熹写经碑"，最初镶嵌于大名府学"明伦堂"大殿山墙上，1986年迁至今址。碑砂石质，高1.8米，宽2.9米，厚0.3米，重4.2吨，座为丰槽角基。明代畿南重新翻刻并立，碑文摘录《易经》里一段文字，概括了宇宙间变化原理，共111字，每字16厘米×13厘米大小。现为河北省重点文物保护单位。

七、马文操神道碑

马文操神道碑立于后晋天福六年(941年)，原位于大名县寺庄村西，后移至大名县石刻博物馆内。青石质地，碑首、身为一体，原座已失。现通高3.40米，宽1米，厚0.36米，为龙首碑。碑首高1.17米，宽1米，厚0.36米。碑首阳面题额篆刻"大晋故赠秘书兼马公神道碑"，3行4字排列。碑身阳面行书碑文，共计3390余字，为晋高祖石敬瑭令贾纬为马文操撰文，高廷矩书丹立碑，主要刻记马文操生平、家世及大晋对其家庭后人的册封。碑文字体如行云流水，有很高的书法价值。现为河北省重点文物保护单位。

第三节　旅游开发对策

一、旅游发展现状

近年来，大名县紧密围绕国家京津冀协同发展绿色崛起的战略部署，及河北省与邯郸市提出的建设"宜居宜业宜游中等城市"战略目标，依托宋府明城历史文化积淀和优质旅游资源，积极推进"宋府明城"文化旅游项目建设，不断加快旅游强县建设步伐。旅游业正在成为大名经济发展的重要推动力量。

二、旅游发展建议

以京津冀协同发展、中原经济区崛起为契机，以全域旅游为统领，以文化旅游为核心，以乡村休闲和健康养老为两翼，集文化体验、温泉度假、休闲农业、生态观光、健康运动等多种功能为一体，着力打造大运河宋文化旅游目的地。

(一)制定旅游发展目标

大名县进一步明确"大名府故城遗址——大名古城(明城)——大名新城"三城辉映、三城互动的旅游新格局,为实现以规划促进发展、引领发展、规范发展奠定坚实基础。

1. 建设大名府故城国家考古遗址公园

按照"以保护为目的,以开发为手段,以适度开发实现真正保护"的大遗址保护新思路,明确"一个主题、一条主线、三个支撑",通过对遗址的精心保护,发掘剖面的精心展示,周边环境的精心营造,对已发掘暴露的遗址部分,科学合理地设置展线和展示平台,并通过开放式的重点探查,使游客直观寻访,让大名府故城的发展演变,科研、历史价值清晰地展现在世人面前,成为一处以遗址为主体,集参观游览、考古科研于一体的全国最大、最具影响力的宋文化遗址公园和国际旅游市场上的"东方庞贝古城",全国宋文化旅游的第一目的地。

2. 恢复百年明清古城历史风貌

通过分阶段进行明城综合改造开发、历史节点修复,全面展示"五教共荣地、中华衙署城"历史文化名城风貌,创建具有创新文化特色的古城,建设成集观光游览、文化体验、度假休闲、游憩娱乐为一体的邯郸东部龙头景区点。

3. 建设宜居宜业宜游旅游新城

充分发挥旅游业绿色、低碳、稳增长、调结构、惠民生的重要作用,因地制宜发展休闲、养生、特色乡村、宗教等旅游新业态,完善新城休闲娱乐功能,拓展"吃、住、行、游、购、娱"旅游要素,打造冀鲁豫旅游中转站和游客集散地。

4. 发展美丽乡村旅游

把农村生态资源和农村特色文化融入乡村旅游,启动 2 个特色小镇项目建设,将营镇乡东营村、大街乡大桂村分别按照"回族小镇""丽君小镇"的要求进行高标准打造。

(二)优化旅游空间布局结构

大名县按照"一带、两城、四镇、多节点"发展思路,深化与战略投资商合作，推动"两城一心"项目落地实施，全面拉开大名旅游开发大幕，构建"览在宋城，游在明城，玩在新城"特色旅游体系，将大名县打造成为冀鲁豫三省交界的大旅游框架中的休闲文化名城。

一带：即大运河文化休闲带。

两城：即以打造"宋府明城"(明清古城、宋代故城)为主线，高起点规划、保护、开发两座古城。

"四镇"，即艾家口古镇、金滩镇、龙王庙镇、营镇。

"多节点"，即文化体验类 22 个(束馆古镇、兴化寺、石刻博物馆、名贤祠、五鹿城主题公园、绿林营地乐园、南关风情街、西范堤书法村、东苑湾武术村、窑厂文创村、顺道店民宿村、娘娘庙民俗村、黄庄阁老村、大桂木匠村、知青文化村、马时庄风情村、风筝文化村、面塑文化村、刘氏庄园、王莽故里、沙麓山旅游区、马陵道古战场)、康养度假类 2 个(水浒文化园、天佑宫康养庄园)、休闲农业类 7 个(天富农业休闲观光园、七彩梨乡、北方一号网络菜市场、黄金堤葡萄庄园、东周庄蜜桃采摘园、南石冲葡香园、马颊河观光农业基地)、生态休闲类 6 个(飞屋浪漫花园、漳卫河湿地公园、北湖公园、南湖公园、永济渠观光带、漳河生态游憩带)、工业旅游类 4 个(大名府小磨香油文化之旅、五得利工业旅游示范区、滴溜酒业工业旅游示范点、大名通用机场)。

(三)设计重点旅游路线

(1)爱国主义教育游大名烈士陵园——郭隆真纪念馆——抗日小学。

(2)宗教文化游法国大教堂——兴化寺——灵佛寺——金北清真寺——西营清真寺。

(3)历史文化体验之旅法国大教堂——大名古城墙——兴化寺——狄仁杰祠堂——石刻博物馆——卢俊义庄园——金北清真寺。

(4)农家休闲游南关民族风情街——卢俊义庄园温泉休闲度假区——金滩美食城南关民族风情街——旧治无土栽培观光采摘——龙王庙农家乐——南李庄花生采摘品尝节。

(5)大运河文化之旅金滩镇古镇——山陕会馆——金滩镇清真寺——明清卫河大名段码头——窑厂——渡口——郭隆真故居。

（四）实施大运河遗址保护工程

大名县大运河段的旅游资源包括卫河船渡、石灰窑旧址、窑厂村陶窑旧址、山西会馆旧址、"北京大名府"、大名石刻博物馆、明城大名旧址、天主教堂、金北清真寺、冠厂村砖窑旧址等。

1. 强化大运河遗址保护规划在保护工作中的指导作用

文物保护单位保护规划是实施文物保护单位保护工作的法律依据，是各级人民政府指导、管理文物保护单位保护工作的基本手段。遗址保护规划一经批准，即具法律效力。与遗址保护有关的一切工作和建设活动，必须参照保护规划的要求执行。大名县文化体育旅游局及其下属的文物保管所具体负责遗址保护的管理工作和与之相关建设活动的协调工作。

2. 做好宣传工作，提高全民遗址保护意识

大运河遗址保护工作的顺利开展需要各级领导及人民群众的广泛支持。应积极通过各种宣传媒体，加强对大运河遗址保护的宣传力度，使社会各界充分了解大名大运河悠久的历史和大遗址保护的重要性，自觉履行遗址保护的有关规章制度，广泛监督遗址保护工作的实施。

3. 完善规章制度，提高管理队伍的专业技术水平

制定和完善大运河遗址保护的管理性法规体系，结合大运河遗址保护规划，为大运河遗址保护建立有效的法治保障。充实完善大运河遗址保护的管理机构，加强专业技术培训，提高管理队伍的专业知识结构和管理水平。

4. 总结大遗址保护的管理经验，完善保护措施

加强专业学习和技术交流，不断总结大遗址保护的管理经验，完善遗址保护措施，制定一套行之有效的大运河遗址跟踪保护机制。

5. 积极筹措资金，加快考古勘测工作的进程

大运河现存遗址大部分埋于地下，遗址考古勘测工作是大运河遗址保护工作有效实施的前提条件。采用各种渠道多方筹集资金，有效保证遗址考古勘测工作顺利进行。

6. 相互配合，协调发展

大运河遗址保护不单单是文物遗址本体的保护，它涉及区域发展的方方面面。加强文物管理机构与其他相关部门的工作联系，保障大运河遗址保护与村镇发展、基础设施建设、考古勘测、旅游展示等多方面工作的协调发展，把大遗址保护纳入整个区域发展规划之间，将其作为一个系统化的工程积极开展。

在处理城市规划与大遗址保护的关系上，学习在城市规划中保护文化遗产的"洛阳模式"，吸取洛阳大遗址保护的经验与教训。"远离旧城建新城"，各级政府领导和文物保护部门、城市规划部门应具有明确、坚定的文化遗址保护意识，掌握丰富的文化遗产保护专业知识和工作经验，加强文物保护部门与城市规划部门积极的沟通与合作，在文物保护工作实践的基础上制定正确合理的规划与法规。

文化篇

第九章 廊坊运河文化

　　廊坊市位于河北省中部，西北临首都北京，东与天津交界，南接沧州市，西连保定市，地处京津两大城市之间；享有"京津走廊明珠"和"连京津之廊、环渤海之坊"等美誉；辖广阳区、安次区2区，三河、霸州2个县级市，大厂、香河、永清、固安、文安、大城6个县和廊坊国家级经济技术开发区，总面积6429平方千米。

　　廊坊历史悠久，文化厚重，三河市孟各庄村河东岸新石器遗址证明，早在6000多年前就有人类聚居。4000年前"黄帝制天下以立万国始经安墟"，"安墟"即今廊坊市安次区。战国秦汉于蓟燕之野，晋唐属幽州之域，元明清为京畿要冲。

　　廊坊是京津冀城市群地理中心，交通便捷，区位优势明显。市区距北京天安门40千米，距天津中心区60千米，距首都国际机场和天津滨海国际机场两大机场各70千米，距天津港100千米，紧邻北京大兴机场。7条高速公路，5条铁路干线穿越辖区，10条国家级公路和20条省级公路纵横交错，是中国铁路、公路密度最大的地区之一。

　　廊坊是国家可持续发展实验区，中国优秀旅游城市、国家环保模范城市、国家园林城市、全国绿化模范城市，荣获"中国人居环境奖"。

图 9-1　廊坊大运河畔的风景

第一节　运河遗产与民俗

一、运河遗产

　　廊坊市境内大运河段地处河北最北端，属北运河，经北京通州杨家洼村南，由香河县安平镇乔庄村西北入境，南流在乔庄西北转为东西向，在王指挥庄村北转为西南东北向。东南行到鲁家务东，纳牛牧屯引河，经宋家止务西、孙家务东、王家摆东、甘露寺东、红庙西、过土门楼节制闸，南行吴打庄西，到东双街西出界，进入天津市武清区，香河界内河道长 20.38 千米，左堤长 23.81 千米，右堤长 28.28 千米，是第六批全国重点文物保护单位京杭大运河的组成部分。

图 9-2　大运河廊坊段俯瞰

　　廊坊境内运河始于汉代，渔阳太守张堪带领民众修渠导狐奴（今顺义区东北）之水入雍奴县境。东汉末年曹操北征乌桓的泉州渠经过此地，隋代成为永济渠的一部分。元代邢台学派科学家郭守敬开凿通惠河，廊坊成为大运河通达元大都的重要节点，也是丝绸之路的重要通道之一。明代实行海禁，通州辖区内白河得以利用，形成白漕。香河成为南北漕运的主要通道。清代海运通达，廊坊运河成为连接海运和河运的重要节点，长芦盐场的海盐南下，江南茶叶北上，瓷器出海，华北水果出口，都经廊坊运河和白河。廊坊的运河是文化运河、味道运河、茶香运河、果香运河。20世纪70年代以后河道运输功能丧失，其主要功能为泄洪和输水灌溉。

　　大运河廊坊段是古代漕运入京必经之路，北运河的重要部分，素有"龙头凤尾北运河"之美誉。20世纪70年代，北运河截弯取直，从北京市通县杨洼至香河县鲁家务开挖新河，环鲁家务将北运河、潮白河相连，在东双街村西南出香河境。香河境内河道最宽约3.5千米，最窄约800米。

图 9-3　红庙金门闸遗址的残碑

　　上游牛牧屯引河与潮白河相连，中游凤港减河汇入，下游有青龙湾减河作为泄洪河道。北运河将京津冀联系一起，有王指挥庄清代宝庆寺、王家摆村墓群、孙家止务遗址、红庙金门闸、清乾隆石碑、运河青龙湾三角区、谭庄墓地、五百户镇王府村明初漕运沉船等文化遗存十余处，具有重要的历史价值。

二、运河民俗

廊坊运河既充满柔美水韵，也彰显廊坊的阳刚之气。廊坊人称"运河是父亲河"，潮白河是廊坊的母亲河。运河滋养了廊坊文化，成就了廊坊的繁华，浸润着北京的京韵，浸染了天津的海味，成就了"京津乐道、绿色廊坊"的生态名片，也积累了丰厚而独特的民俗文化。

(一)中国中幡文化之乡

香河安头屯中幡，入选第二批国家级非物质文化遗产名录，香河被国家文化部命名为"中国民间文化艺术(中幡会)之乡"。香河县安头屯中幡源于隋唐，是以运河桅杆为原型的民间表演项目，集惊险和壮观于一身，是北京天桥中幡表演艺术的祖根。有安头屯人传承并发明的"罗汉撞钟""老虎大撅尾""秦王倒立碑"等高难度动作，成为中幡表演的经典招式。

图 9-4　香河安头屯中幡

(二)运河镖师与通臂拳

廊坊运河是接京通海的水运通道，繁忙的物流和漫长的水路，使押镖、护镖成为服务于运河的重要行当，成就了恪尽职守的镖师精神和不畏强暴、誓死履职的职业操守，诞生了独特的通臂拳。

图 9-5　运河护镖

廊坊市香河县是中华通臂拳发祥地。通臂拳创始人张策（1866—1934年），字秀林，香河县马神庙人，幼年随父辈及金陵笑和尚习少林拳，十二岁进京拜杨健侯习太极拳，又投良乡陈庆习练拳法，成为当时武术界"京东三杰"之一。后在香河县城、渠口镇、延寺村、甘露寺村等处设馆授徒，时称张策外有"八大弟子"，内有"五虎上将"。1929年浙江省举办国术游艺大会，张策任评判委员。1933年中央国术馆举办第二届国术考，张策应国术界之聘，赴南京任副总裁判长，并于馆中任教，声名播于九州，桃李遍及华夏海外。

（三）运河大鼓传京东

古代的漕船、商船和达官显贵的游船上，都有说书人演唱大鼓书，从江南到江淮，从山东、河北到京津，一路说，一路听，大鼓书随着运河传播各地，带着各地乡音乡韵，形成了鼓乐运河的一道风景。邯郸、邢台的西河大鼓，到沧州的河间大鼓，到香河的京东大鼓，再到北京城的京韵大鼓，运河载着大鼓书，让文化流动起来，传播说唱文化。

京东大鼓源于京东三河、香河，演唱者左手挟铜板，右手击鼓外，伴奏乐器主要是三弦。伴奏及曲调简单，全凭演员的演唱功夫和击鼓技巧。清末许多河北籍大鼓艺人，如侯五德、杨才得、傅士亭、张士诚、张新泉、石金荣、王佩臣、李兴海等以相同的表演形式演唱。20世纪20年代成名的三河县艺人陈怀德及宝坻县人魏西庚，在演唱上各有千秋，又被称为"落腔调"。

抗日战争中，京东大鼓艺人编演抗日救国的段子，投身革命。1938年，三河县京东大鼓青年艺人康福元参加冀东十四分区五十三团宣传队，自编自演抗日书段。抗战胜利后，他编演了许多配合解放战争的新书目，如《打死胡歪嘴，吓跑姜子亭》《劝夫参军》等。中华人民共和国成立后，京东大鼓新演员积极参加旧书目的改革及新曲目的创作和演出。

2006年5月20日，京东大鼓列入第一批国家级非物质文化遗产名录。中国曲艺家协会会员、国家级非物质文化遗产项目京东大鼓传承人、廊坊市京东大鼓艺术研究会副会长崔继昌2013年春将京东大鼓首次带出国门，在美国林肯艺术中心新春音乐会上演出。随后，京东大鼓第一次在维也纳金色大厅演唱。崔继昌成为将京东大鼓带出国门第一人。

图 9-6 崔继昌在维也纳金色大厅演唱京东大鼓

（四）运河婚船

运河人世代滨河而居，过河靠摆渡，走亲戚靠行船，打鱼撒网在船上，结婚嫁女要用船，形成了运河特色的婚庆习俗。最特别的民俗是围观婚船。东岸娶西岸姑娘，需用红红火火的婚船，从运河上迎回家。送亲队伍用红红火火的船陪送嫁妆，迎亲船装点得胜似婚轿。水代表财气，红红火火的婚船代表生活红火。婚船还要敲锣打鼓，蜿蜒的船队形成运河上一道喜庆的风景。

图 9-7 运河婚船

第二节 运河匠艺

大运河廊坊段物华天宝，人杰地灵。廊坊人民充满智慧和创新精神，因地靠京师，劳动人民心灵手巧、智慧勤劳，许多北京城的手艺在廊坊得到传承弘扬，成就了京派手艺传承地，也成就了廊坊运河的特色美食。

一、苇编、柳编、草编

运河悠悠，岸边看柳，簸箕簸箩，家家都有；阡陌紫荆，编筐编篓；岸边蒹葭，盖房无忧。运河人用芦苇编织盖房顶和暖炕上的苇席；用柳条、荆条编织柳编、荆编，从生产用的筐子、鱼篓、背篓、水桶，到生活中的簸箕、簸箩，都用灵巧的双手编织出来，不仅点缀了绚丽的生活田园，而且作为出口工艺品远销海外。香河县人民医院老院长把多年来搜集的廊坊民间的老物件，建成一个特色民俗博物馆，草编、柳编等老物件琳琅满目。

图 9-8　20 世纪 60 年代芦苇加工场景

图 9-9　柳编工艺品

图 9-10　廊坊传统草编

二、廊坊景泰蓝

廊坊景泰蓝(珐琅),是华北景泰蓝产品最具规模的产地,也是京作景泰蓝的主要产地。改革开放以来,随着景泰蓝的发展和市场需要,一些异形产品、实用产品、旅游纪念品以及高、大、精、尖、高品位的景泰蓝大量生产,新品种、新花色、新工艺不断涌现。习近平总书记在"一带一路"峰会上作为国礼赠送给沿线国家的"四海同心"珐琅制品就是由香河景泰蓝制品厂制作的。

图 9-11　"四海同心"珐琅花瓶

三、金漆镶嵌技艺

金漆镶嵌为"燕京八绝"之一,属宫廷艺术,历史悠久,艺术内涵博大精深。2008 年香河"金漆镶嵌髹饰技艺"被列入国家级非物质文化遗产保护名录。

图 9-12　金漆镶嵌

中国漆器艺术历史悠久，最早出现于仰韶文化时期。河北漆器制作技艺在商代已非常成熟。明清建都北京，北京漆器艺术盛行，创造了描金、贴金、搜金、扫金、洒金、戗金等技艺。明代漆艺专著《髹饰录》称为"金髹"，一名"金漆"。"金漆"与"镶嵌"工艺结合称为"金漆镶嵌"。金漆镶嵌是中国传统漆器的重要门类。香河是重要漆器产区，彩绘类色彩艳丽，雕填类富丽堂皇，刻灰类气韵浑厚，断纹类给人以饱经沧桑之感，虎皮漆类五彩斑斓又似天然成就。

图 9-13　漆器艺术品

四、把子道具制作技艺

"把子"是传统戏剧演出所用兵器道具的统称，形成于唐宋，兴盛于明清。清末民初北京戏班林立，演出都需要"把子"道具。而廊坊的传承"把子魏"享誉北京城，为许多戏曲名家制作了大量的刀把子。李洪春、李万春、高盛麟的青龙刀，梅兰芳的双剑，李少春的铜双锏，关肃霜的靠旗杆子等都由香河艺人制作。

图 9-14　把子

五、錾刻技艺

錾刻，是用金、银、铜等金属材料的延展性制作艺术品的传统手艺，有千年历史。香河是京城錾刻艺术的重要传承地，是重要出口商品产地。

图 9-15　錾刻技艺作品

六、百宝嵌艺术

百宝嵌，是在同一件器物上有选择性地镶嵌多种珍贵材料，达到突出主题和强化装饰效果的目的。百宝嵌工艺出现于明代，是在螺钿镶嵌基础上，加入宝石、象牙、珊瑚及玉石等材料形成的镶嵌工艺，图案花纹会随着照射光线角度的变化，发出各种光彩。清代以后，百宝嵌发展成家具制作的重要镶嵌技术。香河古典家具制作工匠整合百宝嵌技艺，将家具艺术与百宝嵌结合，创造了红木百宝嵌。

图 9-16　百宝嵌作品

七、第什里风筝

第什里村位于廊坊市安次区调河头乡，是明清宫廷风筝发源地、传承地，有200余种宫廷风筝画谱和几十种风筝技艺口诀，第什里风筝扎制技艺是河北省非物质文化遗产。改革开放以来，第什里村弘扬传统风筝艺术，以风筝为载体，发展乡村文化旅游，打造特色小镇。全村有60余家加工厂，12个合作社，260个加工户，年产风筝5000万只，成立了风筝产业联盟。第什里2016年被授予"中国风筝小镇"称号。

图9-17　第什里——中国风筝小镇

八、香河红木家具

香河红木家具具有深厚文化底蕴，明清时期就成了京城达官贵族制作家具的基地，逐渐形成了相木、木料加工、家具制作、运销服务的产业链，被誉为"中国家具之都"。改革开放以来，香河红木家具传承优秀传统文化和中华传统家具木作技艺，产业优势日益凸显。目前拥有22家知名家具商城，市场辐射京津冀和东北地区，成为中国家具市场的知名品牌。

九、胜芳花灯

霸州市胜芳镇，位于霸州东南部，东殿溢流洼，中亭河北岸。历史悠久，始建于 2400 多年前的春秋末期，原为水乡泽国，始称堤头村，后称武平亭、渭城，胜芳淀多栽植莲藕。宋代名为胜芳，取意"胜水荷香，万古流芳"之意，是北方著名水旱码头，"水则帆樯林立，陆则车马喧阗"，客商云集、风景秀丽、交通便捷。清朝为直隶六大重镇之一，有杨家大院、戏楼等著名景点。胜芳花灯是胜芳镇传统民间艺术，式样有数百种之多，其制作技巧或繁或简，有大有小，大至数米，小不盈寸，可玩于手掌之中。除各式各样的宫灯外，还有人形灯、植物灯、鸟兽灯、风物灯、建筑灯等传统花灯。增加了声、景融于一体的"戏楼灯""地图灯"等，造型新颖，别具一格。

第三节　乡贤名流

廊坊运河两岸，地灵人杰，名人辈出，从《诗经》四家之一"韩诗"集大成者韩婴，到中国历史上第一博物学家张华，从北宋名相吕端，到滦州起义领导人张绍增，从武林奇人东海川，到一代名医王玉亭，政治、军事、文化领域代代有英才，在中国历史上书写了华丽的篇章。

一、文化名家

(一)"韩诗"创始人韩婴

韩婴，西汉燕地固安人。汉文帝时博士，景帝时为常山王刘舜太傅。武帝时与董仲舒辩论，是"韩诗学"创始人，其诗语与齐、鲁大不相同，杂引《春秋》或古事，学徒甚多，燕、赵言《诗》皆本于韩婴。

韩婴继承和发扬儒家思想，以"人性善"代替"人性恶"，认为"福生于无为，而患生于多欲"，须节制欲望，"轻徭薄赋"，"使民以时"，避免战争；以"谦德"为立身行事的准则。为维护大一统，他主张忠高于一切，孝从属于忠，统治者要"以百姓为天"，治理天下，必须"养民"。

韩婴为汉武帝"罢黜百家，独尊儒术"做了思想准备。《汉书·艺文志》《易》类有《韩氏》2 篇；《诗》类有《韩故》36 卷，《韩内传》《韩外传》6 卷，《韩说》41 卷。南宋以后，仅存《韩诗外传》。

（二）《博物志》作者张华

张华（232—300），字茂先。范阳方城（今河北固安）人。西晋政治家、文学家、藏书家，中国历史上第一位博物学家。

张华少孤贫，以牧羊为生。《晋书·张华传》说他"学业优博，辞藻温丽，朗赡多通，图纬方伎之书，莫不详览"，著《鹪鹩赋》自喻。曹魏时任太常博士、河南尹丞、佐著作郎、中书郎等职，西晋初拜黄门侍郎，封关内侯。他学识渊博、工于书法、记忆力强，后拜中书令，加散骑常侍，与杜预支持晋武帝司马炎伐吴，战时任度支尚书，封广武县侯，因声名太盛而出镇幽州。晋惠帝继位，任太子少傅，拜右光禄大夫，累官开府仪同三司、侍中、中书监，被皇后贾南风委以朝政。封壮武郡公，又迁司空。永康元年（300 年）赵王司马伦发动政变，张华被杀，年 69 岁。

张华编纂有中国第一部博物学著作《博物志》，书中分类记载异境奇物、古代琐闻杂事及神仙方术等。《隋书·经籍志》有《张华集》10 卷，已佚，明人张溥辑有《张茂先集》。张华雅爱书籍，精通目录学，曾与荀勖等人依照刘向《别录》整理典籍。《宣和书谱》载有其草书《得书帖》及行书《闻时帖》。

（三）隋代高僧释靖嵩

释靖嵩（537—614），固安人，俗姓张。15 岁出家，抱负不凡，屡投名师，解难质疑，得琅玡王器重，但因河东（今山西）摒弃佛教，于是南下江左，隋开皇十年（590 年）北还，当时隋文帝敕令各州创建僧尼二寺，靖嵩撰写《摄论疏》6 卷、《杂心疏》5 卷，以及《九识》《三藏》《三聚戒》《二生死》传于世。释靖嵩生平酷爱文史，喜诗颂，工篆隶。大业十年（614 年）圆寂于彭城，年 78 岁。

（四）明代状元杨维聪

杨维聪（1490—1550），字达甫，号方城，固安县城内人，1521 年，中殿试第一甲第一名，辛巳科状元，授翰林院修撰、预修《武宗实录》成，升太子中允。其弟杨维杰为嘉靖五年（1526 年）丙戌科榜眼，后官至左庶子。兄弟二人跻身鼎甲，一时成为科场盛事。

嘉靖三年（1524 年），朱厚熜令部在七月十六日为其生父母上册文、祭告天地、宗庙、社稷，群臣哗然。史称"大礼仪之争"。维聪与舒芬、杨慎等人伏左顺门哭争，激怒世宗，被廷杖，贬为地方官。

嘉靖六年(1527年)，杨维聪任山西按察司副使，不久任河南学政，转山东布政司参政，升山西布政司右使。嘉靖十五年(1536年)，转山东布政司左使。任地方官九年，恪尽职守，勤于政务，号称能臣。嘉靖十九年(1540年)致仕，后死于家中，辑有《性理诸家解》34卷。

(五)名医王乐亭

王乐亭(1895—1984)，香河安平镇王指挥庄人，全国著名老中医、针灸专家，曾任北京中医医院针灸科主任医师，人称"金针王"。自1930年始，行医50余年，独创用针灸治疗外伤性截瘫七诀，使很多因外伤下肢瘫痪的病人重新站立起来。有《中医针灸学》等著作，被英国皇家医学会授予医学博士学位，并被英国皇家图书学会吸收为会员。

(六)京剧名家李少春

李少春(1919—1975)，霸州人，出身梨园世家，工武生、老生，著名京剧艺术大师、李派艺术创始人。父李桂春(艺名小达子)，多才多艺，幼年在

图 9-18　李少春剧照

"永胜和"梆子班坐科，23岁起改学京剧。曾在天津挑班演出。李少春自幼在家中受到了艺术熏陶与严格庭训，7岁从师沈延臣练功，11岁请名师丁永利、陈秀华到家中指导练功学戏。1931年从上海赴天津，1932年登台演出，后返回上海。1934年在上海与梅兰芳同台合演《四郎探母》，1937年在天津演出声誉大起，1938年成为余叔岩入室弟子。

新中国成立后，李少春任新中国实验京剧团团长。1955年加入中国京剧院，任一团团长。1958加入中国共产党，与袁世海、翁偶虹结成艺术集体，连续编演新剧，主要有《云罗山》《将相和》《虎符救赵》《大闹天宫》《响马传》《满江红》《战渭南》等。《将相和》获第一届全国戏曲会演一等奖。《野猪林》得到观众热爱，1962年被搬上银幕。

1958年起，李少春参加演出和编导现代京剧剧目，塑造了《白毛女》中的杨白劳，《红灯记》中的李玉和，《林海雪原》中的少剑波等艺术角色。不幸的是，李少春在"文革"中惨遭迫害，1975年逝世，年仅56岁。

（七）京剧名家郝寿臣

著名京剧表演艺术家郝寿臣（1881—1961），蒋辛屯镇五百户村人，戏曲教育家，独创"架子花脸铜锤唱"的郝派京剧艺术，曾任北京戏曲学校校长，挖掘许多传统剧目，尤以扮演曹操出名，人称"活曹操"。勾脸经验艺术被国家视为京剧艺术精品，郝寿臣也是我国京剧界花脸艺术一代宗师。

图 9-19　郝寿臣饰演的曹操剧照

（八）戏剧作家李宝岩

著名剧作家李宝岩(1919—1978)，原名李克敏，蒋辛屯镇北吴村人，曲剧创始人，参与编、导、演剧目 30 余出，如《杨乃武与小白菜》《骆驼祥子》《苦菜花》，以及 1976 年配合抗震救灾的剧目《震不倒的红旗》等均受好评。

图 9-20　《杨乃武与小白菜》宣传海报

二、名臣廉吏

（一）曹魏大将军刘放

刘放(？—250)，字子弃，方城(今固安)人。汉广阳顺王之子西乡侯刘宏后裔。东汉末年游说渔阳王刘松，后跟随曹操，深得器重，参司空军事。魏文帝曹丕即位(220 年)，任中书监，赐爵关内侯。魏文帝三年(222 年)，晋爵魏寿亭侯，不久晋爵左乡侯。刘放善写檄文，三代帝王诏令多为其作。景初二年(238 年)，因平定辽东晋爵方城侯。齐王曹芳正始元年(240 年)为左光禄大夫，六年(245 年)转骠骑大将军。嘉平二年(250 年)逝世，谥号敬。其子刘正于咸熙年中封为方城子。

（二）唐代廉吏张知謇

张知謇(634—713)，字匪躬，固安人，有兄弟五人，知玄、知晦、知泰、知默，皆明经高第。调露年间，张知謇任监察御史，查十一州刺史，极有威严。武则天万岁通天年间（696—697年），张知謇自德州刺史入朝。因其相貌堂堂令武则天惊异，称知謇兄弟相貌和才能堪称两绝。唐中宗复位，拜知謇左卫将军加云麾将军，封范阳郡公。历任东都副留守，左右羽林大将军，同华州刺史、大理寺卿。开元元年（713年）卒。张知謇一生清廉聪敏，颇具高风，教育子孙：经不明不得举家法。

（三）大事不糊涂的吕端

吕端（935—1000），字易直，幽州安次（今廊坊安次区）人。北宋名臣，自幼好学，以其父官位荫补千牛备身。后受到周太祖郭威和周世宗柴荣赏识，为著作佐郎、直史馆。北宋历知成都府。宋太宗时累拜右谏议大夫、参知政事。至道元年（995年）拜相，出任户部侍郎、同平章事，升门下侍郎、兵部尚书。为政识大体，以清简为务。太宗称其"小事糊涂，大事不糊涂"。

吕端仪表俊秀，处事宽厚忠恕，重义气，轻钱财，好布施。处事理政才华出众，为宋太宗重用。吕蒙正为相时，太宗欲重用吕端，但有人说吕端"糊涂"，太宗说："端小事糊涂，大事不糊涂。"数日后，太宗让吕端任宰相。至道元年，吕端由参知政事改任宰相，年已60岁，名声远扬，被称为一代名相。

南怀瑾《论语别裁》说：吕端是宋朝一个名宰相，看起来他是笨笨的，其实并不笨，这是他的修养，处理大事的时候，在重要关头，他是决不马虎的。

（四）清代廉吏袁懋功

袁懋功，字九叙，顺天香河人。顺治三年（1646年）进士，授礼科给事中，是清朝一代廉吏。顺治五年（1648年）任刑科给事中。顺治十六年（1659年），擢都察院左副都御史，是年底又擢户部右侍郎。顺治十七年（1660年）平定云南，任云南巡抚时领兵部左侍郎衔兼都察院右副都御史，赐袍、马并帑金三千以俾治装。袁懋功恢复生产，加强治安，并令土官子弟赴学宫训课，颇有成效。时吴三桂骄横有异志，袁懋功镇之以静，其部曲无敢犯法。治理云南九年，政绩为诸省冠。

康熙六年（1667年），以父忧归。九年（1670年），起授山东巡抚。圣祖召见，询问慰劳，赐蟒服、鞍马。十年（1671年）五月，黄河决口，五十六州县卫新垦地皆被淹，袁懋功疏请展限一年起赋，病中口占遗疏，"臣即填沟壑，死无恨"之语，圣祖感动，如所请行。康熙十年秋九月卒，年六十，谥清献。

三、人杰侠士

（一）张弘策父子

张弘策，字真简，方城（今固安）人，南朝英烈。随梁武帝西征，为辅国将军，迁卫尉卿。天监初加洮阳县侯。重友情，惜人才，尽力提拔举荐。在孙文明作乱中，张弘策于卫尉府被杀害，年47岁，被追赠散骑常侍，车骑将军，追谥为愍。

张弘策之子张缅，字元长，天监元年（502年）袭父爵洮阳县侯。18岁出任淮南太守。梁武帝取其文书，甚为赞赏，出任武陵太守，拜太子洗马中舍人，迁豫章内史。张缅施行德政，官民称善。梁武帝令人画张缅像悬挂于台省，激励官员。后迁侍中未任逝世，诏赠侍中加贞威将军。

张缵（499—549），字伯绪，张缅三弟。以梁武帝第四女富阳公主为妻，拜驸马都尉，封利亭侯。遍览阁内图书。数年后迁为太子舍人。23岁迁太尉谘议、参军尚书吏部郎，出任吴兴太守。其治理政务省烦琐，求清静，民吏皆得其便。梁武帝手诏称其为"外氏英华，朝中领袖，张华以后名冠范阳（含今固安）之人"。迁湘州刺史，途中作《南征赋》。后授领军，改平北将军，雍州刺史。为岳阳王萧登所害，谥号简宪。著作有《鸿宝》100卷，《文集》20卷，是南朝梁著名文学家。

（二）武林奇人董海川

董海川（1797—1882），清代武术家，原名董明魁，文安县朱家务村人，八卦掌创始人和主要传播者。身材魁梧，臂力过人，擅长技击。年轻时因误伤人命，道光五年（1825年）远游吴越巴蜀，道光十八年（1838年）回归故乡，创八卦掌。咸丰年间流落京师，隐姓名到王府当差，实为太平天国所派卧底，与慈禧近身侍卫交厚。

太极拳名师杨露蝉在肃王府与府中拳师比武，连比连胜，竟将一拳师掷于园网之上。董海川飞身救起拳师，遂与杨露蝉相斗，胜负难分。从此太极

图 9-21　文安县董海川塑像

拳与八卦掌各立门户，桃李盈门。董海川寿享高龄，仰卧床上，两手仍作换掌式，直至气绝。八卦掌流传国内外，董氏传人层出不穷。

后世编有多种董海川武功的传奇故事，以武侠小说《雍正剑侠图》影响最广。为纪念武林奇人董海川，文安县恢复祖居旧貌，修建董海川金箔泥塑坐像。

四、传奇名将

（一）滦州兵谏领导者张绍曾

张绍曾（1880—1928），字敬舆，廊坊市大城县人。1895 年入北洋武备学堂，保送日本陆军士官学校学习。毕业后名列第一，与同学吴禄贞、蓝天蔚"深相结纳"，被称为"士官三杰"。后任北洋第三镇炮兵标统。

1905 年，张绍曾入直隶督练公所教练处任总监督。1910 年随贝勒载涛出洋考察欧美陆军，后任陆军贵胄学堂监督。1911 年调任第二十镇师统制，武昌革命军兴起，发动滦州兵谏，向清廷上书 12 条，主张立宪，还政于民。9 月，清廷赏予侍郎衔，免去统制职，任命为宣抚大臣。张奏请回津就医。

1912 年袁世凯任命张绍曾为长江宣抚大臣，1913 年调任绥远将军兼垦务督办。时值外蒙古叛乱内犯，张绍曾指挥三路军队迎敌，打退叛乱蒙军。袁世凯表彰其功绩，授陆军上将、勋三位秩爵和一等文虎章。1915 年夏袁世凯称帝，张绍曾和蔡锷组织力量准备起事。蔡锷在云南举起护国军大旗时，张绍曾极力响应。

1917 年黎元洪任大总统，张绍曾被任命为陆军训练总监。1921 年，张绍曾到庐山发起"国事会议"，主张全国议和，各省军阀解除兵权，但未获响应。1922 年张绍曾在唐绍仪、王宠惠、汪大燮三届北洋内阁中连任陆军总长。1923 年黎元洪任大总统时，张绍曾任北洋内阁总理兼陆军总长，主张迎孙中山入京协商南北统一。直系倒黎后，张绍曾隐居天津英租界河北路 334 号一幢二层洋楼内，与冯玉祥等人密谋响应北伐军，被张作霖视为眼中钉。1928 年 3 月 21 日张绍曾被暗杀。

（二）百岁将军孙毅

孙毅（1904—2003），河北廊坊市大城县城北街人，原名孙俊明，号志明。1920 年投身军旅，先后在福建混成旅、河南陆军补充营、直系军阀吴佩孚部骑兵营、冯玉祥部第二十三军当过士兵、录士（文书工作）、书记长、参谋等。1931 年 6 月，在国民军第二十六路军任中校参谋。同年 12 月参加宁都起义，编入中国工农红军。1933 年 5 月，加入中国共产党，任红五军团第十四军谍报科科长、第四十一师参谋长、第十三军三十八师参谋

图 9-22　孙毅将军

长，参加了赣州等战役和中央苏区第四、五次反"围剿"。长征中任军委干部团作战科科长，政治保卫团参谋长，红三军团教导大队大队长、军团司令部教育科科长。到陕北后，任红一军团司令部教育科科长、军团参谋长，参加了直罗镇、东征、西征和山城堡战役。抗日战争爆发后任八路军第一一五师三四三旅参谋长，参与指挥所部参加平型关作战。1940 年 6 月，任抗日军政大学第二分校（以下简称"抗大二分校"）校长。1943 年兼任晋察冀军区训练部部长和军区教育委员会主任。1944 年春，抗大二分校撤销，调任晋察冀军区第三军分区司令员，率部参加晋察冀边区 1944 年攻势作战。解放战争时期，任冀中军区司令员兼晋察冀军区第七纵队司令员，指挥所部进行胜芳保卫战。1948 年 11 月率部进围保定，继占北平南部要地房山、良乡，为解放北平开辟南部战场。次年 8 月，河北军区成立，任司令员。新中国成立后任第二高级步兵学校校长，华北军区副参谋长，军校部副部长，

训练总监部外训部副部长、出版部部长，人民解放军原总参谋部军训部副部长。

1978—1985 年任总参谋部顾问。长期主动兼做校外辅导员，为青少年成长倾尽心血。1987 年被评为全国优秀共产党员，是中共七大代表，第五届全国政协常务委员。1955 年获一级八一勋章、一级独立自由勋章、一级解放勋章。1988 年获一级红星功勋荣誉章。著有《走向征途》。2003 年 7 月 5 日在北京逝世。

(三) 郭卓辛将军

郭卓辛 (1912—1984)，河北安次人，中国人民解放军陆军少将。1931 年参加宁都起义，1932 年加入中国共产党。土地革命时期，任红五军团第十三军第三十八师政治部秘书，第十三师第三十七团指导员兼技术书记，红五军政治部统计干事，红三十军第八十九师第二六七团政治处组织股股长。参加了中央苏区反"围剿"和长征。后任援西军文书科科长。

图 9-23　郭卓辛将军

抗日战争时期任中国人民抗日军政大学第一分校营政治教导员、大队政治委员，山东军区独立一旅政治部副主任、主任。

解放战争时期，任鲁中军区第三军分区政治部主任，第二军分区政治部主任，徐州警备区政治部主任。参加莱芜、孟良崮、淮海等战役。

中华人民共和国成立后，任中国人民解放军师政治委员，军政治部副主任，华东军区炮兵政治部副主任、主任，原南京军区炮兵副政治委员、政治委员。1959 年毕业于解放军政治学院。后历任浙江省军区副政治委员，安徽省军区副政治委员。1955 年被授予少将军衔。荣获二级八一勋章、二级独立自由勋章、一级解放勋章。1984 年 1 月 6 日因病在南京逝世，终年 72 岁。

第十章 沧州运河文化

    沧海之州的沧州因濒临渤海而得名，是大运河沿线流经距离最长的城市之一。沧州自古有"水旱码头"之称。在一代奇才纪晓岚笔下，沧州运河充满传奇与文化的魅力。

    大运河沧州段穿过沧州市中部，流经吴桥、东光、南皮、泊头、沧县、沧州市区、青县 7 县(市)，于青县李又屯村北出镜，河道全长 215 千米，占京杭大运河总长的 1/8，是京杭大运河串起的近百座城市中里程最长的一段。大运河不仅是一条经济大动脉，更是一条文化传输带。沿河的文化随着南来北往的漕船汇聚水陆码头，同沧州本土文化融合，形成了沧州独具特色的文化。

图 10-1 沧州市运河沿线街区俯瞰

第一节　历史与遗存

　　沧州有 5000 多年文明史，已发现的新石器时期的文化遗存有 3 处。西周属青州，春秋、战国为燕、齐、赵交界地，秦朝属巨鹿郡和洛北郡，汉代分属冀州和幽州，三国魏属冀州，南北朝属瀛洲和冀州，北魏孝明帝熙平二年(517 年)置沧州，州治饶安，辖浮阳、乐陵和安德三郡。唐天宝元年(724 年)改沧州置景城郡，州所迁往清池县(今沧州旧州)，乾元元年(758 年)复为沧州。宋代属河北东路河间府，元代属中书省河间路，明代属北直隶省河间府，清代属直隶省河间府，部分县属天津府，1928 年改属河北省。

　　1949 年 8 月 1 日，河北省人民政府成立，设沧县专区，驻沧县。1958 年 6 月，天津市归属河北省后，沧县专区与天津专区合并称天津专区，驻天津市，同年 9 月沧县镇改设沧州市(县级)。1961 年 6 月 1 日恢复沧州专区，驻沧州市。1983 年 12 月，沧州市改为河北省辖市，行署和市政府同驻沧州市。1993 年 7 月，地、市合并，设立沧州市。

一、重要的历史时期

　　元明清时期的沧州，是运河沿岸重要的商业中心与漕运码头，也是北方最大的盐运码头。运河帆樯林立，船只穿梭，百物汇聚。岸上茶庄药铺、布店锅市、酒厂粮栈、廛肆栉比、商客环集。缸市街、书铺街、鸡市街、当铺街、锅市街、牛市街、菜市口……这些运河东岸的街道名称记录着当年沧州古城经济带的繁华。

　　乾隆《沧州志》记载：沧州城城周八里计一千三百五十五丈，高二丈五尺，阔宽三丈六尺。垛口二千一百六十六面。城门五座各建歇山转角重楼与上。南曰"阜氏"，北曰"拱极"，东曰"镇海"，西曰"望瀛"，小南门曰"迎薰"，又良兴二隅角楼二座，今城角楼俱圮。城四周皆壕阔四丈五尺，深一丈五尺；门外各有桥，壕深已平桥尽今尺。因其平面状似男子戴的头巾而称"幞头城"。

　　《沧县志》记载：沧州城内外建筑以庙宇、牌坊、亭、台、楼、阁为主，有文庙、关帝庙、龙王庙、火神庙、白衣庙、土地庙、八蜡庙、刘猛将军庙、萧曹庙、王母庙、马神庙、娘娘庙等。牌坊 79 架，著名的有沧州文明坊、万

图 10-2 古代沧州市井旧貌复原图

古文明坊等，还有望瀛楼、南川楼、郎吟楼、度帆楼、水明楼、闻远楼等，阁有文昌阁、三清阁、张仙阁等，坛有社稷坛、先农坛、风云雷雨坛等，寺有水月寺、迎春寺、清真寺。

图 10-3 沧州文庙"沧海文明"坊

沧州古城，自天顺五年(1454 年)知府贾忠奏允创建砖城，明清两代屡次修缮。1947 年城墙拆除，南北长 1000 米，东西宽 1200 米，面积约 110 万平方米。府衙仅存补山楼一座二层建筑，城外完好保存明代建筑群沧州文庙、清真北大寺，民国建筑群正泰茶庄、吕宅。这些建筑位于运河东岸，也都是运河繁盛期的遗物。

图 10-4　沧州运河段俯瞰

现在，沧州城区扩展到 227 平方千米，是国务院确定的经济开放区、沿海开放城市之一，"一带一路"欧亚大陆桥东端最近的出海口城市，石油化工基地和北方重要陆海交通枢纽，西煤东运新通道的出海口，环渤海经济区和京津冀都市圈重要组成部分。

二、运河遗存

大运河悠久的历史留给沧州运河两岸丰富的文化遗存。2006 年河北省文物局对全省运河沿线进行文物资源调查，共发现各类文化遗存 305 处，其中沧州有 130 多处。2014 年 6 月 22 日，联合国教科文组织第 38 届世界遗产委员会批准中国大运河列入《世界遗产名录》，成为我国第 32 处世界文化遗产和第 46 处世界遗产。沧州东光谢家坝成为 58 处遗产点之一；东光谢家坝至吴桥第六屯段 48 千米河道成为 27 段河道遗产之一。

（一）谢家坝遗址

谢家坝位于河北省沧州市东光县连镇镇，地处南运河东岸。据调查，谢家坝为清末民初连镇一姓谢乡绅捐资兴建，故名谢家坝，是运河河道上重要的一处遗产点，且文化丰富，有着重要的历史研究价值。

谢家坝为灰土加糯米浆逐层夯筑，夯土以下为毛石垫层，全长 218 米，夯土层每步厚 18～22 厘米，平均收分 20％。整体稳定性好，局部风化，是南运河保存最好的夯土坝。

谢家坝的修建对防御洪水起到了重要作用。同时，为研究清末夯筑技术及险工护岸提供了实物资料。

图 10-5　维修后的谢家坝险工遗址

(二)分洪枢纽

历史上运河频繁溢水，水患不断，为减水，修筑了多处分洪枢纽。沧州境内是运河分洪减河较集中的河段，包括捷地分洪设施、四女寺减河、兴济减河、马厂减河等，还有周官屯穿运枢纽和北陈屯枢纽等重要遗存，这些减河及分洪设施为分泄洪水发挥了重要作用。

图 10-6　南运河与马厂减河水闸

历史最悠久、最能体现运河人水利智慧的是捷地分洪设施。

捷地分洪设施位于沧县捷地回族乡西南，南运河东岸，是明清建筑，包括捷地减河、捷地分洪闸、德国造分洪启闭机设备。在行洪期开启闸门，将一部分洪水通过减河汇入 100 多千米外的黄骅歧口外的渤海。

《沧县志》记载："捷地镇减水河(一名南减河)，明弘治三年开，十二小河之一也，长一百八里出于卫河东岸建桥设闸以时启闭……"嘉靖十年(1513年)，巡按直隶御史詹宽建议修复决堤(今捷地)、兴济二闸，以石干砌之，时其蓄泄，以杀水势(明《世宗实录》)。嘉靖十三年(1516 年)明朝廷议准，在捷地建减水闸一座，以泄南运河涨溢之水。之后不断加固河道，完善分洪设施。"运河水七分，提闸一孔，减河水半槽。运河水八分，提闸二孔，减河水平漕……"

《沧县志》记录了清雍正三年(1725 年)捷地减河上设立五孔闸的功效。乾隆三十五年(1770 年)夏，南运河涨水，危及天津，清廷建设减水坝，乾隆曾三次视察，并于乾隆三十六年(1771 年)御书《捷地兴济坝工纪事诗碑》："治闸缘营流，设坝因减水，其用虽为殊，同为漕运起。弱则蓄使壮，盛以减其驶……"道出此处分洪工程的功效。

1933 年，捷地分洪设施改建八孔分洪闸，引进安装德国西门子公司生产的手摇电动两用启闭机设备。1965 年 7 月，沧县、黄骅两县对捷地减河加固。

1972 年又对捷地减河进行扩建、疏浚，加高培厚堤防。

图 10-7　1972 年扩建的捷地减河分洪闸

(三)码头遗址

大运河沧州段有大小码头十几座，很多遗迹一直保存至今。其中遗存丰富、规模较大的码头有东光码头遗址和沧州码头。

东光码头遗址。东光码头位于东光县城关镇码头村大桥北，南北长 220 米，利用运河河堤自然坡度，可以搭木板装卸货物。

图 10-8　东光运河码头遗址

1998 年 5 月下旬，东光县南运河码头遗址发现一条金代沉船，沧州市文物处进行了抢救性清理。船内出土大批成茚磁州窑白釉划荷花、梳篦纹大碗，磁州窑缸胎大盆 4 件，白釉器盖 4 件、铁锅 1 件、石锚 1 件、压舱石 1 件和 75 枚北宋钱币。在沉船的发掘中，出土多个窑口的瓷器和标本、红陶擂钵、金代铁权、元代铜权、骨刷柄、铁钩、铁刀等遗物，为研究运河史、交通航运史、水利史增添了重要的实物资料。

沧州码头位于沧州市解放桥北运河东岸 100 米处，俗名"江岔子"。数百年来，高桅长篙，大小船艘，在这里庄仓卸货，北达津沽，南通齐鲁。码头东侧是沧州城厢经济带，也是最繁荣的贸易市场。留有书铺街、当铺街、锅市街、鸡市街等老地名。在码石遗址出土大量定窑瓷器残件，另有铜镜钱币和各窑口瓷片出土。

沧州运河沿线，还有兴济范桥古渡及码头遗址、南霞口码头、流河码头遗址、马厂码头遗址等重要文化遗迹遗址。

图 10-9　民国时期沧州海盐码头的盐船

(四)运河水驿

驿站作为大运河运输链的重要一环，是供往来官员、客商、船工歇宿的地方。明代《士商类要》的《水驿捷要歌》详细记述了大运河南京至北京段的 46 处驿站，其中沧州就有 6 个驿站。

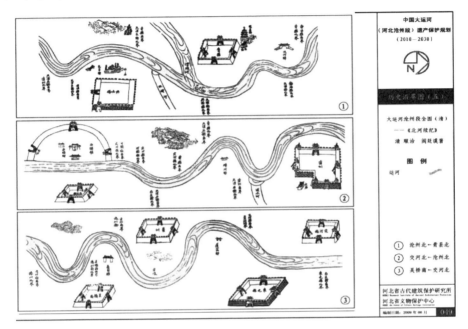

图 10-10 中国大运河（沧州段）沿河古驿分布图

（选自河北省古建筑研究所编制的《中国大运河（河北沧州段）遗产保护规划（2010—2030）》）

良店驿：吴桥县桑园镇运河东岸，俗名"桑园驿"。明永乐二年（1404 年）置。谈迁《北游录后纪程》谓"桑园驿，产菽，为剧市"。

连窝驿：在今东光县连镇运河东岸。明洪武二十年（1387 年）置。

新桥驿：在今泊头市区运河西岸，俗名泊头驿，明洪武二十二年（1389 年）置。

砖河驿：在今沧县南陈屯乡东砖河村运河东岸，明洪武二十年（1387 年）置。

乾宁驿：在今沧县兴济镇运河东岸。洪武二十一年（1388 年）知县刘居敬建，永乐十二年（1414 年）知县王弘毅重建，天顺二年（1458 年）知县乔盛增筑，弘治年间知县钱贯重修。嘉靖时期，有水府祠 3 间、鼓楼 3 间、皇华厅 3 间、后堂 3 间、仪门 3 间。驿丞公厅 1 所，站船 15 只，铺陈。仪门外有井 1

眼，甚甘，为乾宁八景之一。

流河驿：在今青县东北流河镇运河西岸，明永乐二年（1404 年）置。

第二节　古镇古村

沧州运河段纵贯沧州市南北，沿线留下许多著名古镇名村，承载着运河的历史，浸润着运河文化，从古到今，成为大运河畔的文化记忆。

一、沧县旧州镇与铁狮子

沧县旧州镇位于沧州市东南 16 千米，历史悠久，是古沧州所在地，春秋战国属燕、赵、齐三国交界地，秦统一中国后属巨鹿郡。汉高祖五年（前 202 年）设渤海郡，领 26 县，郡治浮阳，即旧州；隋开皇十八年（618 年）改浮阳为清池，治所还是旧州；明靖难之役，沧州城毁，州治所迁至长芦（今沧州市区）。

旧州是沧州的祖根，文化源远流长，历史遗迹较多，是古代沧州政治、经济、文化中心，冶铁铸造中心、佛教圣地和军事要地。旧址保存良好，开元盛世建造的开元寺遗址尚存；后周广顺三年（953 年）铸造的沧州铁狮子，成为沧州的文化标志。旧州钱库是北宋铸造货币的官冶旧址，数十吨胶结一起的铁钱和大面积礌石群彰显其深厚的文化积淀。

二、桑园镇

桑园镇是吴桥县城所在地，地处山东省与河北省的边缘，大运河东岸，东与山东省宁津县、陵县毗连；南与山东省德州市为邻；西隔南运河与景县相望；北与东光县接壤。《德县志》："明初连年灾荒，饥民日众，洪武二十六年（1394 年），诏天下州邑卫所植桑枣"。此地桑拓丛生，故名桑植镇，后改为桑园镇。这里是著名的杂技之乡。"下至刚会走，上到九十九，吴桥人人会一手"，吴桥走出去的杂技艺人遍布世界。

运河东岸的杂技大世界是展示吴桥杂技魅力的窗口，吴桥县政府规划在大运河最美的河段九曲十八弯，创建杂技文化园区，整合多种旅游文化业态，让桑园古镇焕发勃勃朝气。

三、连镇

连镇位于东光县西南部，南与吴桥县接壤，西邻大运河，北靠东光镇，东接龙王李乡。连镇原名连窝镇，因两岸六村连在一起而得名。1958年建连镇公社，1984年改连镇镇。

连镇是大运河畔的重镇，是东光、吴桥、阜城、交河等县粮棉油集散中心。闻名遐迩的大运河世界文化遗产点谢家坝，东光镇码头村的码头遗址和沉船遗址就位于连镇境内。

图 10-11　东光县连镇的运河俯瞰

四、泊头

泊头始建于东汉，初兴于隋唐，因运河漕运而得名。明洪武二十二年(1389年)建"新桥驿"，俗称泊关驿，是漕运管理所，后演变成泊头镇，后几经变迁，1982年恢复泊头市建置。泊头运河码头旧址西50米曾出土了一座"漕院明文"碑，是朝廷要求在运河各重要码头设立漕运管理所，沿途总计25处，是泊头作为运河重镇的重要物证。

图 10-12　泊头运河沿线街区

　　明清时期泊头有 4 个码头，是沧州船业行会发达的城镇。明嘉靖、万历年间，泊头镇修筑土城，是北方大运河沿岸的镇级城池。"通两京津要，夹河局者万人家，军民杂处，商贸辐辏……"

　　《泊头市志》记载，明清时期"市境内有朵、曹、石、李四姓养船"，都有大吨位船只，专职跑水运的人家。《河北航运史》介绍："1984 年 7 月，泊头拥有木船 231 艘，1320 吨的载重能力，超过了滏阳河、滹沱河、子牙新河船浅的总能力。"

图 10-13　泊头市区运河段

　　运河漕运促进了泊头码头经济发展。《南皮县志》云："运河开通后，运输便利，尤易发展商业，就泊头镇一处而言，两岸商贾云集，为数百里而未有。"清后期，泊头已成运河巨镇，东西两岸殷实，商号不下千余家，轮船辐辏，阛阓天盈，实为津南一大商埠。商贸繁荣不仅促进了农耕经济，更推动了制造业发展。泊头鸭梨、泊头火柴、泊头铸造、泊头雕版印刷，中外驰名，成为这一运河重镇的城市名片。

图 10-14　留在河北人记忆中的"泊头火柴"生产线

五、捷地回族乡

捷地回族乡位于沧县，紧邻沧州市区，西与南陈屯古运河相望，南与张官屯接壤。交通便利，素有"交通要塞""水旱码头"之称。捷地之名最早见于《明世宗实录》，因"河堤率以草束土累筑而成，故堤善崩"，时常泛滥的洪灾之地被称为"绝堤"，后又有"绝地""掘地儿"等名。明弘治三年（1490 年）开挖捷地减河，使洪流经沧州青县、黄骅，从歧口入渤海。捷地减河开通后，"绝堤"取其谐音改名"捷地"。作为历史悠久的回民聚居地，捷地有三座清真寺，东、西两寺建寺较早。曹庄子清真寺 1997 年重建，成为沧县最大的清真寺。

因捷地特殊的位置，南运河重要水工设施捷地分洪枢纽建在此。

图 10-15　捷地减河分洪枢纽俯瞰

六、兴济镇

兴济镇属沧县，位于沧州北，青县以南的运河岸边。唐朝名范桥镇，北宋末年宋徽宗在这里置兴济县，取"兴复王室，兼济天下"之意。金、元、明、清初均为县治。明代在此设乾宁驿，成为重要码头、驿站。明弘治年间，兴济因张皇后而兴旺，留下"乾宁八景"。清顺治十六年(1659年)废兴济县入青县，改为兴济镇。1947年改属沧县。

目前以京杭大运河为依托，兴济镇建设了"美食一条街"。这里汇集沧县"特色小吃"，并融入古镇文化，形成了长约530米的特色美食步行街，使来到兴济的各方游客不仅观赏运河美景、古镇美景，还能品尝兴济味道、沧县味道，达到视觉、味觉双享受，进而提升千年古镇兴济镇的知名度。

图 10-16　位于运河两岸的兴济镇

第三节 非物质文化遗产传承

非物质文化遗产是运河文化的重要组成部分。沧州因其地域特性，海洋文化与运河文化在此交融，历代劳动人民创造了丰富多彩的非物质文化遗产。

一、传统武术

（一）沧州武术

沧州人民自古以淳朴、刚毅、勤劳、勇敢著称。沧州民间武术源于春秋，兴于明，盛于清，至乾隆时，武乡威名远扬海外。千百年来，沧州武术名扬八方，在世界上享有盛誉，为第一批国家级非物质文化遗产。

图 10-17 沧州武术表演

沧州作为全国首批地级市武术之乡，源远流长，门派众多。源起或流传于沧州的拳械门派达 53 种，占全国 129 个武术门派拳种的 40.3％。武术的代表性拳种有八大门派为沧州独有。沧州武术是根植于民间的中华武术集大成者，是中华武术的重要遗存。沧州武术既有大开大合的勇猛长势，又有推拨擒拿的绝技巧招，具有刚猛剽悍、力度丰满、长短兼备的风格特点，讲究实战，一招一式承载着中华传统文化的阴阳、刚柔、义理等哲学理念，渗透着儒、释、道多种思想和意蕴。

(二)泊头六合拳

六合拳，始传于泊头，自明朝万历末年张明侠士授艺于红星八里庄曹振朋，出现了"大刀王五"王正谊、"佟忠义"等武术名家。六合拳法，四方上下曰宇，往古来今曰宙，东西南北上下为六合，拳法之基本理论，讲阴阳起落动静合、心与意合、意与气合、气与力合、手与足合、肘与膝合、肩与胯合发于脚，撑于腿，冲于胯，拧于腰，送于肩，开于手，称为六合劲。演练时心意为先，形化随意，势式相随，刚柔相济，极具健身技击功效，深受习武者喜爱。

图 10-18 石同鼎表演六合拳

六合拳传承至今已历九世，其八代传人石同鼎现任泊头市武术协会副主席，沧州市武术协会委员，全国武术协会会员，世界武术研究学会名誉会长。他身受嫡传，深谙妙法，1991 年在全国第四届少数民族运动会上，他表演的六合传统练功法"耍砘子"荣获二等奖。

二、民间艺术

(一)吴桥杂技

吴桥是中国杂技的发祥地,吴桥杂技为第一批国家级非物质文化遗产。吴桥杂技传播与运河息息相关,吴桥杂技艺人以运河流域为主要活动区域。特别是明清以来,漕运的发展带动了沿河经济的发展,人口的增加及码头、村镇的兴起,为吴桥杂技艺人的表演提供了场所。

图 10-19　民国时期吴桥杂技旧照

吴桥杂技,汉、唐兴盛,宋代成为市井百姓共享的民间艺术。以吴桥为集中区域的杂技艺人族群,创造了独立的行业隐语"春典"。到明代,形成了信仰禁忌、行规流派、行业语言、技艺传承、经营"口"、"锣歌"等完善的行业文化体系。

吴桥传统杂技魔术道具制作,是与"吴桥杂技"共生的非物质文化遗产,已有两千多年历史。杂技魔术道具制作材料的选择、"门子""托"的设计直接影响杂技表演的效果,带有保密色彩。所以至今能专门从事杂技魔术道具制作的作坊,全国只有吴桥的两三家。

图 10-20　吴桥北洋杂技魔术道具厂

吴桥北洋杂技魔术道具厂是专门的杂技魔术道具制作厂家，从第一代传承人庞天会传承至今，历六代，有 100 多年。其家族保留了《罩子》(包括套筒、坛子开底"上门子")、《蹬伞》《狮子舞》《搬倒厢》《搬闷子》《二贵摔跤》等上百个杂技魔术原始道具制作技艺，是我国传统杂技魔术道具制作的主要代表。

(二)青县中路哈哈腔

哈哈腔又称"喝喝腔""呵呵腔"，是在河北民间欢舞基础上发展形成的。清嘉庆年间北京钞本《杂曲二十九种》所收《西厢记·游寺》中即有该曲名。清末民初是哈哈腔的兴盛阶段。河北哈哈腔分东中西三路。青县是河北最早演出哈哈腔的县域之一。青县中路哈哈腔，产生于明末清初，对哈哈腔在河北中部流传具有带动、示范作用。

青县中路哈哈腔剧目丰富，除一些民间小戏外，移植了大量其他剧种的剧目，现代戏创作也较活跃。主要剧目有 100 余出，基本以"三小"(小生、小旦、小丑)为主，代表剧目有《双灯记》《李香莲卖画》《金锁记》《小王打马》等。各门当唱腔大体相同，包括男腔、女腔，男女同调，但旋律有所区别。在发展过程中，形成了较为齐全的戏曲行当，其中老生行中的"奸生"、净行中的"零碎花脸"等角色，是该剧种独有的。

图 10-21 哈哈腔《刘公案》谢幕剧照

(三)沧县狮子舞

沧县狮子舞起源于汉代，明朝广泛流传，以同乐会形式存在，早期多在庙会和春节花会时表演。20 世纪 80 年代前，沧县各乡镇村同乐会都有舞狮活动，现仅存黄递铺乡北张、刘吉，纸房头乡南小营等数支狮子队。

图 10-22 沧县狮子舞

沧县狮子舞分"文狮"和"武狮"两类。早期多为"文狮"，以兴济为代表，鼓点威武豪壮，有动有静，有紧有慢，动作多是动物本身的动作模拟，随着鼓点变化。"武狮"鼓点火爆、热烈、欢快，揉进武术、杂技动作，如高台翻滚、水中望月、巧走立绳、荷花怒放等。"武狮"以黄递铺乡北张为代表，历史近600年。被称为"北狮王"的沧县刘吉舞狮队多由北张传承而来。近年，沧县文化工作者致力于沧县狮子舞的保护、抢救工作，以旧州"龙狮基地"为依托，重点抓好刘吉舞狮队的发展。2002年12月，刘吉舞狮队参加全国第十届群星奖舞蹈比赛荣获金奖。

（四）木板大鼓

沧州木板大鼓产生于沧县。《沧县志》《沧县文化志》等史料记载，沧州木板大鼓产生于明朝中晚期，清初在冀中广为流行。清乾隆时，著名沧州木板大鼓艺人李朝臣被召进宫说唱《西厢记》，深得皇帝赏识。纪晓岚在《阅微草堂笔记·津阳消夏录》里，提到一位沧州木板大鼓艺人刘君瑞，称"沧州瞽者刘君瑞，尝以弦索来往余家"，足见当时沧州木板大鼓颇为流行。

图 10-23　木板大鼓

沧州木板大鼓是河北曲种的重要代表之一，也是全国独有的艺术曲种，对北方大鼓曲群产生过重大影响，如西河大鼓、京韵大鼓、乐亭大鼓等，都不同程度地吸收沧州木板大鼓的唱腔、曲调等。原文化部部长高占祥指出，

"西河大鼓是由清代乾隆年间流行于当地的弦子书和木板大鼓演变而成"。2004年8月，沧州木板大鼓被定为"河北省民族民间文化保护工程首批试点项目"。

（五）东光吹歌

东光吹歌是以河北吹歌为基础，发展演变的东光民间艺术。其中"咔戏"是东光吹歌中的绝活。"咔戏"有200多年的历史，不仅是河北民间音乐的重要代表之一，也是吹歌中不可或缺的重要组成部分。"咔戏"也是吹歌更高技巧和演奏功底及音乐素质的综合体现，有着广泛的群众基础，可以少到只有咔哨、咔芯子和咔碗就当场演奏。不同的人，不同的技巧，能发出不同的声音，有很大的表现空间。因此，群众中有"没有咔戏，吹歌就不算完整"的说法。

图 10-24　东光吹歌

目前，能做到即吹又咔的艺人主要分布在东光县大单镇，其代表性传承人是东光县大单镇崔书琴。其所咔奏出的声音形象逼真、惟妙惟肖；2001年在永年县举办的河北省信合杯大赛中荣获一等奖，被评为河北省吹歌艺术家；2005年被吸收为河北省社会音乐研究会会员。

（六）落子

落（lào）子，也叫"乐子"，在沧州，"落"与"乐"读音相同，民间通用，是河北省具有代表性的民间舞蹈。

落子，由一对对男女青年手执"彩扇""竹板""霸王鞭"载歌载舞表演。明初，民间出现了半农半艺的艺人。他们广采博取，其中武术对落子艺人的影响最大，还吸收了杂技的一些技巧，形成了具有一定程式，较为完善的，以十人执"鞭"、六人执"板"、四人执"扇"为一队进行表演的歌舞队。

落子有文武之分。以唱为主的称"文落子"；把武术与戏曲筋斗穿插在舞中叫"武落子"。文落子女角的舞姿像随风飘摇的柳枝一样轻柔优美，婀娜多姿，故有"小风流"之称。武落子只用鞭和板，文落子表演时鞭、板、扇都用。落子的舞姿、动律、连接动作及节奏，具有鲜明的武术特征，讲究"走似水上漂，跑似草上飞，跳似凌空燕，转似燕翻身"。

图 10-25　落子

新中国成立后，落子艺人被聘请到专业艺术院校任教，民间艺人与专业舞蹈工作者合作，将落子推向形式与内容吻合的新阶段。

三、工艺美术及民俗

(一)吴桥石影雕

石影雕是雕刻在岩石上的影像。利用金刚石钢锥不断凿击花岗岩，黑色石板上留下或白或灰深浅不一、疏密不均的小点，用黑白明暗成像形成摄影效果，画面细腻逼真、清晰生动、古朴高雅，且材质坚硬，可长久保存，堪称"中华一绝"。

石影雕也是河北省吴桥县传统民间艺术，已传至第五代。古代吴桥县各村均有石匠，吴桥田氏一族独辟蹊径，专在黑色石板上雕刻出立体的效果。这门技艺传到第四代田济舟已见雏形。第五代传人方士英曾走遍全国各地的山区，逐渐探索出独具特色的石影雕艺术。吴桥石影雕作品多次在国内荣获金、银奖，并被国内外多家博物馆收藏，是吴桥向世界展示的民间瑰宝。

（二）泊头三痴斋泥塑

三痴斋泥塑，创始人宋盛林（1871—1943），创于清光绪年间，是著名泥塑品牌。目前已传五代，造就了独特魅力。

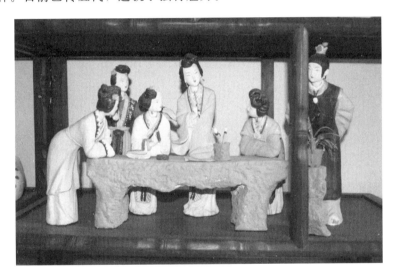

图 10-26　三痴斋泥塑

三痴斋泥塑题材大多取材于民间故事、神话传说和古典名著。作品用料讲究，历经百年不崩裂，色彩明快协调，造型神形兼备。大到丈余的寺庙神弗，小到一寸摆件儿，把传统民俗与文人画完美的结合，体现了夸张之中表现写实的艺术风格。

三痴斋泥塑第四代传人宋长峰，2005 年成立"泊头市三痴斋泥塑工作室"，将祖辈的泥塑技法吸收传承下来，又将西方解剖等相关的雕塑知识运用泥塑中，创作出了很多优秀泥塑作品。

泊头三痴斋泥塑是河北三大泥塑之一，2012 年被列入第四批沧州市市级非物质文化遗产保护名录。

(三)青县盘古庙会

青县盘古遗迹群，位于青县县城西南 3 千米的盘古乡盘古村中。《青县志》《河间府志》《天津府志》《畿辅通志》《皇朝通志》均有"盘古墓、盘古沟、盘古港、盘古里(村)、盘古潭、盘古庙俱在青县"的记载。青县盘古庙会，相传从 4000 年前禹王设祭始，渐成庙会。宋元时期庙会市场交易远涉云贵、湖广、松辽、俄蒙。明清两代辐射更广。

青县盘古庙会，一是祭祀活动。焚香祭告，祈福保佑等礼仪，场面宏大。二是文艺活动。南昆北曲，百戏杂陈，百艺汇集、名人登场杂耍娱乐，花样繁多，儒、释、道文化汇集交融。三是经贸活动。商业店铺，货样齐全，琳琅满目。庙会吸引了中国台港及日、美、蒙古等地商贾、文人及香客。

图 10-27　青县盘古庙会

四、制作技艺

(一)十里香酒酿造技艺

泊头商人余某于 1920 年在泊头新华街创办第一家酿酒作坊三井。1946 年泊头解放，几家酿酒作坊联合成立"聚盛泉"酒厂，即三井酿酒公司的前身。三井十里香酒工艺独特，生产过程中以中高温大曲配合泥窖发酵。用此工艺酿造出来的十里香酒，高而不烈，低而不寡，绵长尾净，丰满协调。再经过百年木质酒海和特质宜兴陶坛的长期恒温储藏。饮前香气优雅怡人，饮中畅快甘润，饮后余香不绝，成为柔香白酒的典范。

图 10-28 "十里香"酒酒窖

2012 年，"十里香"商标被认定为中国驰名商标；三井十里香酒酿造技艺被河北省政府评为"省级非物质文化遗产"。"三井十里香"酒已成为河北省白酒的主流品牌和沧州白酒的代表。

(二)泊头铸造工艺

泊头是著名的铸造之乡。铸造史可推至 1000 多年前。1987 年在泊头富镇出土的五代十国时期铁佛，是有力佐证。近年来，秉承千百年铸造工艺精髓，泊头铸造业长足的发展，2006 年泊头铸造工艺被列为河北省非物质文化遗产。

泊头铸造的传统工艺，经千余年发展，从古老的干模铸造，发展到硬模铸造，又发展到金属模铸造。20 世纪 60 年代，泊头农具社生产的犁镜被原国家一机部确定为名牌产品。

(三)青县冬菜

青县冬菜制作是经 530 多年、十四代人总结出来的，是传统食品宝库中的一朵奇葩。《沧州名粹》《青县文史资料》等均对冬菜制作及成果有记载。明成化十五年(1479 年)，青县大流津庄王啸元整合民间技艺，开始制作冬菜。弘治八年(1495 年)，生于青县兴济的张皇后入宫前食用过亲眷王啸元制作的冬菜，于是召冬菜入宫。冬菜成为贡品，开启了冬菜加工生产的历史。

清顺治年间，冬菜制作第五、六代传人的作坊处于鼎盛。但对清廷"跑马圈地"不满而遭镇压，王氏家族隐姓瞒名，迁徙青县其他村庄或天津静海、河北沧州等地，冬菜技艺也以京杭大运河为纽带辐射各地。民国时期，冬菜在青县、静海、沧州等地传承。青县冬菜远销泰国、日本等地。1931年，冬菜在法国巴黎商品博览会获得优质奖。

1975年，青县外贸公司复建冬菜厂。1998年，青县冬菜制作第十四代传人王庆华掌管冬菜厂后，以传统手工制作，发明了高级调料冬菜油，并获国家专利。生产的"小放牛"牌冬菜被定为河北省名牌商标，获得了QS食品安全生产许可证和出口食品卫生注册证等，成为河北省出口创汇的传统产品，远销海外。

图 10-29　冬菜制作

五、名臣名将

(一)尹吉甫

西周名将，兮氏名甲，字伯吉父(亦作甫)，尹是官名，封矩(今河北南皮)人。周宣王时为内史大臣。时猃狁(北方少数民族)侵犯焦获(今陕西泾阳西北)，进攻至泾阳北岸。宣王五年(前823年)尹吉甫受命率师反攻至太原(今甘肃固原)，大获全胜。《诗经·小雅·六月》是这样描述这次战争的："戎车既安，如轾如轩。四牡既佶，既佶且闲。薄伐猃狁，至于大原。文武吉甫，万邦为宪。"之后，奉命到成周(今河南洛阳东)征收南淮夷等族的贡赋，尹吉甫不仅武功盖世，而且文才超群，他的两首诗《烝民》《崧高》被收录到《诗经》中。遗物有"兮甲盘"。

（二）马之贞

马之贞（1250—1310），字叔，沧州人。元初水利专家，与郭守敬齐名。历任泗汶转运使、工部负外郎、都水少监、大监等职，至元二十六年（1289年）主持勘察设计规划并修凿全长265千米的会通河及配套工程，使京杭大运河不再绕道中原，从山东穿河北直达京城。

（三）张之洞

张之洞（1837—1909），清末洋务派首领，字孝达，号香涛，南皮人，同治进士，曾任翰林院侍讲学士、内阁学士等职。光绪十年（1884年）中法战争时，由山西巡抚升两广总督，起用冯子材在广西边境击败法军。1889年调湖广总督，开办汉阳铁厂和湖北枪炮厂，设立织布、纺纱、缫丝、制麻四局，并筹办芦汉铁路。1898年发表《劝学篇》，提出"旧学为本，新学为用"的思想，反对戊戌变法。1907年调任军机大臣，掌管学部。著有《张文襄公全集》《张文襄公遗稿》《广雅堂集》等。1909年卒，终年72岁，谥"文襄"。

（四）朱佩兰

朱佩兰（1865—1933），字霭亭，号少岩，别号静维道人，沧县黑徐家村人。清光绪二十三年（1897年）中举，任咸安宫汉文教习，后为东三省总督府文案，靖安县知县，锦州知府。民国四年（1915年），发行铜元新币，日本奸商大量收购清铜钱，熔铸成坨后运往日本，各地关卡莫敢禁问，朱佩兰命令查封，不准启运。日方向中国政府提出抗议索取损失赔偿，事经辽沈道尹与日本领事多次交涉无果。他根据国际公法和我国法令，列举事实，予以驳斥，日方理屈词穷，原物由中国没收，遂升任沈阳监督。治沈三年，政绩显著，遂升任黑龙江省政务厅厅长，后又主持营口、海城税务。1933年卒，终年68岁。

(五)张隐韬

张隐韬(1902—1926)，原名张宝驹，南皮县西唐家务村人。1919 年在天津参加"五四"运动。1922 年加入中国共产党。1925 年黄埔军校第一期毕业，同年在交河县(今交河镇)泊镇召开"津南农民自卫军"成立大会，任总司令兼中共党代表，并向全国发出了《津南农民自卫军宣言》，震动全国，反动势力二军、三军合围农民自卫军，截击并冲散农民军，张隐韬不幸被俘，敌人用刺刀逼迫他下令投降。张隐韬大义凛然，严词拒绝，面对围观群众和国民军官兵发表了 2 个多小时的演说。1926 年 2 月 5 日，张隐韬英勇就义，年仅 24 岁。

第十一章 衡水运河文化

衡水因衡漳河而得名，是因河而生、因河而兴的城市。大运河衡水段位于市境东部与沧州市、山东省德州市交界处，由南向北流经故城、景县、阜城三县，由卫运河和南运河组成，其中卫运河 64.1 千米，南运河 114.95 千米，属漳卫南运河系，俗称"卫运河—南运河"。故城县内称"卫运河"，景县、阜城县内称"南运河"，总流程为 179.05 千米，约占河北省全长的 1/3。千年悠久岁月，镌刻着"水路通达、风水衡存"的辉煌。

第一节　衡漳古韵

大运河衡水段原为漳河故渎，亦为黄河故道，后经历代人工开凿，渐成运河。沿河两岸至今分布着众多古码头驿站、古园林、古碑刻、古建筑及古遗址等各类遗存，形成了独特的衡水运河文化，既有齐风鲁韵，又有燕魂赵魄。

一、丰厚遗存

(一)华家口夯土险工

华家口夯土险工始建于清宣统三年(1911 年)，为大运河河北段仅存的两处夯土险工之一，已列入世界文化遗产名录。

清宣统三年(1911 年)，时任景县县令王为仁主持修建了这座夯土险工大坝。该夯土险工大坝坐落在华家口村东，依运河西岸而建，呈一个敞口的弧形，南北走向。其砌筑方法是：首先在坝底部土层打入木桩，然后再用毛石打垫层，在垫层上用三七灰土加糯米浆逐层夯筑。因结构合理、施工精细，弧形曲线坝体符合流体力学原理，受力均匀，最大限度地缓解河水冲刷，对防止运河决口，保护人民生命财产安全发挥了重要作用。

由于年代久远和河水长期冲刷、浸泡，底部木桩已糟朽。20世纪50年代坝体整体下沉，下部淤积，上部未淤积部分最高处露出3.8米，坝体裸露部分多处开裂，局部已开始风化。整个夯土坝现遗存长度155米。2012年8月，国家投资对该险工段进行了全面保护加固维修，并最大限度地保留了该险工的原真性和完整性。

图 11-1　华家口夯土险工

(二)郑口挑水坝

位于卫运河左岸故城县郑口镇郑口大桥西侧，共有6个坝体，俗称龙尾埽，亦称险工重力挑水坝，历经百年仍保存完好。其坝体由黄土、白灰、糯米汤搅拌夯实，外层砌筑两层青砖，青砖上刻有一至十四尺水位刻度。现为全国重点文物保护单位。

自清光绪二十三年(1897年)到1945年，在左岸河堤薄弱处的6个险工陆续修建挑水坝，全长约910米，呈倒"U"形分布在河堤内侧，对其进行编号，从运河上游至下游分别为一至六号。其中二号挑水坝平面为长方形，迎水面两侧为圆角，后尾插入堤中。

图 11-2　郑口挑水坝

现存的 6 处挑水坝，都是在明、清险工基础上于 1947 年重修的，虽遭遇 1953 年、1956 年、1963 年、1998 年四次洪水侵袭，挑水坝未发生漫堤决口，再现了古运河的传统工艺价值。

(三)码头沉船遗址

位于南运河畔阜城县码头镇码头村东 20 米处，大桥北侧运河河底。占地面积 700 平方米，文化层深度为 305 米，原为运河货运码头，遗址内遗物较为丰富，暴露遗物有元、明、清时代黑瓷碗、白瓷碗及青花瓷碗片；有褐釉罐、瓶残片、黑褐釉足底心有乳突圈足碗、白瓷宽涩圈底碗、青花瓷碗以及黑褐釉瓷瓶残片等。《阜城县志》载："运河开通后，为历朝贯通南北唯的一条水路。"

二、厚重人文

千年沧桑，文脉悠悠。大运河衡水段漕运的兴盛，促进经济的繁荣，也带来了文化的昌盛，深厚的文脉留下了众多的古迹。这些文物遗存是中华民族古老文明的一部分，也是衡水辉煌历史的佐证。

(一)景州塔

景州塔位于南运河西岸约 10 千米景县县城"开福寺"内,原名"释迦文舍利宝塔",简称"舍利塔",俗称"景州塔"。它是全国建成年代较早、保存完好、规模宏伟、现存较高的内旋式砖石塔,1996 年被国务院列为全国重点文物保护单位。

1973 年春维修过程中,曾在塔顶铜葫芦里发现明朝木版佛经 3 卷 9 册,还有释迦牟尼卧式涅槃铜像 1 尊。

(二)故城庆林寺塔

故城庆林寺塔位于故城县饶阳店镇饶阳店村西,距卫运河约 12.7 千米,又称饶阳店塔,为北宋初期所建。塔下原有一座庆林寺,现已无存,只余此塔。

庆林寺塔高 35.67 米,建筑面积有 165.2 平方米。八角七层,楼阁式砖塔,塔身向上逐渐收小,塔顶为金属塔刹,塔身第一层包裹在 4 米多高的塔基之中,二层以上皆出双檐,檐下施斗拱,一层原在北面开有门,现已封住,二层以上每层在东西南北正面各有一个券门,券门除第六层的四面均可出外,其余各层的四面均置假窗,假窗装饰以精美的砖雕图纹,各层不同。塔身内有砖梯,可登临最顶层。塔内顶层有刹杆,刹杆竖立在一根悬空的横梁之上,将塔刹与塔身串联起来。

1982 年庆林寺塔被定为河北省重点文物保护单位,2006 年 6 月 6 日被国务院列为第六批全国重点文物保护单位。

(三)高氏墓群

高氏墓群位于景县城南约 15 千米的王瞳镇、杜桥镇一带,墓群从东北往西南约 5 千米,总面积约 37 万平方米,当地称为"高氏祖坟"或"皇姑陵",是北魏至唐代的渤海高氏族墓。从前有墓近百座,现存有封土墓 10 座,其中最大的封土高约 30 米。属全国重点保护文物保护单位。

景县高氏,是北方名门望族之一,上起后汉,下至隋、唐。在《晋书》《三国志·魏书》《北史》《魏书》《北齐书》《隋书》《新唐书》的记载中,景县高氏有官位有一百三四十人之多，多在北魏至北齐。高欢先为北魏大丞相，后建立东魏。高欢之子高洋代东魏建立北齐，对高氏兄弟大加封赏，其中封王拜相者有30多人。

图 11-2　高氏墓群

（四）十二里庄天主教堂

位于卫运河左岸故城县西半屯镇十二里庄村。因该村距大运河（武城县城）十二里而得名，十二里天主教堂是河北省级文物保护单位。

《故城县志》记载，十二里庄教堂始建于康熙年间（1662—1722年），1903年重建。现有容纳千人的西式大教堂及修女院、神甫楼，附设孤儿院、育婴堂、圣母无染原罪堂，建筑均为砖木石结构。主楼为哥特式建筑风格，坐北朝南。东西横跨18米，南北长36米，钟楼高30米。整个教堂总占地10730平方米。抗日战争时期，十二里庄教堂曾为八路军129师东进纵队战地医院。1945年7月，晋冀鲁豫边区冀南行署六专署创办的"冀南简易师范"进驻教堂，更名为"冀南运河中学"，曾为中国民族独立和解放事业培养了大批高级将领和优秀干部，被誉为华北"小黄埔"。新中国成立后更名为十二里庄中学，培养了数以万计的学子。1985年始，河北省宗教局陆续拨款对教堂进行整体修缮，恢复宗教活动，十二里庄中学搬出。2009年十二里庄教堂被列为河北省第五批文物保护单位。

第二节　驿镇古村

大运河衡水段上，留下了大大小小的古村驿镇，特别是位于大运河畔的 7 个乡镇驻地，都留下了浓墨重彩的历史印迹，彰显了衡水地域的文化特点。

一、古镇流韵

(一)郑口镇与山西会馆

运河古渡码头郑口，位于冀、鲁两省交界线上，大运河左岸，是一个历史悠久的古商埠，有"小天津卫"之称。

早在清中叶之前，郑口镇就有大量外地资本涌入，后陆续发展成外地资本与本地资本和平竞争的格局。主要有山西省大布、染坊 20 多家，山西阳泉、河南焦作的煤炭业，江、浙的土纸、竹货业，杭州的丝绸和茶业，山东章丘的药材、锻造业等，尤以山西商人势力最为雄厚，并建 1 所山西会馆。

山西会馆位于郑口镇正大街西端路北(今县公安局、供销旅馆附近处)，面积约 1.5 万平方米。为叙乡谊、通商情、接官迎仕、祭神求财，使在外同乡有"崇德报功，讲信修睦"之地，山西商人张迎吉倡议建山西会馆，众纷纷响应，踊跃捐资。

山西会馆是一座庙宇和会馆结合的建筑群，整体布局紧凑，错落有致。琼楼玉宇，璀璨多姿，雕梁画栋，气势宏伟。会馆坐北朝南，为三进院。大门上方悬挂"山西会馆"匾额，四个大字出于著名书法家祁隽藻之手。

会馆另一主体建筑为戏楼，逢初一、十五、中秋节、春节、二月会、九月会，会馆都要唱戏，演出长年不断，促进了戏曲文化的交流。该会馆已于新中国成立初期被拆除。

图 11-3　山西会馆

(二)故城镇与甘陵书院

故城镇历史悠久。隋开皇六年(586 年)设东阳县,几年后更名漳南县,故城镇即为县城所在地,距今已有 1400 余年。故城镇随着运河繁荣起来。运河码头占地 6.7 万平方米,货物堆积如山,能停靠大型商船,码头日装卸量达四五十吨。紧挨大运河的南关外临津街是故城镇最繁华的商业街之一,天祥和、万盛楼、丰和堂等大商号均设在此街。众多外地商人来此经营,长街上店铺鳞次栉比,旗幌、匾牌醒目,生意异常红火。

故城镇每逢单日为集,这一传统一直延续至今。另外还有城隍庙会、东岳庙会、药王庙会、娘娘庙会。庙会期间,大量外地客商汇集故城,带来丝绸、布匹、铁器、竹货及日用百货,再从故城采购绿豆、红小豆、西瓜、龙凤贡面等。故城镇历史积淀和文化遗存丰厚。有名胜古迹、寺庙、古建筑百余处。最有代表性的是甘陵书院。

甘陵书院建于明洪武年间,在今故城镇(老县城)文庙北侧。数百年间,文人汇聚,声名远扬。清雍正年间,县令蔡维义筹资扩建,因地方狭小,迁到了弦歌巷武侯祠内,有正房二间、厢房三间。道光二十三年县令黎极新再度迁址扩建到明伦堂左侧的广阔地方。

甘陵书院坐北朝南,三进院落,从南往北为大门、二门、大堂、二堂。大门面阔两丈余,左右配耳房两间,耳房内各矗立着两方石碑。大门前是六步青石台阶，两侧各有一大石狮子，庄严威武。进门一条甬道，青砖铺地，贯通南北。大堂、二堂为讲习研讨之所，各五大间，均四梁八柱，九檩架构，前出廊厦，高耸宽大。大堂两侧各建厢房若干，为留客之所。自明初至清末，甘陵书院一直是方圆几百里文化交流研讨盛地，文人墨客、学者政客多会于此，研讨学问，教授弟子。清末以后，新学兴起，旧学颓废，甘陵书院日渐残破。

现存甘陵书院，左侧自北向南依次有真武庙、明伦堂、文庙。文庙左侧是忠义祠、节孝祠；甘陵书院右南，依次是文昌宫、城隍庙、文昌阁、观音堂。东城门外自北向南是先农坛、东岳庙、东坛、乐王庙。西门外有社稷坛、关帝庙、真武庙、泰山行宫、二贤祠（董仲舒祠、澹台灭明祠）。和这些庙宇相配的街巷有承流街、兴文街、宣化街、延喜街、弦歌巷、近恩街等。从这些名字可知，历史上的故城镇不仅是政治中心、经济贸易中心，更是以儒家文化为主、道佛文化交汇的中心。

图 11-4　甘陵书院

（三）建国镇

建国镇位于故城县最南端，是卫运河畔古老又年轻城镇。

这里原为山东省武城县管辖。据《武城县志》记载：建国镇是古老武城县城的一部分，北宋熙宁九年（1076年）移县东流村时原是武城城关河西街。卫运河因从老武城县城中间穿过，将县城一分为二，划为河东、河西。其中河东是县衙驻地，河西为商业街，每逢农历四、八大集。河西街大集（武城大集）兴于北宋，明、清以来更是卫运河上重要码头和货物集散地，至今仍是故城县南部最大的集市。清乾隆年间，武城县城运河西岸有三条相邻街，分别称观音街、石闸街、刘家街，统称河西街。

1945年10月，武城县城解放。1946年，为了庆祝解放，将卫运河西侧河西街的3条街：观音街、石闸街、刘家街分别易名为和平（由河西街北部偏东居民组成）、民主（由河西街西部及郭家园子、宋家场、小辛庄等几个居民点组成）、建国（由河西街南部居民组成），取意中国人民到了和平、民主、建国的新时期！3个村名沿用至今，但当地仍习惯称为"河西街"。

1964年12月，以京杭大运河为界，河北、山东两省重新划界，运河以西原属武城县的3个乡镇划归河北省。和平、民主、建国3个村划归故城县建国公社，后改为建国镇。20世纪60年代，运河截弯取直，武城县政府驻地迁到古贝州旧址。当年老武城湮灭在运河泥沙之下，今与建国镇隔河相望的城区是搬迁后的新区，被称作武城县老城区。一座新运河大桥横跨运河，把山东省武城县老城镇和河北省故城县建国镇连为一体，就像一对不能割舍血脉亲情的同胞兄弟。

（四）安陵镇与安陵禅院

景县城东二十里的安陵镇，被运河一分为二，河东是吴桥县安陵，河西是景县安陵。这里曾是大运河上一大漕运码头。

三国时，魏设东安陵县，以别汉之安陵（西安汉惠帝刘盈墓名安陵），属渤海郡。北宋景佑二年（1035年），仁宗皇帝诏将安陵县并入将陵县，以运河为界，河西之安陵属蓨县（今景县）。清康熙四十四年（1750年）二月，康熙帝乘龙舟南巡景县，行至安陵，见河面如梭的船只，古镇安陵的繁盛景象，听纤夫雄浑的号子，遂离舟登岸填词一阕："大块风光，春畴一生，满目从容。桂橹初摇，舟樯始立，淑色烟笼。堤边对对宾鸿，村庄里，安平气融。乐志情深，读书意远，与古和同。"后人将词刻碑立于景州董子祠，民国期间存于景县城内第一高等小学。

图 11-5　安陵段运河

安陵禅院位于安陵镇古街东北隅，山门建在大运河古堤上，相传建于明代。有前殿、后殿、禅房、北房、两院和"藏经楼"，历代住持都精通禅理，故使禅院在京城也较有名气。禅院鼎盛时期有僧人 100 多名，庙产 100 多亩。运河上过往的文人墨客，常到这里拜佛参禅，吟诗作赋。1944 年禅院被拆除。

（五）霞口镇

霞口原为夏口，后改为"狭口"，因大运河在此变得狭窄得名。传说，夏商时期，这儿居住着姓夏的人家，隋炀帝修永济渠，过此处时，把夏村一冲两开，在此设一渡口，名为"夏口"，杨广南下时经此处，看到此处狭窄，便更名"狭口"。乾隆下江南路过此处，当时正值清晨，朝阳迎面而出，霞光四射，顿感此处乃风水宝地，遂将狭口更名"霞口"。

霞口镇是远近闻名的鸭梨之乡。早在西汉时期，就有一些官吏提出"宜栽梨枣以资民食"。这一主张虽深得民心，但因客观条件限制，当时梨树栽种面积不大，只到金元时期才开始大面积栽植。明清时代，梨园面积逐年扩大，成为帝王嫔妃、王公大臣喜爱的果品，每年大量征收，装船沿大运河运往京都。新中国成立后，鸭梨生产成为发展集体经济和梨农发家致富的支柱产业。同时，霞口镇还是全省著名的"铸造之乡""蜂蜡之乡"。

图 11-6　霞口镇的梨园

（六）连镇

南运河自景县城西北流而去，经安陵北行三十里便到连镇。连镇，始建于明朝初年，鼎盛于康乾盛世，古名连窝镇，因运河两岸六个村庄（小郭庄、肥城、宋家圈、鬼家集、曹家厢房、东光口）连在一起得名。大运河将连镇分为东西两镇，河东叫东连镇，是东光县连镇镇政府驻地；河西叫西连镇，是景县连镇乡政府原驻地（现迁到小马庄村东）。

连镇与四县（东光、吴桥、阜城、景县）相邻，大运河穿镇而过，水、陆交通方便，古有"商贾云集，八方通衢"之称，自古是交通要冲，运河重镇。明代天下设水马驿，此处为连镇驿，设船二十只，每船有水夫十名，负责军情报送、使客往来及军需转运。连镇因官驿而闻名，又系运河水道，四处商贾皆会聚于此，水中帆樯林立，两岸店铺云集，繁华盛极一时。

斗转星移，沧海桑田，连镇这个曾经繁华一时的水陆码头随着大运河的断流而走进历史。

图 11-7　运河重镇——连镇

二、古村波光

弯弯长河，悠悠历史。大运河碧波变为涓涓细流，穿梭舟楫隐踪匿影，渔船鸭鹅销声匿迹，不见昔日丰姿。但大运河衡水段各级政府和人民，贯彻习近平总书记关于大运河文化带建设的指示精神，积极打造运河文化名城和美丽乡村典范，让这朵瑰丽的民族文化奇葩绽放异彩。

(一)运河第一湾

运河河道部分利用自然河道疏凿而成，为解决水位落差，设计许多弯道，人为延长运河长度。光绪十一年(1885年)版《故城县志》记载："郑镇东三大曲，每曲约十里，狭处不过数武，舟行至此，望武城之苏家楼，再行十里仍旧归故处；望苏家楼再行十里，仍旧故处，苏家楼仍在望中，故名'三望'。"

图 11-8　运河第一湾

　　运河多次取直，郑口百姓把这一呈现"S"的湾处视为吉祥和顺之水，屡屡上书保留。《武城县志》载，为保护此处险工，县令厉秀芳别出心裁，号召两岸百姓广植柳树，现存的古柳林距今有 170 余年，并由此创造出非物质文化遗产"龙尾埽"。大水来时，把河边的柳树根部锯半，将树身及树冠推到河里，在树与树之间，用秸秆及杂柴扎成捆状，称为"埽"，因此处位于"S"湾的尾部，人们称为"龙尾埽"。

　　湾道最长、最著名的郑口镇老堤附近的河段，从果子口村东南迤逦北上，在徐庄村东、郑口镇南拐了个"S"形的弯，与东边的河圈地相连，酷似一幅太极图。2012 年，故城县在打造运河文化带时，命名为"运河第一湾"并注册为商标。

（二）韵美白草洼

　　位于南运河西岸，是一个历史悠久的运河古村，属景县留智庙镇，西靠镇政府和富德省道，村东运河大桥连着 104 国道，南临衡德高速公路。

图 11-9　白草洼村美景

　　1300 多年前，3 位贫苦农民来到这里，垦田安家，后不断有移民来此，渐成村落。因地势低洼，常有积水，稗草丛生，故名"白草洼"。白草洼河段无桥，明代有两个渡口，一个在上湾，一在北湾，两岸百姓靠摆渡通行往来。白草洼村因地处运河弯道处，成为方圆百里商贸集散地。每年四月初四，白草洼村大庙会，持续 40 多天。赶庙会的不仅有本地人，更有百里乃至千里外的商客，沧州、山东、河南、安徽、山西、江苏、内蒙古等地的人们在渡口下船上岸，加上老奶奶行宫、三八大集、护国寺的影响，场面特别热闹。一直到 1974 年河水断流，这种红火的场面才消失，但古渡给当地百姓留下了深刻的记忆。

　　如今的白草洼村结合大运河的人文景观、淳朴民风，以"运河古渡口、美丽新乡村"为主题，精心塑造"灵动大运河、韵美白草洼"，一个美丽小村、文化小村、旅游小村正在华丽崛起……

（三）魏圈运河博物馆

　　在南运河码头镇，沿左堤南行近 1 千米，即是码头镇魏圈村。魏圈村有着悠久的农耕历史。千年古运河在魏圈村南由南北走向转为东西走向，形成一个巨大的"L"形。隋唐以来，便是运河的货运码头，白天，大运河上帆樯如林，往来穿梭，长堤上下，摊贩叫卖声、船工号子声不绝于耳；入夜，堤上灯火辉煌，酒肆茶馆人声鼎沸，一番水上闹市的景象。为恢复古运河码头风光，再现北方风情，2016 年，码头镇在魏圈村建起运河记忆博物馆，由运河民俗展览馆、运河名人纪念馆、运河古戏台三部分组成，分为记住乡愁、农耕记忆、漕运印象、非遗表演、码头名人五个部分，再现运河文化及运河沿岸风土人情。石锚、旧渔船、漕运船、渔网、耧、犁、耙、纺线车、织布机、石碾子、辘轳等馆内陈列的近百件实物，记录了当时运河沿岸漕运、农耕、民俗、饮食等风貌和历史人文。

图 11-10　魏圈运河博物馆

（四）古风梨韵刘老人村

现属阜城县霞口镇，拥有中国最大的古梨树群，百年以上老梨树万余株。古朴的农耕文化和运河文明，孕育出刘老人村勤勉、仁孝的传统民风，厚养薄葬的优良习俗，并世代传承。

刘老人村历史悠久。据《刘氏族谱》记载：此地早在春秋战国时期就有人居住，北宋名相刘挚的族人在这里立村，取名莘里，又名北刘庄。乾隆四十九年（1784 年），皇帝南巡行至北刘庄，偶遇时年 103 岁的老人刘彰，遂邀请刘彰进京参加千叟宴。次年，刘彰奉诏进京赴宴，并获赏赐五品顶戴。刘彰老人 116 岁驾鹤西去，后人为永远记住祖先历史，就把村名"北刘庄"改为"刘老人村"。

如今的刘老人村是美丽乡村的代表。梨韵广场东侧有一池塘，形状似梨，

图 11-11　刘老人雕像

故称风韵梨塘。广场中央是 116 岁老人刘彰的铜像。广场西侧的"霞口梨文化博物馆"，是目前中国最大的梨文化博物馆。馆内的展品有买卖梨田的古地契，有给梨树修枝剪叶的高枝剪，有装梨用的篮子、筐，有梨子交易时用的算盘、古钱币，有梨农看田用的提灯，还有用梨木制成的年画木版⋯⋯。

第三节　非物质文化遗产神韵

历史文化资源是地方文化建设的根脉，也是促进经济社会发展的重要资源和宝贵财富。在流淌千年的大运河滋养和润泽下，衡水人民创造了许多传承至今的技艺。

一、故城运河架鼓

运河架鼓，又名武官寨架鼓，已有 100 余年历史。清朝末年武官寨村民李登选，博采众家之长，从事架鼓演出，并根据大量的演出实践，汇编成《武官寨架鼓鼓谱》，为武官寨架鼓的传承和发展提供了范本，使武官寨架鼓传承百年保持原生态。

图 11-12　武官寨运河架鼓

武官寨运河架鼓是一种纯打击乐合奏，由鼓、铙、镲和锣等乐器组成，鼓分大鼓、小鼓。乐队组成分大小两种 大队一般有三十面鼓、二十面镲、五面铙、四面锣组成。小队一般有八到十面鼓、十面镲、两面铙、两面锣组成。每种乐器都有独特的音效特点，鼓声雄壮有力、威武；镲声音响亮、穿透力强；而锣发出的声音则低沉、宽广。架鼓演出时长达二十余分钟，有大鼓、小鼓，有齐敲、分敲、单敲、领鼓等项目，花样繁多，震耳欲聋，气势恢宏，场面壮观。

武官寨运河架鼓体现了创新、包容、豪放的运河精神和当地独特的文化特征，是故城县文化史上具有地标性意义的文化符号。

二、龙凤贡面

龙凤贡面又称龙须凤尾贡面，是河北省著名传统面食，产地为故城县故城镇，因面条匀净细长，状似龙须，并曾作为宫廷贡品而得名。相传起源于明朝，为故城镇齐氏始创，已有 500 年的生产历史。明朝宣德年间进入御膳房，后被清乾隆帝御封为"上用龙须凤尾贡面"。

龙凤贡面为纯手工制作，需要二十三道工序。首先用面粉、蛋清、盐水按比例调好后和面，然后刷一遍香油。把和好的面饧熟，折成方形后刷油，再饧半小时后开条。开始先把面做成大条，再次刷油，拧成麻花上好劲放入盆中。之后再盘小条，将小条挂在竹扦上进行抻面，也叫桄扦，抻好的面连同竹扦，一同放入面槽中饧着。最后上架，手工抻制成细条后自然干燥，落架切成小段，把不合格的面条分拣出去，然后分装入盒。

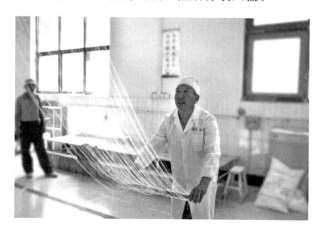

图 11-13   龙凤贡面制作

制成后的面条按形状，圆的称龙须面，而扁的称为凤尾面。面条色白微黄，柔韧晶亮，条细心空，吸水力强，盛入碗内，汤面各半，将面挑起，汤面一体，不见碗中有汤，放回碗中，汤水又复析出，味厚、细软、有劲，是龙凤贡面独特之处。

三、景县传统布艺

在衡水的运河沿岸，婴幼儿服饰的装饰多与"虎"和"五毒"（即蟾蜍、蝎子、蛇、蜈蚣、壁虎）有关，如虎头鞋、虎头枕、虎头围嘴、虎头帽、布老虎及五毒鞋、五毒肚兜、五毒摆件、五毒耳枕、五毒挂件、壁虎鞋等。至今民间仍有送虎头鞋、虎头枕的习俗。孩子出生或生日，奶奶或姥姥都要亲手做虎头鞋、虎头枕等送给孩子，祝愿孩子身体健康、平安长寿。

"虎"与"五毒"服饰，是民间艺术的一朵奇葩，源远流长。现由景县非遗传承人吴凤兰传承制作，工艺复杂，曾多次参加全国各地的民间艺术博览会和展销会，受到国内外消费者的广泛关注和喜爱。

图 11-14　虎头鞋

四、留智庙庙会

留智庙，位于南运河畔，属河北省景县。明洪武九年设立德州卫时，留智庙为德州卫"正卫中左所四屯"。清康熙二十八年（1689 年），德州卫撤销，留智庙划归景县。几百年内，因庙会而声名鹊起。

留智庙村中心有座碧霞元君祠，可追溯到明初，建在留智庙村西北，因地势低洼，易遭水患，村民刘智捐资将古庙迁至东南高地重建，规模虽赶不上泰山碧霞祠壮观，但殿内神像数目完全与之相同。当地人为纪念刘智功德，将该村命名为刘智庙村。

四月十八是泰山老奶奶生日，留智庙庙会从四月初八开始，会期十天。香客众多，商贾云集。为保证庙会安全、稳定，留智庙庙会主管机构叫"会首"，由本村张、韩、李、于四家大户及庙里和尚、邻村大户组成，设总务、财务、税收、庶务等分支机构。

每届庙会都举行一些丰富多彩的娱乐活动，有外地为庙会助兴的，也有祭祀者自发组织的活动。庙区内宽阔的地方都作为表演的"舞台"。在庙会上除了能看大戏，还能听到梨花大鼓、山东琴书以及西河大鼓、京东大鼓、单弦、乱弹等多种节目。民间项目有推太平车、划旱船、扭秧歌、杂耍等，参加人员众多，场面壮观。

第四节　名人贤士

　　大运河衡水段人杰地灵，英贤辈出，载入《衡水人物志·古代近现代卷》的就有 240 人。既有思想大家、科技巨匠，又有文史学者、帝王将相，或封侯拜相称帝建制，或以文治武功青史留名。

一、鸿儒名宦

（一）一代宗儒董仲舒

　　董仲舒（前 179—前 104），西汉广川（今衡水景县广川镇大董庄）人，汉景帝时为博士，是秦以后的第一位大儒。他继承先秦儒学思想，提出的"罢黜百家，独尊儒术"的政治主张，得到汉武帝的赏识，从而使儒家学说从春秋战国时期的一家之言一跃成为治理国家和社会伦理的理论基础，并一直影响中国 2000 多年。董仲舒的理论建树遍及哲学、政治、法制、伦理、经济、教育、文学、历史、军事民族等各个方面。他是继孔子之后中国历史上最伟大的理论家哲学家、教育家，堪称中国传统政治的总设计师。他的著作很多，《汉书》本传说：关于论文、文告"仲舒所著百二十三篇"，关于《春秋》十余万言，《春秋繁露》八十三篇，《公羊董仲舒治狱》十六篇等等。但传世著作只有《春秋繁露》，其生平记载于《史记·儒林列传》及《汉书·董仲舒传》。

图 11-15　董仲舒画像

(二)高肃与《兰陵王入阵曲》

高肃(?—573),字长恭,又名孝瓘,北齐时渤海蓨(今景县)人,高祖神武皇帝高欢之孙,大将,武艺高强,屡建战功。因封疆兰陵,故名兰陵王。兰陵王相貌英俊,为震慑敌人,每次上阵都戴上恐怖面具,敌人莫不畏惧。其堂弟后主高纬忌其威武功高,恐皇位被夺,赐毒酒杀害了这位年仅30岁的名将。兰陵王为后人留下了一份宝贵的遗产——《兰陵王入阵曲》,此舞曲浑厚古朴,悠扬动听,在唐朝时传入日本,至今仍为日本庙堂和皇家庆典音乐。在我国则早已失传,1986年,文物保护人员通过日本专家找回此曲,使其重归故里。

图 11-16   大型古舞《兰陵王入阵曲》表演

(三)隋朝天文学家张胄玄

张胄玄(526—612),隋渤海蓨人,我国古代伟大的天文学家,《大业历》的作者。《隋书张胄玄传》称其"博学多通,尤精术数"。文帝年间征为云骑尉,供职于太史监,参与制定历法。张胄玄是大天文学家祖冲之的学生,知识渊博,历法研究成果卓著,一生著作颇丰,有《七曜历数》5卷、《隋大业历》1卷、《元历术》1卷。对于张胄玄在历法研究方面的贡献,《隋书》分为"与古不同"及"超古独异"两类一并收入。

(四)中国科举史上第一位状元孙伏伽

孙伏伽(？—658)，贝州武城(今故城县双冢屯村)人，唐朝武德五年(622年)，科举甲榜第一名状元及第，历史上有据可查的第一位状元。隋朝末年，孙伏伽便涉足官场，做了一名官职卑微的小吏，几经升迁，至隋炀帝末年，成为京畿万年县(今陕西西安)的法曹。后隋朝覆灭，李渊称帝，孙伏伽降顺大唐王朝，积极为唐王朝出谋划策，被提升为治书侍御史，职司评议狱案得失。他敢于上疏进谏，不断指陈时政，评说得失，多为李渊采纳。"玄武门之变"中，孙伏伽拥护李世民，鞍前马后，奔走效劳。贞观元年(627年)，为大理寺少卿，后调民部侍郎。贞观十四年，提升为大理寺卿。数年后，出任陕州(州治陕县，今河南三门峡)刺史。永徽五年(654年)，孙伏伽年老辞官。四年后，即显庆三年(658年)，卒于武城家中。

(五)唐代经学家孔颖达

孔颖达，字仲达，冀州衡水(今河北衡水市)人，孔子第31世孙，生于北朝齐后主武平五年(574年)，卒于唐太宗贞观二十二年(648年)，终年75岁。

图 11-17　孔颖达画像

　　孔颖达自幼便耳濡目染以礼乐为特征的儒家文化。少年时师从大儒刘焯为学。隋炀帝大业初年（605 年），孔颖达考中明经高等，授任河内郡博士。隋炀帝时，召诸儒官于东都互相讨论学问，孔颖达水平最高，且年龄最小，老师及有修养的儒士耻于在他之下，暗中派刺客刺杀他，他躲藏在杨玄感家中得以幸免。入唐后，被李世民聘为秦王府文学馆学士，成为李世民智囊团中著名"十八学士"之一，历任国子博士、国子司业、国子祭酒等职。

　　唐朝统一天下后，"文治"成了当务之急。唐太宗鉴于儒经文字多有异同，颇不利于政治上的一统。乃命颜师古统一经典文字，成"五经定本"。唐太宗命孔颖达主持统一经典章句的义疏。历时约十年，至贞观十六年（642 年）初步完成，奉诏改名为《五经正义》。《五经正义》是孔颖达一生最主要的业绩和贡献，是一部划时代的大型经学，包括《周易正义》14 卷，《尚书正义》20 卷，《毛诗正义》40 卷，《礼记正义》70 卷，《春秋左传正义》36 卷。后均收入《十三经注疏》。

　　《五经正义》融汇众家，广泛吸收前人成果，对南学北学做了总结，体现了统一的时代要求。行文简明扼要，通达晓畅，一改汉儒烦冗旧习，克服了六朝浮靡巧饰流弊，便于诵习和传布。唐太宗定为科举取士的范本，它与唐代另一经学巨著《五经定本》一起，分别从内容和文字上完成了经学的统一，结束了南学和北学分立的局面，功不可没。

图 11-18　孔颖达的《毛诗注疏》书影

（六）边塞诗人高适

高适（701—765），字达夫、仲武，唐德州蓨县（今景县）人，著名边塞诗人。他在最不得意的前半生中，留下了 100 多首优秀诗作。天宝十二年（753 年）从军，三次出塞，写下了 40 多首边塞诗，雄浑厚朴，悲壮苍凉，风格与岑参相似，世人并称"高岑"，成为盛唐边塞诗代表。历官侍御史、谏议大夫、淮南节度使、剑南西川节度使，终于刑部侍郎、左散骑常侍。卒后，唐代宗赠其为礼部尚书，谥曰"忠"。《旧唐书》称"有唐以来，诗人之达者，唯适而已。"留世有《高常侍集》二十卷、《中兴间气集》二卷。

二、豪侠名士

（一）大夏帝王窦建德

窦建德（573—621），贝州漳南县（今故城县辛庄乡东三务）人，世代务农，曾任里长。隋炀帝募兵征高丽，在军中任二百人长。目睹兵民困苦，义愤不平，遂抗拒东征，并助同县人孙安祖率数百人入漳南东境高鸡泊。窦建德一家被隋军杀害，率部众二百人投清河人高士达。大业十二年（616 年），隋遣杨义臣击破张金称、高士达。建德招集散亡复起，于次年正月称长乐王于河间乐寿县（今河北献县），大败隋将薛世雄，攻克河间。大业十四年（618 年）定都乐寿，国号大夏，称帝于河北。

武德四年（621 年）五月为救王世充，在虎牢关一役被李世民击败并被俘，同年七月十一日（即 621 年 8 月 2 日），被唐高祖处死于长安（今西安）。

（二）骁勇多谋的刘黑闼

刘黑闼（？—623），贝州漳南县（今故城县东北）人，少时与窦建德为知己好友。隋末跟随郝孝德参加瓦岗军，李密败后，为王世充俘虏。逃回河北，依附窦建德，封汉东郡公，以骁勇多谋著称。窦建德死后，召集其旧部起兵，不到半年把窦建德大夏原来领地几乎全部收复。唐武德五年（622 年）刘黑闼攻克相州（今河南安阳）后，称汉东王，建元天造，建都于洺州（今河北永年区广府古城），与唐朝多次交战，先败于秦王李世民之讨，后死于太子李建成之征。

(三)加入全面抗战的冯治安将军

冯治安(1896—1954),原名治台,字仰之,故城县东辛庄村人,自幼贫苦,少年从军,投身于冯玉祥将军磨下,历任国民革命军二十九军三十七师师长、国民革命军七十七军军长、国民革命军三十三集团军总司令等职。1937年"七七"事变,时任国民革命军二十九军三十七师师长兼河北省政府主席的冯治安,毅然指挥其三十七师,与日本侵略军展开了英勇不屈的战斗,拉开了中国全面抗日的帷幕,打响了民族抗战的第一枪。

(四)抗日英雄节振国

节振国(1910—1940),故城县刘堂村人,冀东著名抗日民族英雄,1910年出生于一个贫苦农民家庭,1920年全家逃荒到河北开滦赵各庄煤矿。父亲早逝,节振国14岁便下井做童工,饱尝生活艰辛,养成刚强、倔强、勇敢的性格,并学到一身过硬武功。1938年3月,开滦煤矿爆发了声势浩大的罢工运动,节振国被推举为赵各庄矿工人纠察队队长。他遵照中共冀热边特委的指示,发动冀东抗日大暴动。联络矿工,竖起抗日大旗,组成工人抗日游击队。不久,率部加入冀东抗日联军李运昌部,被编为冀东抗联第二路司令部直属特务第一大队,即工人特务大队,节振国任大队长。在抗日战争的枪林弹雨中,节振国率领的工人特务大队越战越强,后改编为八路军第十二团一

图 11-19 节振国(右四)习武的照片

连，为开辟冀东抗日新局面做出了重要贡献。1939 年秋，节振国光荣地加入了中国共产党。1940 年 8 月 1 日，中国工人阶级的优秀战士、抗日民族英雄节振国率部与日伪军作战时，壮烈牺牲，时年 30 岁。

三、当代精英

(一)无产阶级革命家王任重

王任重(1917—1992)，景县王瞳镇王七庄人，14 岁投身革命，16 岁加入中国共产党。新中国成立前曾任中共津南工委宣传委员、冀南五区地委书记、冀南区行署主任、冀南区党委副书记、代理书记。新中国成立后，历任湖北省人民政府副主席、省政协主席、中南局第一书记。"文化大革命"中含冤入狱。1978 年平反后，历任陕西省委第一书记、省革委会主任、陕北建设委员会主任、国务院副总理、中央宣传部部长、中央书记处书记、全国人大常委会副委员长、政协副主席。

(二)两代猴王郑长泰父子

郑法祥 (1892—1965)，故城县郑口镇人。自幼在上海随父亲郑长泰(1837—1909)学艺，11 岁就开始在悟空戏里扮演小猴。当时，演猴戏分南、北、京、昆各派。能以演猴戏见长，又有独特的表演技艺，而自成一派的则是流行江南的郑法祥"郑派"。

图 11-20　郑法祥表演的猴王

郑派武功以猴戏的表演艺术为主要内容，创于郑长泰，由郑法祥加以发展、完善。郑长泰是武生演员，早期在北方演出，因善演悟空戏有"赛活猴"之誉，清光绪初年南下，在上海享名，所演猴戏突出孙悟空的机智、勇敢、灵活和爱憎分明的性格。其子郑法祥幼年亦曾习猴戏，青年时期观摩了大量名家，如杨小楼、尚和玉、郝振基等表演的猴戏，又广泛向有一技之长的同行和舞台工作人员求教，刻苦研读《西游记》，并借到各地演出之机潜心搜求有关孙悟空形象的画像、塑像资料，同时吸收武术中的"十二形"与猴拳，进而由形到意戏路更宽。他的孙悟空戏，除二十多本连台《西游记》外，还有《悟空出世》《刀劈混世魔》《水帘洞》等三十多出，内容、词句、武打大都经过他的加工。由于长期努力，逐渐形成南方悟空戏的一大流派。

(三)"四大名旦"之一荀慧生

荀慧生(1900—1968)，阜城县大白乡谷庄人，7 岁随父母、哥哥流落到天津，被卖与小戏班，8 岁开始以"白牡丹"艺名登台表演。后改习京剧，以王瑶卿、陈德霖为师，并经杨小楼、余叔岩等名伶指点，逐渐形成了委婉动听、俏丽多姿、声情并茂的独特风格，世称"荀派"，名震北京。常与王金声、陈

图 11-21 荀慧生京剧《红娘》剧照

万里、刘鸿声、杨小楼、梅兰芳等同台演出。1923 年以"白牡丹"艺名灌录了第一张唱片。1927 年与梅兰芳、程砚秋、尚小云一起被评为"中国四大名旦"。

荀慧生一生演出了 300 多出戏，有《荀慧生演剧散论》《荀慧生演出剧本选集》《荀慧生舞台艺术》《荀慧生艺事日记》等书行世。

第十二章 邢台运河文化

　　邢台市地处河北省南部，有 3500 多年的建城史，是河北最古老的城市。东以大运河与山东省相望，西依太行山和山西省毗邻，南与邯郸市相连，北及东北分别与石家庄市、衡水市接壤。辖区东西最长处约 185 千米，南北最宽处约 80 千米，总面积 12486 平方千米。

　　大运河邢台段属于卫运河，为冀鲁两省的界河，属海河水系。运河由南向北流经邢台市临西、清河两县，自尖冢流入临西县，至清河县渡口驿村北入衡水市故城县，在邢台境内流经 58 千米，民间有"运河之水天上来，五十八（公）里过邢台"之说。

图 12-1　邢台市境内的大运河

　　在 2000 多年的历史进程中，大运河为邢台沿线的经济和社会发展发挥了重要作用。

第一节　运河遗存

　　邢台有"运河古渡数临清"之说，邢台市大运河段留存有丰富的文物遗迹，仅在清河渡口驿至油坊段就保存着寺庙遗址、古驿站、古村落、沉船遗址等7处。比较完整地保存了两岸居民的民俗、民风及生活面貌，成为大运河"申遗"的一部分。

一、运河堤坝

(一)鲧堤

鲧堤位于清河、临西、威县三县境内，清河县鲧堤位于大堤村西，县境内长约4千米，南北分别接临西、威县境，传说为鲧治水时所筑。《太平寰宇记》载："鲧堤，在县(清河)西三十里，自宗城县界来，是鲧治水时筑。"到金代，黄河改道，永济渠归流卫运河，鲧堤废弃。现在宽处10米，高处2米。

图 12-2　清河县鲧堤文物保护标志

图 12-3　威县境内鲧堤遗址

临西县鲧堤古堤位于县境中部，相传与馆陶金堤同为汉代所筑，故亦称金堤。现存古堤全长 25 千米，堤上海拔在 36～33 米。堤下海拔 33～28 米。新中国成立后一些沿堤村庄搬堤造田，局部堤段已成漫坡地。20 世纪 60 年代，清河县修复鲧堤决口时，发现一具宋代古尸，头顶一块方砖，刻有"三卯不到，立埋王三"字样；80 年代在清河县大堤村出土一宋代瓷枕，可证宋代曾修复鲧堤。

图 12-4　鲧堤发现的北宋时期建筑遗物

鲧堤是清河古"八景"之一，雨中鲧堤更是文人咏叹的话题。清代杨尔昌《鲧堤夜雨》对美景进行了描述："堤外云垂黑，堤边村火红。可叹九载绩，尽在烟雨中。"

(二)清河朱唐口险工

历史上，清河码头商贸繁荣，紧靠运河，常受决口水患威胁。据《清河县志》《清河水利志》等史料统计：隋唐时期，清河发生水灾 15 次；北宋运河决堤 6 次，清河郡城被淹没；元、明、清至 1963 年，河道决口 40 多次。为降低水患灾害，河岸建起了很多"险工"。清光绪年间大运河清河段"险工"达 10 处，总长近 1000 米。朱唐口险工是颇具代表性的一处。朱唐口险工位于清河县朱唐口村村北，自清末建成到 20 世纪 90 年代，历次修缮，险工长 961 米，分别为抛石坝、干砌石及浆砌石坝、井柱网格坝、青砖砌三合土坝，不同时期险工的做法不同，反映了大运河堤防治理科学技术上的不断改进。朱唐口险工已被确定为全国重点文物保护单位。

图 12-5 清河县朱唐口险工

二、遗迹遗址

(一)临西官仓遗址

临西镇仓上村，旧称仓集镇、旧县集，源于古临清县在此置官仓。官仓在老仓上村南偏西，处于古县城外中部偏西位置，西岸为临清古城西城墙，西城墙外是运河，有利于粮食等物资装卸、转运和存储。

临西官仓建于初唐时期，历史上战略地位重要。五代前，仓集镇官仓已具规模。五代初，临西和清河是群雄争战之地，李存审据临清、李嗣源据清平(今临清水城屯)、石敬瑭据临清丁马庄小皇殿岗。因永济渠是输运兵饷粮草的重要通道，临西成了仓储要地，形成南仓上、北仓上、东仓上、西仓上 4 个自然村，留下了"先有临清仓，后有临清城"的传说。2016 年 11 月，在仓上村南发现的唐代粮仓遗址，长约 280 米，宽约 185 米，面积近 5.2 万平方米。均匀分布 19 个单元，仓囤圆柱形，直径 6 米到 10 米不等，四周仓壁为夯土，中间由柏木立柱支撑仓顶。粮仓构造既防潮、防鼠，又坚固耐用。

图 12-6　临西官仓遗址

(二)临西陈窑遗址

临西(时称临清)是明清北京皇家建筑材料生产地,利用运河码头,把所需要砖瓦运入京城。2008 年发现明清旧窑址 20 余座。陈窑,位于临西县东枣园乡南部运河左岸,明嘉靖年间,陈氏先祖陈清在此开窑,后来窑口渐多,人数增长,形成村庄,故取名"陈家窑",后简称"陈窑",旧有"七十二窑"之称。明永乐初,成祖朱棣为迁都北京大兴土木,钦定临清州烧制城砖为贡砖,专供皇城建筑修缮与增建。明清两代,用本地优质的"莲花土"烧制贡砖,"莲花土"土质细腻,成砖后光洁齐整,不蚀不碱,叩之如铜。《临清县志·建置志·实业》记载:"临清官窑创设最古,规模甚大,其制作优良,例为贡品。"《临清州志》载,自明朝初年至清朝中叶"境内之域垣、仓庾、廊署、寺观及一切伟大建筑均取材于此"。明、清两代修建北京紫禁城各大殿,明十三陵、清东、西陵及八达岭长城等御用砖,大部分为临清烧造。乾隆五十年《临清直隶州志》记载,当时在临清岁征城砖百万。光绪《钦定大清会典事例》也明确记载清西陵用砖取自临清。

《临清州志》记载:贡砖标准尺寸为"长一尺五寸、宽七寸五分、厚三寸六分",检验完好用黄表纸封裹。20 世纪 80 年代初,陈窑村在基本农田建设中,

发现一座窑址，发掘出城砖数码，每码 200 块，每块重约 25 千克，砖上刻有
"嘉靖十四年窑户陈清"及"嘉靖十七年窑户陈清"等字样。2008 年 12 月邢台市
文物局考古队配合大运河"申遗"工作，对陈窑窑址进行了全面的考古调查，
在陈窑村勘探发现明嘉靖、天启，清光绪等不同朝代烧制贡砖的窑址 20 座。
根据中国社科院历史研究所付崇兰研究员推算，按古代贡砖官窑规格，每座
窑分别划给 2.7 万平方米(专供窑户取土、盖窑、堆柴、存放砖坯和成砖之
用)计算，20 座窑就占地 53 万平方米，按每处窑约 50 个工人惯例计算，20
座窑就意味着每天有近千人在为贡砖忙碌，再算上为官窑提供柴薪的人、把
贡砖送到运河码头装船的搬运工人，数量可观，由此可推断出明清时期陈窑
村窑业盛景。清康熙年间客居临清州的江南文士袁旭诗中写道："秋槐月落银
河晓，清渊土里飞枯草。劫灰助尽林泉空，官窑万垛青烟袅"，佐证了当年贡
砖烧制的繁盛与辉煌。

图 12-7　临西陈窑遗址发现的清代青砖

三、古建筑

(一)临西八里圈清真寺

临西境内有丰富的宗教文化，留下了佛教、道教、伊斯兰教、天主教等
宗教建筑。临西县八里圈清真寺是冀东、鲁西一带著名的清真寺之一，始建
于明宣德年间，现南北、东西各长 57.50 米，总面积 3306 平方米，主建筑西
大殿面积 360 余平方米。四周建有南北讲堂及对厅、沐浴室计 21 间，后大殿

为斗拱木结构，大殿两侧的雕刻刻工精湛，已有 580 余年的历史，是研究大运河历史的宝贵资料。八里圈清真寺被列为河北省重点文物保护单位。

图 12-8　临西八里圈清真寺正门

图 12-9　临西八里圈清真寺正殿侧面图

(二)临西净域寺

净域寺，初唐营建，位于临西仓上东 600 米，因其建在临清古城北端月洼中，故又名"月洼寺"，居临清八大寺院之首。净域寺位于高台上，遗址高出地平面近 2 米，遗址长、宽各 127 米，总面积为 1.6 万平方米。寺院早期遗存丰富，有隋代釉陶，唐黄釉碗、钵、壶、罐、烛插等器物。地面有唐早期砖瓦、瓦当。其后宋、元、明、清历代遗存宋代瓷片，有哥、定、钧、建、龙泉等窑口的盘、碗、炉、佛像、灯具及三彩建筑构成、龙纹瓦当等。新中国还发现了元代青花高脚杯和明代各时期的大量青花瓷器。

图 12-10　临西净域寺山门

图 12-11　临西净域寺大雄宝殿

(三)崇兴寺遗址

崇兴寺是清河县古寺庙，位于油坊镇劝礼村东运河堤内，东临大运河河道，是耆民王希儒所建。原崇兴寺规模宏大，寺内林木茂盛，前有大殿，后面筑有高台，高台之上建有玉皇阁。登上玉皇阁远远望去，远处烟雾缭绕，隐约可见邻近县城像飘带一样的城墙，以及参差不齐的参天树木。1947年被拆掉。1998年，经上级有关部门批准，清河县又在城西快活林公园内复建崇兴寺。该寺建成后，成为观赏运河风光的最佳去处，并以"御河远帆"列为清河八景之一。清代范树珣写有《崇兴寺八景》的美景诗句。

《崇兴寺八景》

(清)范树珣

其一　凌晨欸乃

禅房独坐夜三更，入耳陡闻欸乃声。

宿雁惊飞鸣极浦，衔林旭日挂铜钲。

其二　千畦秋菘

万绿茫茫菜满畦，纵横如画傍长堤。

经霜芽簇黄金嫩，翠叶翻风一色齐。

其三　夕照远帆

连天暮霭日平西，无数归舟压柳堤。

风帆乱飐生明灭，树影云光望欲迷。

其四　邻圃桔林

惊醒蝶梦日华临，墙外桔槔杂磬音。

见说圣朝多雨露，何劳机械费机心。

其五　新堤纳凉

坦如砥石好班荆，知己谈心对月明。

嚚然自得清凉界，跨鹤河须上紫京。

其六　秋月闻笛

当头皓月十分明，何处飞来短笛声。

非关三叠梅花落，夜气人心一色清。

其七　古刹双柏

古柏参天岁几重，拏空作势欲成龙。

左低右仰如乔梓，拥护佛光分外浓。

其八　松林残雪

青松白雪净无埃，粉本何人摹得来。

琼枝虬干天成就，绿萼梅教野鹤猜。

四、码头、渡口

(一)清河县油坊码头

清河县油坊码头是明末以后因运河而兴的集镇水运码头，也是大运河上水陆码头和物资集散交流中心，是清河、威县、南宫、故城以及山东高唐、夏津、武城等地商品集散地，油坊镇被誉为"清河县的小上海"。油坊码头2011年列入大运河"申遗"项目，是大运河河北段仅存砖砌码头，总长933.8米，高10.2米，保存完好。码头及险工由青砖砌筑，由六个码头及十二段险工砖砌护堤险工构成，随河岸而建，分别为客运、粮运、煤运、盐运等。油坊码头驳岸、护岸均用青砖砌筑，大大提高了堤防抗击洪水的能力，对研究我国古代水运设施历史提供了珍贵的物证，对运河历史、水运史研究也有重要的价值。20世纪70年代，码头废弃后，险工沿用至今。

图 12-12　油坊码头护坡遗址

油坊镇是当时的货物集散地，客商云集，商家林立，最北边码头西侧的存盐货场，占地近 6600 多平方米，仓库 20 间，清代建筑风格。随着漕运的停止，油坊镇渐渐衰落，但仍保存益庆和盐店旧址，有道光年间盐店账房 5 间，此外还有山西会馆遗址、石权等文化遗存。

图 12-13　益庆和盐店账房

(二)临西县尖冢码头和丁家码头

临西县尖冢，是古临清重镇。唐代曾析临清古县南部建永济县，尖冢时为永济县白水乡治所。尖冢得名于赵国于此设烽火台，至金元明清之际，烽火台破败，形似土冢，故名尖冢。金元时期，卫运河航运兴盛，尖冢发展为漕运码头，码头绵延 1500 米，堤外仓储占地达 13.3 万平方米。明代于临清州城(今临清市)设大运河钞关，清代又在州内州外设南水门关、清平魏湾分关、德州分关、广济桥关、北桥口关、尖冢分关等，尖冢码头达到鼎盛时期。

图 12-14　20 世纪 80 年代尖冢码头摆渡自行车场景

丁家码头位于临西县东枣园村正东卫运河直弯处，丁姓祖先选择此地建码头，因此得名。丁家码头设立后，成为煤炭、石灰、木材、瓷器、盐类、粮食、棉花等产品集散地。

图 12-15　丁家码头河段

(三)清河县渡口驿码头

清河县渡口驿码头是大运河邢台段重要古驿，历史悠久，隋朝京杭大运河通航后，按"十里一铺、三十里一驿、五十里一市"的标准设立官方驿站，是北上涿州、南下江浙的重要码头，同时也是商品流通、货物吞吐的集散地，并兼治安、军事防守等任务。

五、碑碣石刻

大运河邢台段历代留存大量碑刻，包括清河县《清武拆堤开沟碑》，临西县《下堡寺碑林》《调节临清清河水利纠纷碑》《义会碑》等，其中"净土寺碑林"最为著名。

净土寺，又名下堡寺，建于唐贞观年间(627—649 年)，元代，住在下堡寺路家庄的兵马大元帅路通对寺庙进行扩建，占地 13 万平方米，寺周有 72 眼水井，按丹凤朝阳布局环绕寺院，寺院建筑东西宽 150 多米，南北长 200 多米，寺内碑碣林立，素有"碑林"之称。明临清州人五英有《咏净土寺》诗云："西风吹我到禅林，邂逅盘桓且散心，莲社香销僧住讲，松关画静鸟调音。绿杨驻马秋还热，金界题诗日未沉，几度笑谈相唉厚，清茶啜罢酒重斟"。

第二节　运河古城

邢台市大运河沿岸丰富的历史文化，孕育了一座座璀璨的名城，记录了运河的历史。

一、临清古城

临西古城位于邢台市东南端，卫运河中游左岸，历史上河北临西和山东临清同属临清，1964 年析临清西部置临西县。《临清县志》载：北魏临清故城在今县治西 35 里"仓集镇"东南，士人称"旧县集"，魏太和二十一年（497 年）置。十六国后赵建平元年（330 年），清泉（渊）县改称临清县（临近清河之意），建县城于"水（汉屯氏别河故道）东"，史称"水东临清"。"水东临清"，治于今临西县仓上村东"卧牛坑"。北魏太和二十一年（497 年），又别置临清于"水（汉屯氏别河故道）西"，史称"水西临清"。"水西临清"，治于今临西县仓上村东的"南、北月洼"。水西、水东两个城址之间有永济渠南北穿过。自北魏太和二十一年（497 年）始建，至金天会五年（1127 年）东迁，历史上存在了 630 年。

临清古城唐宋时期辉煌一时，北宋时达到顶峰。古城内辟有"清华坊""南崇化坊""北崇化坊"三个坊区，自南而北有：古县衙、钟鼓楼、文庙、奶奶庙、净域寺等，临清为当时"望县"。文庙遗址，民间俗称"小堂台子"，始建于唐高宗总章三年（670 年），宋代末年荒废。县衙建筑遗址位于古临清南端，北魏时始建，历代屡有重修，最后一次重修为北宋熙宁五年（1072 年）到熙宁六年（1073 年）。由于"患水""患兵"和大运河（永济渠）东移等原因，县治所于金天会五年（1127 年）东迁 20 千米至原堂邑县地"曹仁镇"（今临清旧县），"水西临清"渐成荒冢。2008 年，临清古城遗址被批准为河北省重点文物保护单位；2013 年，又被批准为中华人民共和国重点文物保护单位。2014 年大运河"申遗"时，邢台临西被列入申报世界文化遗产的重要地段。

二、清河古城

清河郡自隋唐至北宋是兴盛时期，盛产粮食，广植桑麻，养蚕织丝，号称"天下北库"。永济渠流经清河郡 600 余年，清河郡城（后改贝州）"城池高阔，地方繁荣"，隋唐时期设节度使，总揽军事，辖八县，有 10 万户。殷亮在《颜鲁公行状》里说："国家旧制，江淮郡租布贮于清河，以备北军费用，为日久矣，相传为天下北库。今所贮者，有江东布三十余万，河北租调绢七十余万，当郡彩绫十余万，累年税钱三十余万，仓粮三十万。时讨默啜，甲仗藏于库内五十余万，编户七十万，见丁十余万。"可见唐代清河城的商业繁盛和重要。

贝州城遗址在今清河县城东、城西村周围，土墙夯筑，南北长 1.2 千米，东西长 2 千米，城池呈长方形，北城角尚存 500 米，高处达 6 米；西北角尚存 200 米，高 4 米；西南城角尚存 200 米，高 5 米。据旧志载，其系"宋元祐六年监官赵荐之重修"。贝州城遗址 1982 年被列为县级重点文物保护单位，1993 年被定为省级重点文物保护单位。

图 12-16　贝州城遗址

明清河县城遗址在今清河县政府西 2.5 千米处，即古贝州城东南角内，建于明朝正德七年(1512 年)。东西长 1000 米，南北长 750 米，呈椭圆形。城墙结构为里七外八层条砖，中间用土夯筑，上面用一尺厚的灰渣封顶，高三丈、宽两丈，有东、西、南三门。城内旧衙、文庙(即孔庙)、城隍庙、戏楼等古建筑物，金砖琉璃瓦，雕梁画栋，建筑艺术较高。

图 12-17　清河县贝州故城旧城门

清河县城是《金瓶梅》故事背景地，《金瓶梅》第八十一回描述清河县城夜间景致："十字街荧煌灯火，九曜庙香霭钟声。一轮明月挂疏林，几点疏星明碧落。六军营内，呜呜画角频吹；五鼓楼头，点点铜壶双滴。四边宿雾，昏昏罩舞榭歌台；三市沉烟，隐隐闭绿窗朱户，两两佳人归绣幕，纷纷仕子卷书帏。"

唐代著名诗人王维在他的诗里也写下了清河城：

泛舟大河里，积水穷天涯。天波忽开拆，郡邑千万家。

行复见城市，宛然有桑麻。回瞻旧乡国，森漫连云霞。

第三节　非物质文化遗产传承

大运河邢台段历史文化璀璨，积淀了丰富厚重的文化底蕴，拥有多项民间非物质文化遗产，涵载着大运河丰富的文化信息，具有很高的学术研究和民俗价值。

一、东路乱弹

乱弹是一个古老剧种，约产生于明朝正德与万历年间。清康熙年间乱弹分东西两路传入河北省和山东省。西路乱弹流行于河北省高邑、元氏、赞皇、藁城、晋州等地区；东路乱弹流行于河北省临西、清河、南宫、威县和山东省的临清、夏津、武城、冠县等县市，尤以临西县发展为快，逐渐形成了独特风格。

图 12-18　东路乱弹

临西乱弹也称"銮坛"，因早期专供宫廷欣赏而名。以临西为中心的东路乱弹艺人在多年演出过程中，逐步使唱腔具有花腔的特点，也叫花腔乱弹。高亢与低回相结合，唱腔末尾翻高以入笛，行腔声笛一体而悠扬。男女唱腔均为真声吐字而假声拖腔，慷慨激昂。清朝后期，东路乱弹的唱腔和板式已经相当完美。其剧目和表演也在不断改进中更受群众欢迎。

民国至今，乱弹在临西除几个专业大班外，还有农闲班十几个，生、旦、净、丑各行当同台献艺，忠、奸、善、恶共演绎人世悲欢。其演出范围扩展至德州、天津、邯郸、聊城等地，成为与河北梆子、京剧鼎足而立且最受欢迎的剧种。

1957年，临清县人民政府组建80余人的"临清县乱弹剧团"，演出范围扩展至济南、淄博、青岛、烟台、石家庄、保定和山西、河南、江苏、安徽等地，声誉很高。2009年临西乱弹入选河北省第三批非物质文化遗产名录。

二、清河中华张氏传统祭祀

张姓历史悠久，据明嘉靖《张氏统宗谱·得姓郡望》记载：张姓得于黄帝之子挥，张挥是中华张姓始祖，其后代世居清河郡，清河是张姓的一郡望。故有"天下张姓出清河"之说。

图 12-19　清河县的挥公墓

永乐三年(1403 年)《清河家乘》记载，战国时期纵横家张仪(名策鲂)，仕秦为相，"策鲂公当时坟茔诸处，立庙清河，遂以清河公为郡"。汉代清河城现埋在地下十米，按照大致位置，在今县城西 7.5 千米处，复建张氏祠堂。每年清明节，各村张氏族人代表到张氏祠堂，恭以猪、牛、羊、鸡四牲及素果为供品，祭拜祖先。自张氏祠堂建立以来，海内外张氏后裔也多次到清河寻根祭祖。

图 12-20　位于清河县的中华张氏祖祠挥公祠

近年来，海内外张氏族人组团到清河寻根问祖、祭拜祖先的越来越多，在清河乃至国内引起了不小的反响。清河中华张氏传统祭祀被列为第三批省级非物质文化遗产。

第四节　历史名人

邢台文化璀璨，地灵人杰。运河悠悠，滋养了无数名人豪杰，在中国历史上留下了浓重的一笔，为大运河文化带留下了辉煌的篇章。

一、张氏始祖张挥

张挥，号天禄，为黄帝长子玄器（五帝之一的少昊）的第五个儿子，生卒年不详，被认为是中华张姓始祖，是弓矢的发明者。黄帝封挥为弓正，职掌弓矢制造，称弓长（掌管弓箭的官职），赐姓张，封清河。古代典籍《世本》和唐《元和姓纂》记载："张氏，黄帝第五子青阳生挥，为弓正，观弧星始制弓矢，主祀弧星，因姓张氏。"

二、兵马大元帅路通

路通，金末元初名将，临清（今临西县路家庄人），幼时志向远大，兵法娴熟，武艺超群，尤善骑射。元初年，路通征战南北，抗金屡立战功，被元世祖忽必烈封为兵马大元帅。路通淡泊名利、急流勇退。退隐家乡后，常与当地净土寺大和尚贾法宗谈禅说法，后皈依佛门，并组织重修净土寺。

三、元大都总设计师刘秉忠

刘秉忠（1216—1274），邢州（今河北邢台）人，字仲晦，初名侃，出家为僧，法号子聪，后被元世祖重用，拜光禄大夫，位太保，为蒙古改国号、制定朝仪；是元朝政治制度和元大都的主要设计者，北京城的奠基人。

刘秉忠之父刘润为金朝邢州节度副使，木华黎取邢州，其为都统。刘秉忠自幼天资聪慧，8岁入学，每日背诵数百言。13岁入帅府，翻阅各种书籍。浏览天文地理，对唐诗宋词尤为喜爱，常自作自吟。1233年，出家为僧，在寺中阅读大量经文，对社会历史有了更深感悟。随后四处云游，逢忽必烈征

图 12-21　北京文史研究馆组织创作的大型国画《创建元大都》，右一为刘秉忠

服吐蕃，奉敕北归。路过云中，召见海云法师，海云举荐刘秉忠，忽必烈召见。刘秉忠应对敏捷，对天文、地理、律历、三式六壬遁甲之属，无不精通，论天下事了如指掌。忽必烈大喜，留在王府当作幕僚。阿里不哥在和林称帝。忽必烈自统军攻阿里不哥，阿里不哥败逃，忽必烈引军还。刘秉忠请迁都燕京，忽必烈从，在位五年，改中统为至元，刘秉忠成为世祖重臣，后为光禄大夫，位太保，参中书省。

刘秉忠不但为元朝设计了一系列政治制度，且以《周礼·考工纪》关于都城建设为指导思想规划创建元大都，是历代都城中最接近周礼之制的一座都城。元大都城前朝、后市、左祖、右社，街巷，大街宽 24 步，小街宽 12 步。除大小街之外，还有 384 火巷、29 弄通，颇为壮观。元大都奠立了北京城的雏形，欧洲人马可·波罗在他的《行记》中对元大都有详细描述。

至元十一年(1274 年)，刘秉忠无疾端坐而卒，享年 59 岁。元成宗时赠太师，谥文正，封赵国公。仁宗时又追封常山王。

四、科学巨匠郭守敬

郭守敬，邢台县皇寺镇郭村人，著名的天文学家、数学家、水利专家和仪器制造家、元大都水系与京杭大运河的总设计师。先后进行了北京治水、京杭治水、邢州治水等 20 多项重大水利工程建设，通过对隋唐大运河截弯取直，京杭之间缩短行程近 800 千米，奠定了元代迄今京杭大运河的走向和格局。他还设计并亲自主持通惠河的修建，使漕粮直运元大都。他以独创的"梯级通航"方式，实现漕船由低向高的逆水行舟，促成了南北运河全线贯通。他首次提出了以海平面为零点的"海拔"标准概念，比德国数学家高斯提出这一概念早560余年。他确定引水入京线路，不但与当代水利专家勘测和设计结果几乎完全重叠，还通过河流闸坝设置实现节水行舟。他在天文、历法和数学等方面也取得了卓越的成就。自至元十三年（1276年）起，奉命修订新历法，历时4年，制订出通行360多年的《授时历》，成为当时世界上最先进的历法。为修订历法，郭守敬还改制、发明了简仪、高表等十二种新仪器。元仁宗延祐三年（1316年），郭守敬去世，享年86岁。

图 12-22　邢台郭守敬纪念馆门前郭守敬塑像

　　流经邢台市的大运河是河北大运河的重要组成部分，留下了许多重要的文化遗产。大运河与茶马古道、丝绸之路相比，拥有更加完好的线路和明确的空间实体，使运河整体保护更加有迹可循，运河沿岸丰富的物质文化遗存构成了大运河文化支撑体系。

　　邢台在文化资源保护基础上，深入挖掘运河沿线独特文化，实施"以文养旅，以旅兴文"的特色文化战略，利用运河河道、油坊码头、清河渡口驿码头和古临西城等遗址及沿岸景观打造遗址公园，利用清河曦阳掌太平拳、临西乱弹等非物质文化遗产再现历史，打造城市形象名片，增强城市知名度与竞争力，塑造具有地域文化特征与原生态特色的运河文化。

除运河文化之外，邢台市境内还拥有丰富的旅游资源和众多的古迹名胜，是运河文化整合拓展的重要组成。邢台市依靠运河文化优势，主动参与到运河旅游整合发展之中，走特色化、多渠道发展之路，提高运河文化产业带发展水平，通过运河文化遗存的整合和旅游资源拓展及非物质文化的继承，历史悠久、文物众多、文化灿烂的邢台市逐步成为文化大市、旅游强市，为中华民族"文化自信"的建立以及历史文化的传承写下辉煌的一笔。

第十三章 邯郸运河文化

　　邯郸市，位于河北省南端，与山西、河南、山东三省交界，西依太行，南抵黄河，东接华北平原，自古为交通要道、兵家必争之地。

　　邯郸城邑，肇起商殷，有3100多年的建城史。战国时为赵国都城，是当时最繁荣城市之一，孕育出独特的文化，赵文化、成语典故、建安文学、北朝石窟佛教文化及磁州窑、太极拳等，遗存丰厚。

　　邯郸运河文化，自春秋战国初露端倪，西门豹"发民凿十二渠，引河水灌民田，田皆溉"，开启修筑大型人工渠道的历史。

　　三国时期，曹操在淇水入黄河处下大枋木，使其成堰，堰北开渠十八里，"遏淇水入白沟，以通粮道"。后凿成睢阳、白沟、平虏、泉州、新河、利漕等六条人工水道。其中经今临漳、魏县、大名、馆陶等县的白沟是主流；而流过今大名、馆陶、曲周、邱县等县的利漕渠是连接漳水与白沟的重要水道。

　　北魏时期，广平太守李阿难在白沟与漳水之间凿阿难渠。隋炀帝于"大业四年（608年）春，正月，乙己，诏发河北诸郡男女百余万引沁水南达于河，北通涿郡（今北京市南）"，称"永济渠"，也是隋朝大运河北段，宋朝称"御河"。

　　由于漳河南徙，河水改道，其中一段逐渐形成卫河和卫运河。在邯郸境内全长101.8千米。其中魏县15.9千米、大名45.4千米、馆陶40.5千米，流域面积701.5平方千米，

图 13-1　邯郸段大运河故道

另有历史上废弃古河道 40 千米，是中国大运河中段的重要流域。

元朝定都大都(今北京)，运河中段临清至扬州截弯取直，从淮北经山东临清，直接进入华北平原，以达大都。在邯郸的路线，大致相当于今卫河一线。近现代，运河作用逐渐湮废。

延续两千多年的运河除漕运外，在民间航运、灌溉、防洪、改善生态环境等方面发挥了重要作用，更为沿岸经济发展提供了基础。

第一节　遗址遗存

邯郸古代运河，历史悠久，河道众多，历经曹魏、隋唐、宋金元和明清时期的改道，因此，邯郸境内古运河，在临漳、魏县、大名、馆陶等县留下了诸多遗迹遗存。

一、古河道

(一)河南村老河道

位于魏县双井、西照河村东南，河南村西北，西南至东北流向，宽约 40 米，河道深 9 米，曾发现宋金时期磁州窑碗、白地黑绘炉等。

(二)南沙口村古河道

位于魏县沙口集乡沙口集村与南沙口村之间，西南向东北流，坑南北长约 150 米，东西长约 100 米，深 7 米。

(三)冯摆渡村老河道

位于魏县大乍庄乡冯摆渡村与牛庄村之间。村民取土形成大坑，东西长80米，南北宽80米，深10米，断面可见淤积沙层。

(四)铺上村古河道

位于大名县铺上乡铺上村南500米处，现为麦田。因取土成大坑，宽约40米，长约200米，深约8米。暴露古河道一条，宽约20米，长约200米。断面可见由南北流的痕迹。发现有宋代形制磁州窑瓷器残片。据考，该河道形成早于宋代。

(五)程营村古河道

位于大名县程营村南，因取土形成大坑，东西长150米，南北宽50米，深约23米。断面可见由西向东流痕迹，中南部深黑色淤泥，约为唐宋时期古河道。

(六)尤村古河道及码头遗址

位于大名县大名镇尤村西南200米处。东西200米，南北60米，深10余米。残留5个南北横向木桩，自西向东、由低到高呈斜坡状依次排列，为唐代永济渠大名府西门外码头。

(七)老堤北村古河道

位于大名县西魏庄乡老堤北村西北500米处。地表可见由西北向东南走向的锅底形河沟，宽约近百米，最深处约2米余，是明代卫河故道。

(八)三铺村老河道

位于三铺村与匡公堤村南，呈西南至东北流向，长约3千米。200多米保存稍好，河道宽25米，深6米。发现大型城砖及大量白釉碗、黑釉碗、瓷盆、酒壶、青花瓷器残片等明清时期遗物。此段至少有两条古河道，一条偏北，约在明代前后；一条略偏东南，为宋金时期修筑。

（九）康庄老河道

位于大名县旧治西南与河南省交界处，西自白水潭村而来，东向小逮堤方向延伸，是民国《大名府志》所述清代以来的"御河故道"。

图 13-2　大运河邯郸大名段古河道遗址

（十）小逮堤村老河道

位于大名县日治乡小逮堤村北、逮堤中村南两村之间，深 5～10 米，宽 60～80 米，即《大名府志》所述清代以来的"御河故道"。

（十一）木官庄村古河道

位于馆陶县路桥乡木官庄村东北 60 米的卫西干渠与胜利渠分支处，依《元和郡县志》即早期永济渠。

（十二）邱城镇老沙河（白沟）及村落遗址

位于邱县邱城镇东 1 千米处，南北长约 1000 米，东西宽 80 米，发现大量建筑构件、生活器具、人和动物骨骼等遗物，推测汉魏时期"白沟"即在今邱城东侧，老沙河很可能就是黄河"北流"入白沟形成。

二、码头渡口

运河两岸，渡口繁多。除船只停泊外，两岸间渡船各有一木桩固定缆绳，人力拉动滑轮即可横渡。

魏县有回隆渡、双井渡、泊口渡、阎家渡、冯摆渡；大名县有岔河口渡、庙镇庄渡、曹道口渡、赵家站渡、苑家湾渡、善乐营渡、顺道店渡、东门口渡，至今仍留有古代青石石桩一个。

馆陶县有马头渡、窝儿头渡、迁堤渡、罗家渡、清泉渡、尖冢镇渡等运河渡口。其中"驸马渡"，相传为西汉文帝长女馆陶公主刘嫖与驸马陈午，宣帝长女馆陶公主刘施与驸马于永进出馆陶而得名，在水运船运史上享有盛名。现大名与南乐交界处仍有渡口一处，河道宽80米。

三、仓储遗址

运河两岸的仓库很多，是漕运中的重要仓储设施。元代在馆陶镇（即南馆陶镇）建"馆陶仓……置监支纳一员，从七品。尖冢西仓、尖冢东仓……以上十三仓，各置监支纳一员，从八品"。

仅馆陶县就有社仓（隋）、惠民仓（后周）、广惠仓（宋）、丰储仓平籴仓（南宋）、徐万仓（宋）、（明）、东马头（明）、东厂（明）西厂（明）、铺上（清）等。

馆陶县旧仓，清康熙年间创建，雍正年间改建，储谷万石。徐万仓是漳卫汇合处，明永乐十八年（1421年）在此设皇粮装卸点，岸上有很多仓库，以此得名。

大名县龙王庙镇由于地处三省交界，为大型仓储之地，史载有货仓三处，河东岸为杂货仓，河西岸南、北两个货仓，分别存放食盐、瓷器和煤炭、石料、土产。现遗存明成化七年"大名县重修龙王庙碑记"石碑及"龙王庙"故址。

大名县金滩镇是通往京城的船舶码头，商号会馆林立。顾祖禹《读史方舆纪要》卷十六记载，"小滩镇"（按即金"大名府"部分载：滩镇），府东北三十五里卫河滨。自元以来，为转输要道。又东北三十里，而达山东冠县。今河南漕运，以此为转兑之所，有小滩巡司。嘉靖三十七年（1558年），又设税课司

图 13-4 邯郸馆陶徐万仓遗址

于此。或以为镇即古枋头，误也。其西南数里有岔道村，亦卫河所经也。后因运河停航，古粮仓、货仓逐渐湮废。

四、碑碣石刻

运河沿岸，历来为达官名士赋咏之地，历代留存碑碣很多。

御制五礼记碑，又称何进滔德政碑，青石质，高 12.34 米，宽 3.04 米，厚 1.08 米，总重 140 吨，是中国现存最大的古碑之一。

此碑创制于唐开成五年(840 年)，何进滔病逝于魏州任上，唐文宗感其领魏博镇多年，追赠太傅，并在魏州城内为其立"何进滔德政碑"、盖碑楼，诏令工部侍郎柳公权撰文并书丹，诏梁王司马唐玄度篆额。

宋大观二年(1108 年)，为巩固统治，教化民众，宋徽宗下诏置仪礼局，修编五礼新仪，将吉礼、嘉礼、宾礼、军礼、凶礼作为一代之制，颁布天下，传诏各地官府，刻石立碑，不奉行者论罪，北宋政和七年(1117 年)，诏梁左丞子美在"北京"大名府立碑，毁唐"何进滔德政碑"，以其石刻五礼新仪。碑额篆刻"御制大观五礼之记"为宋徽宗御笔亲题。

嘉靖二十七年(1548 年)，大名知府顾玉柱探得此碑，将其发掘，使掩埋于地下的古碑重见天日，但碑身已断裂为九块。

1986 年，河北省文物管理局派专家学者来大名县实地勘察，确定将《五礼记碑》搬迁至石刻博物馆，并制定修复方案，严谨科学施工，历时三年完成碑刻主体修复。

2006 年 5 月 25 日，五礼记碑被国务院公布为第六批全国重点文物保护单位。

图 13-5　御制五礼记碑

朱熹写经碑，原存放于大名府城文庙内。碑为青石质，高 1.08 米，宽 2.90 米，厚 0.30 米，重 4.2 吨。

图 13-6　现存于大名石刻文化园的朱熹写经碑

第二节　古都古城

邯郸乃中华古都之地，战国时期赵国古都邯郸，魏晋时期六朝古都邺城、北宋陪都"北京"大名府位于邯郸古运河畔，在中华文明史上占有重要地位。

一、古都邯郸

邯郸之名初见于《春秋·谷梁传》，卫献公弟姬专逃到晋国，"织绚邯郸，终身不言卫"。《左传·哀公四年传》（前491年）载，"九月赵鞅围邯郸，冬十月邯郸降"。

在山西、河北省多地出土有"甘丹"铭文的刀币、布币，即邯郸在古文献中的写法。

1965年在山西出土《侯马盟书》，"甘丹"第一次作为城市的名称出现，时间为公元前497年至公元前470年之间。

图 13-7　邯郸赵王城遗址

邯郸城初属卫，后归晋，最后归赵。现存邯郸故城，是公元前386年赵敬侯迁都邯郸，建城于此、后分赵王城和大北城两部分。赵王城是宫城；大北城是郭城，也是商业、手工业作坊区和居民区。如今城址已湮没，尚有插箭岭、铸箭炉等遗迹。

图 13-8 邯郸赵王城遗址公园

战国时期，赵都邯郸扮演了重要角色，是秦汉时期大都会之一；也演绎了众多流传千古的故事：赵武灵王胡服骑射、蔺相如完璧归赵、廉颇负荆请罪，以及毛遂自荐、围魏救赵、邯郸学步等。

图 13-9 邯郸武灵丛台

邯郸作为赵国国都历八代王侯，长达 158 年。汉代为汉高祖刘邦子赵王刘如意的都城，汉以后逐步衰废。

二、六朝古都邺城

邺城，位于临漳县邺城镇，北临漳河，南有淇水，中有洹水，"左孟门而右漳滏，前带河而后被山"，"旁极齐秦，结凑冀道。开胸殷卫，跨蹑燕赵"

"南瞻淇澳""北临漳滏"。

邺城曾为三国时期曹魏，十六国时期的后赵、冉魏、前燕，北朝时期东魏、北齐的"六朝古都"。始筑于公元前 647 年前后春秋时期，《管子·小匡》记载(齐桓公)"筑五鹿(今大名县东北)、中牟(今河南鹤壁市境内)、邺(今邯郸市临漳县西南)、盖(今山东沂源县东南)、牡丘(今山东聊城市境内)，以卫诸夏之地，所以示劝中国也"，这是最早的记述。

战国时期，魏文侯在此建别都，地近赵、魏边界，是一座军事重镇。西门豹为邺令，引水灌溉、造福百姓。

东汉末年，袁绍督冀、幽、青、并四州，驻邺，始为政治军事中心。曹操被封于魏，把邺城定为王都，其城市空间布局，前承秦汉，后启隋唐，"在中国古代的城市规划史上有着重要的意义"，"为我国二至六世纪都城建筑的典范"。同时，在曹操父子倡导下，邺下文人成就了中国文学的第一个高峰"建安文学"。

图 13-10　邯郸临漳县古邺城三台遗址

建安是汉献帝刘协年号，自 196 年至 220 年，仅 25 年。建安文学是指东汉末年至三国曹魏年间由建安文学家们所创造的文学作品，成为中国文学史上重要且具影响的文学形式。建安文学以"三曹"(曹操、曹丕、曹植)、"七子"(孔融、陈琳、王粲、徐干、阮瑀、应玚、刘桢)等为主体，继承汉乐府的现实主义传统，采用五言诗形式，以风骨遒劲而著称，具有慷慨悲凉的阳刚之气，形成了文学史上独特风格的"建安风骨"。另外，女作家蔡琰和无极甄妃(史称甄皇后),也是建安文学的女性代表人物。

十六国时期,邺城极尽繁华。《邺中记》记载:"石虎皇后出,以女千骑为卤薄,冬月皆著紫纶巾、蜀锦,腰中著金环参镂带,脚著五文织成靴,手握雌黄宛转角弓。"东魏时,高欢扩建邺南城,大规模拆除洛阳旧宫,"连筏竞河",沿水路运抵邺下。

在邺城附近留下了东魏孝静帝陵、兰陵王墓、茹茹公主墓、北齐皇帝高洋、高演等人陵墓。

图 13-11　东魏孝静帝陵出土的随葬俑群

邺城因临漳水而兴,以沟通白沟及古利漕渠、平虏渠、白马渠、新渠、阿难渠等古运河而盛,四百年后又因水路新辟而失去优势。北周时期,相州总管尉迟迥以邺为基地起兵讨伐杨坚。杨坚攻破邺城后,下令焚毁邺宫及民邑,将居民南迁 20 千米的安阳。从此,邺城彻底毁废,隋朝永济渠修凿亦不再经邺城。

三、隋唐魏州大名府

大名,战国时曾是魏武侯子公子元的食邑,西汉时因置元城县。西汉太后王政君、新莽创建者王莽为元城县人。前燕建熙元年(360 年),析出贵乡县,县治在孔思集寺(今大名县大街乡一带),为大名府城初始。此后贵乡县旋置旋废。隋炀帝开凿永济渠,大名府城(时叫魏州)因有魏桥而成为交通枢纽。

图 13-12　北宋"北京"大名府古城复原图

唐代，永济渠进入鼎盛时期，魏州经前后两任刺史李灵龟、卢晖建设，工商业发展迅速。天宝十年(753年)，李白游历魏州，受到贵乡县令韦良宰的盛情招待，作诗《魏郡别苏名府因北游》：

魏都接燕赵，美女夸芙蓉。洪水流碧玉，舟车日奔冲。

青楼夹两岸，万室喧歌钟。天下称豪贵，游此每相逢。

洛阳苏季子，剑戟森词锋。六印虽未佩，轩车若飞龙。

黄金数百镒，白璧有几双。散尽空掉臂，高歌赋还邛。

落魄乃如此，何人不相从。远别隔两河，云山香千重。

何时更杯酒，再得论心胸。

隋唐五代时期，大名曾六次为都或陪都，所辖范围涵盖北京、辽宁大部、河北、河南以及山东，是黄河以北的政治、经济、军事及最高权力中心。唐高祖武德元年(618年)，宇文化及在魏县(今大名县于村渡西 2.5 千米，今名旧县店，又称魏店)，毒死隋炀帝子秦王浩，自称帝于此，国号"许"。唐肃宗乾元二年(759年)，史思明于魏州筑坛，僭称"大圣周王"，改国号"大燕"，自称"应天皇帝"，建都置百官。

唐建中三年(782年)，田悦称魏王，建国都，置百官，改为大名府。从田悦始直到唐朝灭亡，田、史、何、韩、乐、罗六姓十六任节度使共 150 年整，藩镇割据，独霸一方。

唐天佑二十年（924 年），晋王李存勖夺幽、镇、魏等州，四月在魏州自立为帝，国号"大唐"，史称后唐，建都魏州，称"东京"兴唐府。后唐清泰三年（936 年），石敬瑭割幽蓟十六州给契丹，受契丹册封建晋为"儿皇帝"，定都汴京，改"东京"兴唐府为邺都广晋府。

后晋天福十二年（947 年），沙陀部人刘知远为河东节度使，累封至北平王，契丹灭后唐，在太原称帝，大名为邺都大名府。

954 年正月，后周太祖郭威病死，养子柴荣登基，是为周世宗，改元"显德"，元年正月下诏罢邺都为大名府。

宋朝建立后，永济渠改称"御河"。从南方运来的物资，经汴河入黄河，运至黎阳或大名下卸，后再陆运转入御河。每年由御河转运江淮漕粮近"一百万斛"以充边军，"又输京师之粟，以赈河北之急"。

宋仁宗庆历二年（1042 年）五月，为抗击契丹，宰相吕夷简力主建大名为"北京"，于"北京"指挥作战。大名升为陪都，辖三府（大名府、开德府、河间府）、十一州（沧、冀、博、棣、莫、雄、霸、德、滨、恩、青）、五个军（德顺、保顺、永静、信安、保安）、五十七县。拨库银 10 万两，改修外城，增修宫城，建四殿十四门，规模雄伟壮观。

金入主中原后，立刘豫为大齐皇帝，建都大名府，藩属金国，辖一府三州二十县，统治黄河以南、淮河以北地区。1132 年，刘豫迁都汴梁（今河南开封），改大名为北都。

图 13-13　大名明代古城城门

历元、明、清、民国时明，大名作为御河、卫河重镇，是元代大名路总督府、明代大名府、清代三省总督府、直隶省省会和民国大名道、大名专区、大名市的驻地，现为邯郸市辖县城。

四、馆陶古城

馆陶与邺城一样，是因白沟航运繁荣而兴起的城市。馆陶之名源于古老的地名陶丘，又称陶山。相传尧封于陶丘，又改封于唐（今唐县一带），故称"陶唐氏"。西周陶丘属卫国；春秋时属晋国；战国时先后属魏国、赵国，"赵时置馆于其侧，因为县名"。西汉初，始置馆陶县，作为文帝女儿、景帝姐姐馆陶公主刘嫖的封地。

建安十八年（213 年），曹操在邺城设置东、西部都尉，东部都尉治馆陶（今河北省馆陶县）、西部都尉治曲梁（今永年广府东）。黄初二年（221 年），魏文帝曹丕设阳平郡，"治馆陶城。领县八，户四万七千四百四十四，口一十六万二千七十五。"

北周大象二年（580 年），分阳平郡在馆陶置毛州，馆陶（今山东省冠县东古城镇）同时为郡、州、县三级行政治所。隋文帝杨坚焚毁邺城后，魏郡治所东移，馆陶于唐初结束了作为区域中心城市的历史。

金代，馆陶城迁至今北馆陶镇。明成化三年（1467 年），馆陶重筑县城。《馆陶县志》载，城呈四方龟背形，城周围五里，城高二丈五尺，厚一丈；护城沟深三丈，宽三丈；四门，东"丰乐"，南"明远"，北"通都"，西临大运河故称"临津"。城中以南北大街为中轴线，三条东西干道皆止于南北大街，形成三个丁字街口。

五、鸡泽古邑

鸡泽县位于邯郸市东北部，晋、冀、鲁、豫四省交界区域。地处黑龙港流域古沙河、名河冲积扇及漳河故道冲积扇交汇处，地势低洼成沼泽；鱼虾草虫较多，出现鸡鸭遍地景象。"井丘联比，可以盈泽，鸡以氏泽、泽曰鸡泽"。

图 13-14　鸡泽县毛遂故里

鸡泽县地，春秋先属卫，后属晋。鲁襄公三年（前 570 年），晋悼公大会诸侯，同单、宋、鲁、卫、郑、莒、邾、齐等九国诸侯"同盟于鸡泽"，鸡泽名震中原。旧城营村北尚有会盟台遗址。

战国时属赵；汉魏南北朝时，属巨鹿郡或广平郡。隋开皇初复置广平县，十六年（596 年）改为鸡泽县，县址在今旧城营村。

1962 年 3 月 27 日，恢复鸡泽县建制，归邯郸市管辖至今。

鸡泽是战国时期赵国名人毛遂故里，"毛遂自荐""一言九鼎""脱颖而出"等成语典故至今口口相传。如今，鸡泽作为九国诸侯同盟地，以名士毛遂故里，毛诗先贤毛苌、毛亨祖籍地和生长地，中国辣椒之乡，千年古县而著称。

六、永济古城

唐大历七年（772 年），从贝州临清县南部析置永济县，因西临永济渠得名，治所在张桥店（今馆陶县路桥乡陈路桥村西南）。唐贞明元年（915 年），以张彦为首的魏军作乱，晋王李存勖率军自黄泽岭东下，与永济驻军会合，计诱张彦斩杀之。

北宋建隆二年（961 年），永济县主郭颙贪污，宋太祖赵匡胤将其当众斩首。乾德元年（963 年），符彦卿久镇大名，独断专行、不遵法令，宋太祖特意选择常参官强干者往任知县，一众敢于直谏的官员前往大名：大理正奚屿知馆陶县，监察御史王佑知魏县，杨应梦知永济。宋代常参官宰县从此开始。右赞善大夫周渭知永济时，符彦卿迎之于城郊，周渭不卑不亢，仅在马上作捐为礼，直到馆驿才与符彦卿正式相见。永济县有盗伤人后逃跑，被周渭抓获，公开其罪行后即斩之，也不送交符彦卿处置。

图 13-15 古永济渠遗址碑

王安石在嘉祐五年(1060 年)奉使辽国途永济县，曾赋诗《永济道中寄诸舅弟》：灯火匆匆出馆陶，回看永济日初高。已闻空舍鸟乌乐，更觉荒陂人马劳。客路光阴真弃置，春风边塞只萧骚。辛夷花下乌塘尾，握手何时得汝曹。

宋熙宁五年(1072 年)，以永济为镇，后并入馆陶县。

第三节 非物质文化遗产传承

邯郸的古运河流域，物华天宝，人民勤劳，历代劳动人民创造了丰富的非物质文化遗产，世代传承至今，成为大运河文化带上珍贵的文化遗产。

一、冀南四股弦

冀南四股弦源于 19 世纪初，又名南柳子腔，是河北稀有地方剧种之一，以馆陶和魏县为代表。

馆陶四股弦最早以民间花鼓戏为基础，借民间俚曲取长补短渐变而成；1867 年前后，山东乞讨艺人李成太，到魏县乞讨，拉四弦，与魏县艺人"瞎冬记"、陈玉相结合，吸收当地小调而成魏县四股弦。

四股弦属板腔体系，兼有曲牌体，唱腔优美，通俗朴实、诙谐风趣，吸收乱弹、京剧、河北梆子等剧种，起初多是反映民间家庭生活的小戏，后渐为历史传统戏和连台本大戏。唱腔悠长流畅、语言含蓄幽默，唱词多为七字句，至今还流传着"不锄地，不浇园，也要去看四股弦"的民谣。

二、大名草编技艺

大名县西付集乡是民间草编技艺主要发源地。草编技艺有 1500 多年历史，源于传统家庭手工艺，是用麦莛、高粱莛、玉米皮、柳荆条、马莲草、芦苇等编织的各种日用品、装饰品、玩具等。后经民间艺人研究，在装饰上借鉴油画、工笔画等技法，花鸟虫鱼、深山翠谷、悬流飞瀑等皆入题材，增加了袋、垫、席、帘、盒各种产品门类，行销海外。

图 13-16　大名草编

三、馆陶黑陶

黑陶有 4000 多年的历史，是"土与火的艺术，力与美的结晶。"馆陶黑陶陶体黑如漆、亮如镜，视之稳重、神秘、高贵、大方、典雅，内涵深沉。而亦因其工艺的复杂性、效果的特殊性和神秘性等，被美学家称为"原始文化的瑰宝"。

图 13-17   馆陶黑陶

四、魏县纺织技艺

魏州故地，古代是丝纺织业发达之区。明、清开始，冀南地区形成重要的产棉区。民间土纺土织技术得到发展，家家都有纺车和织布机。冀南土纺土织工艺程序复杂，包括搓花、纺线、打线、染线、浆线、络线、印布、掏缯、倒纬、绑机、织布等，并大胆创新，在格、纹图案上下功夫，总结出一套根据经、纬色线排列和缯的多少来装饰的方式方法。老辈人身上穿的衣服，床上用的床单、被褥、包袱皮、闺女嫁妆等，各有特色，条格、花纹布花色图案达 200 余种。

五、东厂古砖窑

明代馆陶县东厂村，于村北的卫运河西岸，有 72 座官窑，俗称"皇窑"，南北排列，绵延数里，为京城皇家建筑烧砖。砖质地致密，六面光洁，成色好，硬度高，经久耐用。砖上多印戳记和款字，如"成化十九年丘县窑造""弘治五年临清州丘县窑造""正德十年丘县窑造"等。当时东厂村属丘县管辖，丘县属临清州管辖。

砖经检验合格后，用黄表纸包裹起来，装船沿运河运京。如今，古窑址依然可辨，老百姓口口相传里，还有一个与"皇窑"有关的歌谣式谜语：那边来了个獾，尾巴冒青烟，麦秸吃了两大垛，井水喝了个干。这个谜语的谜底就是砖窑。

六、运河船工号子

大运河文化内涵非常丰富，其中一部分就是船工号子。运河船工号子是古运河的一种文化元素，也是中华民族遗存的一种精神。

运河中舳舻相继，帆樯如林，受此影响，沿岸出现了大批为船队服务的季节性篙工、纤夫及搬运工。为了便于协作，提高劳动效率，在集体劳动中逐渐形成了运河船工号子。运河号子的音乐节奏与劳动的节奏相应相和，具有鲜明的律动性。经过上千年的演变，运河船工号子既是劳动号子，又具有其独立的艺术形态。如今遗存下来的船工号子在音乐方面高亢、有力而富于变化；歌词多是即兴创作，内容因"号头"的职业素养而异，可以演唱沿途风光、历史人物、名胜古迹等。其渊源根据演唱者的回忆，它是以家族传承、师徒授受、职业熏染的方式绵延至今，具有独特的艺术魅力，是劳动人民智慧和血汗的结晶。

(一)起锚号子

（领喊）河水清哟，

（众和）唉嗬嗬，

（领喊）唉嗬嗬哟，

（众和）河水浑呀，

（领喊）不清不浑哟

（众和）唉哟，

（领喊）土变金呀，

（众和）咳哟

…………

图 13-18　明代画家仇英绘画作品中的"漕河纤夫"

(二)拉纤号子

（领喊）喂！拉起来呦！

（众和）喂呦嚎！

（领喊）一不要慌来，

（众和）咳呦的咳呀！

（领喊）二不要忙呀，

（众和）咳呦喽呀哈！

（领喊）三要那兄弟们

（众和）咳呦喽咳呀！

（领喊）要力量长噢！

（众和）咳呦喽咳呀！

（领喊）拉上肩，哎嚎咳！

（众和）咳呀哩咳呀！

············

第四节　名人辈出

邯郸历史悠久，政治经济文化地位重要。邺城曾是曹魏运河的始发地，隋唐永济渠流经邯郸东部，历史上有诸多帝王建都于此，更有历代名将名宦在此为政。邯郸名人辈出，代有英才。

一、西晋文学家、考古学家束皙

束皙(261—300)，西晋学者、文学家，字广微，阳平元城(今河北大名)人。博学多闻，性沉退，不慕荣利。晋惠帝时，因赵王司马伦野心外露、阴谋篡权，束皙不同流合污，称病辞官回家，在安贤镇(今大名束馆镇)设学堂教授门徒。学子慕名而至，授徒不计其数。

300年，束皙英年早逝，卒年40岁。当时元城集镇罢市停业，学子拥于墓前，悲号盈野，哀悼束公。著述有《七代通纪》《晋书帝纪》十卷、《三魏人士传》《五经通论》《发蒙记》《补亡诗》及诗文集数十篇行于世，有辑本《束广微集》存世，后人为纪念他，改安贤镇为束馆镇。

二、唐代诗人将军郭震

郭震(656—713)，字元振，魏州贵乡(今邯郸市大名县)人，唐朝名将、宰相。进士出身，受武则天赏识，任凉州都督，加强边防，拓展疆域，大兴屯田，使凉州地区得以安定发展，兼任安西大都护。

睿宗时，历任太仆卿、吏部尚书，又加封兵部尚书、同中书门下三品，晋爵馆陶县男。

玄宗时，助杀太平公主，任御史大夫，进封代国公。玄宗骊山讲武，郭元振因军容不整被流放，赴任路上，郁闷而死，年五十八岁，追赠太子太保。《全唐诗》录其诗十八首，后人评价"文章有逸气"。

三、唐代水利专家姜师度

姜师度(653—723)，唐魏州魏县(今河北魏县东北)人。唐中宗神龙元年(705年)任易州刺史、河北道监察兼支度营田使，为便于向北部边境运输粮食，重开古运河平虏渠。后相继在贝川州、沧州、陕西等地，兴修水利，益民良多。

后在长安城主持开渠引水，保证城市供水和航运。官至将作大匠，主管土木营造，723年病卒。《旧唐书》称："师度勤于为政，又有巧思，颇知沟洫之利。"当时，太史令傅孝忠善占星纬，而姜师度以深谙水利有名，有流传：

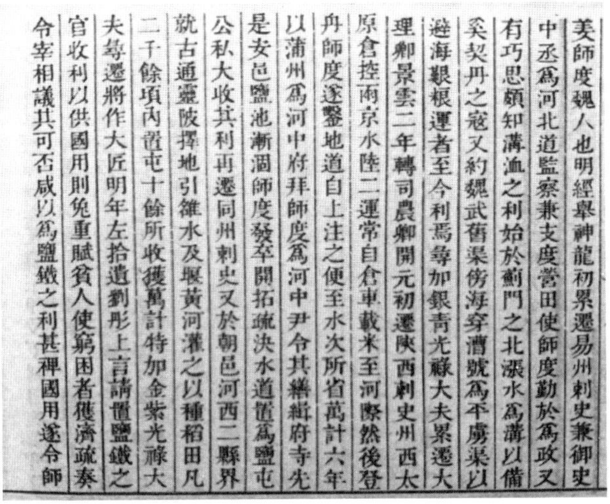
姜師度魏人也明經舉神龍初累遷易州刺史兼御史
中丞爲河北道監察兼支度營田使師度勤於爲政又
有巧思頗知溝洫之利始於薊門之北漲水爲溝以備
奚契丹之寇又約魏武舊渠傍海穿漕號爲平虜渠以
避海艱根運者至今利焉尋加銀青光祿大夫累遷大
理卿景雲二年轉司農卿開元初遷陝西刺史州西太
原倉控兩京水陸二運常自倉車載米至河際然後登
舟師度遂鑿地道自上注之便至水次所省萬計六年
以蒲州爲河中府拜師度爲河中尹令其繕緝府寺先
是安邑鹽池漸涸師度發卒開拓疏決水道置爲鹽屯
公私大收其利再遷同州刺史又於朝邑河西二縣界
就古通靈陂擇地引雒水及堰黃河灌之以種稻田凡
二千餘頃內置屯十餘所收穫萬計特加金紫光祿大
夫尋遷將作大匠明年左拾遺劉彤上言請置鹽鐵之
官收利以供國用則免重賦貧人使窮困者獲濟疏奏
令宰相議其可否咸以爲鹽鐵之利甚裨國用遂令師

图 13-19　《新唐书·姜师度传》书影

“傅孝忠两眼看天，姜师度一心穿地。”

四、北宋开国名将潘美

潘美(925—991)，字仲询，大名府人，北宋开国名将。南宋理宗追认的北宋四大名将之首。其父戍守常山，少年潘美在真定长大，英俊倜傥，一表人才，绝非明清小说家杜撰的奸诈阴险的潘仁美，而是对宋朝忠诚、为国家统一功劳卓著的开国元勋。

周世宗柴荣作开封府尹时，潘美为从事。周世宗御驾亲征北汉，20 多岁的潘美领精兵数千，赢得狙击契丹军的胜利，契丹军“弃甲而遁”，潘美功不可没。

陈桥兵变后，为赵匡胤能和平回京即位，潘美只身进京，召集文武百官，晓之大义，安抚后周君臣，稳定京城局势，不辱使命，使赵匡胤登上皇帝宝座，成为最经典的不流血的王朝更迭。潘美是智勇双全的一代名将。赵匡胤称帝，潘美竭力保护周世宗子孙，是潘美的厚德感动了赵匡胤，使赵匡胤立下不得加害周氏的遗训。

潘美参加平定李重进叛乱，镇守扬州、潭州，累迁防御使。开宝三年(970 年)，为行营诸军都部署、朗州团练使，率军灭南汉。开宝五年(972 年)兼岭南道转运使。开宝八年(975 年)助都部署曹彬伐南唐，南唐灭亡，加检校太傅、宣徽北院使。太平兴国四年(978年)正月,任北路都招讨制置使,判太原行府事,随太宗伐北汉,又被任为知幽州行府事,随太宗北伐辽。太平兴国四年(979年)八月,以雁门关之捷封代国公,太平兴国八年(983年)改忠武军节度使,封韩国公。雍熙三年(986年)宋兵三路北伐辽朝,潘美为云、应、朔等州行营都部署,率西路军出雁门所向克捷。但因曹彬所领东路军大败于岐沟关,潘美受诏撤军,监军王侁逼迫杨业冒险迎敌,致使杨业被俘而死。为此,潘美被削秩三等,降为检校太保。

淳化二年(991年)加同平章事,数月后死,年六十七。赠中书令,谥武惠。咸平二年(999年)配飨太宗庙庭。宋真宗时追封为郑王。《明太祖宝训卷二》记载,朱元璋颁诏说:"如汉陈平、冯异、宋潘美皆节义,兼善始终,可以庙祀。"

五、北宋诗人刘筠

刘筠(971—1031),字子仪,大名人。宋真宗咸平元年(998年)进士,初授馆陶县县尉,后为翰林学士承旨、权判都省。后任尚书礼部侍郎、枢密直学士、判颍州知州,并两次转任泸州知州。升仁翰林学士,承旨兼龙图阁直学士,修撰国史,兼尚书都省。刘筠雅爱泸州,曾提携包拯;第二次转任泸州时建造墓穴,写好铭文;后葬于泸州,谥文恭。包拯显赫后,上奏请求归还其后人被官府没收的田地和房舍。著有《册府应言》《荣遇》《禁林》《肥川》《中司》《汝阴》《三人玉堂》,共7册。

六、宋初散文家柳开

柳开(947—1001),字仲涂,宋初大名府馆陶人。柳开自幼聪慧,有胆有勇。后周时随其父在南乐县任所,夜有盗贼入室,众人畏惧不敢动,13岁的柳开取剑逐贼,贼慌忙外逃,柳开挥剑削断盗贼两个足趾。年龄稍长,喜论经义,认为五代文学风格浅弱,而羡慕唐朝韩愈、柳宗元的文章,自取名肖愈,字绍之,继而又认为能开圣贤之途,定名为开,字仲涂。自号"东郊野夫",又号"补亡先生"。

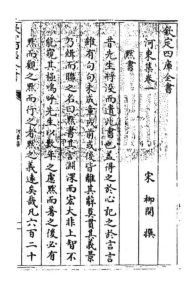

图 13-20　柳开《河东集》书影

咸平四年(1001 年)，柳开在去沧州任职的途中因病去世，享年五十四岁。著有《河东集》15 卷、《附录》1 卷，作《家戒》千余言，刻石以训诸子。《四库提要》评："就其文而论，则宋朝变偶体为古文，实自柳开始。"

专题篇

第十四章 大运河河北段文化价值分析与研究

一、大运河河北段文化内涵及当代价值

大运河是中华民族勤劳勇敢、智慧创造、乐观向上的象征，大运河文化是中华优秀传统文化的瑰宝。大运河河北段沿线地区地方特色文化富集，是内涵丰富的燕赵文化宝库，要以"保护好、传承好、利用好"为主线，深挖内涵，启迪未来。

(一)梳理运河文脉，提升文化自信

两千年来，运河沿线出现了大量优秀传统文化，如武术杂技、民俗文化、民间曲艺、河工技术、红色文化、风味美食、宗教文化、匠人技艺等；诞生了一批名城、古镇、古村，现保留下来的有大名府故城、沧县旧城、贝州城址、临清古城遗址、徐万仓、东光码头遗址、油坊古城等宝贵遗存。对大运河文化资源进行系统梳理，继续对沿线及周边地区的遗址遗迹进行调查、考古、发掘，完善保护项目库，系统梳理、集中提炼沿线文化遗产资源。大运河河北段文化是燕赵文化和中华优秀传统文化的重要组成部分，在当代仍然具有较高的科学价值、艺术价值、精神价值和教育价值，我们应该珍视并保护好这些宝贵的文化财富，使其能够更好地滋养我们的精神世界和文化家园，提升文化自信力和软实力。

（二）读懂运河历史，弘扬畿辅文化

大运河的修建和通航对国家统一、政权巩固、首都地位的维持发挥了决定性作用。尤其是在元、明、清时期，有了大运河的漕运畅通，才有了在长达 600 余年的时间里，北京能够稳固如一地作为元、明、清三朝首都而存在，可以说，没有大运河，元、明、清的统一就无法维持和巩固。大运河文化体现出来的地方服从中央，全力维护中央权威的精神在新时代仍有较强的现实意义，要坚定地传承和弘扬。河北作为京畿重地，历来承担着拱卫京师的重任，现在更是首都的生态屏障。因此，有着独特区位条件的河北，应以畿辅文化为统领，在发展自身的同时，须兼顾中央利益、国家利益，以生态建设体现河北责任，以绿色发展彰显大局意识。

（三）传承运河精神，振兴燕赵文化

大运河沟通了海河、黄河、淮河、长江、钱塘江五大水系，连接着北方文化和江南文化。对运河文化传承，我们应坚持辩证观点，抛弃糟粕，弘扬精华。大运河河北段两岸，在两千多年的发展过程中，形成了创新、和谐、诚义、开放、包容、忠厚等独特而积极的燕赵运河精神，我们有责任保护、传承、利用好这些宝贵的精神财富。燕赵运河精神是燕赵文化的重要组成部分，要充分利用大运河文化带的机遇，使燕赵运河文化焕发新的生机，吸引世界关注，提高燕赵文化知名度和影响力。

（四）借鉴运河商道，做强物流商贸

大运河作为一条流动的商道，通过与其相连的诸多河流，把河北的瓷器等特色物产源源不断地输送到其他地区，经由海上和陆地丝绸之路远销世界各地，同时也把中国的文化带到所达之地。千年后的今天，物流商贸基地再次成为河北的主要发展方向之一。在燕赵大地流淌千年的大运河，在物流商贸方面积累了丰富的历史经验和教训。我们要借鉴好运河商道文化，用古人的智慧启发我们今天的事业，以史为鉴，古为今用，助力河北做强物流商贸基地。

（五）突出文化标志，打造文化高地

依托大运河河北段本体完好的自然原始风貌和丰富的运河遗产资源，保护展示以"两点一段"、名城古镇为代表的物质文化遗产，挖掘传承沧州武术、吴桥杂技、董子儒学、太极文化、成语典故等优秀文化资源，整理修复永济渠遗址，以南运河、三岔河口重要支流、独流减河—大清河—白洋淀一线为重点区域，打造沧州、雄安新区和邯郸三大燕赵雄风文化发展引领高地。在运河重要节点建设大运河标志性文化景观，打造充分展示大运河文化精髓、体现大运河生态风貌、融入区域经济社会发展的示范节点，树立大运河河北段代表性文化标志。培育一批大运河历史文化名城名镇名村，打造一批宜居、宜业、宜游的特色运河小镇，辐射带动运河沿线城乡融合发展和人居环境改善。把大运河河北段打造成以文化高地、生态福地、旅游强地为特色的绿色发展示范带。

二、国内外运河遗产文化旅游开发模式

国内外运河遗产文化旅游开发都是将河流和沿岸的人文景观整合起来，开发了以历史文化、河工技术、传统村镇、民俗文化、文学艺术、音乐、美食美酒、高尔夫等为主题的旅游产品。为了吸引年轻人和家庭游客，产品供应结构在不断调整，不断开发新的产品类型和线路以适应市场需要。

（一）杭州大运河文化旅游开发模式

大运河是杭州的金名片之一，经过多年的实践和探索，杭州形成了一整套具有杭州特色、符合杭州实际的历史文化遗产保护理念。为做好杭州运河开发，杭州市成立运河集团，投入了大量人、财、物用于土地整理、企业搬迁、历史街区保护、城中村改造、配套基础设施建设、水质改善等基础性工作。根据沿线资源特色，打造了桥西、小河、大兜路三大历史文化街区，每个街区都有一个特色鲜明的主题。开发了运河水上黄金旅游线，实现串珠成线。开展了杭州运河十景评选，还原了杭州里弄文化，推出了大运河庙会。同时，将大运河搬上艺术舞台，打造出了国内唯一的文化遗产传播剧——《遇见大运河》。这些一系列工作，紧紧围绕杭州运河特色文化，深入推进文化活

化与旅游融合发展，对传播杭州运河文化起到了积极作用。

(二)法国米迪运河文化旅游开发模式

法国米迪运河是运河世界遗产的"鼻祖"。米迪运河穿过法国南部地区，它建于 1667 年，曾经是 17 世纪欧洲最宏大的土木工程。遗产包括 1772 年会议上所规定的运河本体、水库、围堤、船闸和坝，高山引水渠和平原引水渠等资源。米迪运河沿线，有众多中世纪的小镇，罗马时期、中世纪和文艺复兴时期的教堂，远古洞穴遗址，古老的葡萄酒庄园，小巧精致的特色博物馆，沿线文化和乡土气息浓郁而独特。米迪运河的经营收入除旅游收入外，还包括沿线农业灌溉，管理范围内的土地、房屋、设施租赁等。但总体入不敷出，收入只占支出的三分之一左右，需要依靠政府进行收入弥补。

(三)比利时中央运河文化旅游开发模式

比利时中央运河位于比利时南部，建于 19 世纪末，长度只有 20 千米左右，是比利时的一条水路交通要道。中央运河使用四座轮船电梯替代船闸的方式，沟通了两条高程差达 96 米的河流。中央运河这四座轮船电梯从建成一直使用到现在，它们是工业时代终极水平的杰作，和中央运河本身及附属设施一起，构成了 19 世纪末的工业全景图。如今，老升降机已经不再用于公共航运，而是专用作观光旅游设施。游客仍可乘坐游船亲身感受百年前的工业杰作带来的震撼。

(四)加拿大里多运河文化旅游开发模式

加拿大里多运河横贯加拿大安大略省，竣工于 1832 年，它绵延 202 千米，流经路线至今保持不变，且绝大多数原始构造完好无损，迄今从未停止使用过。里多运河是一条纯粹以军事目的开凿的运河，绝大部分设施都还保持着 180 多年前的风貌，具有高度的完整性和真实性。里多运河是"重要技术型"运河之一，运河的雍水系统是世界上此类运河工程中保存最好、价值最高的实例。运河为蒸汽动力船只通航而建造的大尺度闸坝与河岸设施，也代表了当时世界运河开凿的技术高度和突破创新。另外，现在的里多运河不但是一个历史遗迹，也是加拿大首都重要的旅游资源，春、夏、秋三季可乘游船游览。冬季则成为一个天然的大冰场，被誉为世界最长的滑冰场，每年的冬庆节都要举办丰富多彩的冰雪体育休闲活动。

三、大运河河北段资源梳理与发展研判

(一)大运河河北段沿线文化资源

大运河河北段文物资源包含了河道、水利水运工程设施，也包含了与大运河历史相关的其他遗产，类型涵盖古建筑、近现代建筑、古遗址、古碑刻等，文物点共计 55 处，承载了丰富的文化内涵。一是古代河工技术堪称典范。在当地有限的条件下，因地制宜地创造了"弯道代闸""糯米灰浆"、减河泄洪、堤上植柳等了不起的水工技术，体现了古代北方运河技术的卓越，充分体现了燕赵儿女对科技的灵活运用和博深的人文智慧。二是优秀文化遗产富集。大运河河北段沿线已列入世界文化遗产的河道遗产、水工遗存有 1 项 3 处，分别为南运河沧州－衡水－德州段、连镇谢家坝、华家口险工"两点一段"；已列入全国重点文物保护单位的河道遗产、水工遗存、附属遗存及相关遗存共 14 处，省级文保单位 6 处，其他遗存 15 处；沿线 5 市共有国家级历史文化名城、名镇、名村 10 个，省级历史文化名城、名镇、名村 43 个，传统村落 63 个。千百年来，沿线区域形成了与运河紧密相依的文化符号、独特的手工技艺、众多的名人故事以及丰富的民间艺术和民风民俗。主河道沿线 5 市共有国家级非物质文化遗产 87 项、省级非物质文化遗产 322 项，其中国家级非物质文化遗产占全省近 60%，是河北优秀传统文化高度富集区域，武术、杂技更是享誉海内外。

(二)大运河河北段沿线生态资源

大运河河北段河道原生景观保留完整，自然风光优美。大运河河北段人为破坏较少，完好地保留了运河河道原生态景观风貌，河道样态真实，堤防体系完整，保持了古代漕运时期河道的规模与形态，至今保留着"九龙十八弯"的原生古河道形态，沧州至衡水段河道尤其突出，从东光连镇谢家坝到四女寺枢纽到全长 94 千米的河道内就有 88 个弯，沿线水林田湖草绿意盎然，在今天看来，更是一种自然的美学景观，为"美丽运河"建设提供了良好条件。

(三)大运河河北段沿线村镇资源

大运河河北段沿线村镇密布，平均沿线每两千米就有一个村镇，村镇类型多样，特色鲜明，有百年梨园的刘老人村，有运河边的码头和古镇，沿着运河形成了一批运河城镇，除沧州等较大城市外，还出现了泊头、郑口、油坊等极具生活气息的商贸聚集地。

(四)线性资源区域协同发展优势

大运河河北段具有较好的旅游区位优势，北部连接环首都休闲度假旅游圈，向南贯穿现代乡村休闲旅游片区。以大运河为纽带，能够有效地把北京、天津运河沿线优质旅游资源串联起来，未来京津冀三地将以大运河为抓手，实现河道通水通航，形成京津冀文化旅游纽带，可以有效推进京津冀旅游协同发展。大运河向南连接，贯穿廊坊、沧州、衡水、邢台、邯郸等五市，西连雄安新区，能够有效地把沿线文化旅游资源盘活带动起。

总之，大运河河北段文化底蕴深厚，开发价值和潜力巨大，沿线多数县域单元，或县域经济结构优化升级压力较大，或县域经济发展亟须有力抓手带以实现经济社会生态全面发展。大运河具有良好的协调联动作用，同时也是践行"绿水青山就是金山银山"的重要切入点。依托大运河河北段丰富的文化资源、原真生态资源、宝贵的传统村镇资源和区域协同联动的天然优势，围绕燕赵文化展示带、原真生态景观带、多彩全域旅游带、联动发展协同带建设，以旅游业为切入点，河北省完全有希望，也应该有信心做好大运河文化保护、传承、利用工作，带动沿线区域经济社会生态高质量发展。

第十五章 大运河河北段饮食文化的开发与研究

京杭大运河作为一条贯穿南北的人工通道，它北起北京，南至杭州，跨经北京、天津两市及河北、山东、江苏、浙江四省，沟通海河、黄河、淮河、长江、钱塘江五大水系，因此，运河文明吸纳了中华文明核心区域的丰厚营养。从饮食角度来说，分布着京菜、津菜、鲁菜、淮扬菜、苏菜、浙菜等不同的菜系，共同促生了运河的饮食文化发展。

第一节　运河饮食特点

在历史上，大运河是中国南北经济交流的一条大动脉，也是通往首都的生命线。物产富饶的江南通过运河把各类物资源源不断地输送到北方，这其中也包括饮食物资。因此，运河饮食文化一开始就呈现出一种由南向北的输送风格。江南地区的谷米、鱼虾、干菜、酱醋、美酒、香茶，落户运河沿线的各个地点，影响了当地的饮食结构，充实了北方的饮食生活。过去，江南地区的许多美食都是通过运河而传向北方，贡入京城，尤其是珍美饮食原料，特别依赖于南方的运河贡送。

河北沧州为运河南北交通要冲，位于运河两岸的泊头市、青县等地均被人们称为水旱码头。运河的畅通曾给沧州带来生机。由于沧州的餐饮业没有太多特色，因而当地人在酿酒业上深下工夫。明清两代，沧州城外的运河边上，各家酒店都相继酿造美酒，借以吸引商客，由此推出一批又一批的上好佳酿，形成了沧州运河美酒文化。其实，沧州酒家历来都汲取当地的"麻姑泉"水来酿酒，此泉被运河所淹，人们必须划船到运河之中，用长绳系水罐，沉入河底，才能取到泉水。用此水酿造的沧酒，又称为"麻姑泉酒"。沧酒成名以后，通过运河而传销四方，在中国酒界引起轰动。南北过客到此停舟沽酒，络绎不绝。由于运河的繁荣，运河两岸集中了众多的群体，这些不同的群体产生了不同的饮食内容，逐渐形成几大类饮食模块，包括官衙饮食、商贾饮食、市井饮食、农耕饮食等。这些饮食模块都在为运河饮食文化增光添彩。

一、众多饮品和名食，彰显了地方特色

从古至今，河北省拥有众多名食和饮品，因河北菜多而杂，未能收录到八大、十二大和十六大菜系之中。早在清朝之时，冀东沿海菜、冀中南菜和宫廷塞外菜就构成了河北地方菜系。历经多年的发展，2006 年举办的餐饮业博览会新菜系比赛中，河北省的冀菜被称作第九大菜系，包括了四大流派，第一代表城市是石家庄，称之为冀中南平原菜；第二代表城市是唐山，称之为冀东沿海菜；第三代表城市是承德，称之宫廷塞外菜；第四代表城市是保定，称之为直隶官府菜。

河北保定市的直隶官府菜，已加入国家级非物质文化遗产名录；石家庄的冀中南平原菜，是以热切丸子、崩肝和霸王肉等为主；唐山的冀东沿海菜，是以金刺金鳞、京东板栗鸡和鸿宴肘子等为主；承德的宫廷塞外菜，是以龙舟鱼和烤全鹿等名菜为主；保定的直隶官府菜，是以炸烹虾段、锅包肘子和李鸿章烩菜等为主。

河北除了著名的四大流派外，还拥有诸多传统名吃，如保定槐茂酱菜、饶阳金丝杂面、唐山麻糖、金凤扒鸡、河间驴肉火烧和藁城宫面等。河北酒文化有着非常久远的历史，如素有"中华老字号"称谓的衡水老白干、刘伶醉、山庄老酒和板城烧锅酒等。由此可见，河北具有地方特色深厚的文化。

二、历史久远，内蕴充足

河北的饮食文化发展，先后经过萌芽形成期(春秋战国)、发展期(唐代)、成熟期(清朝)以及近现代的传承与演变，在漫长的历史长河中，创造和发展

了多姿多彩的文明，此种环境孕育了河北独特的饮食文化。据书中记载，美食的故事诸多，譬如《东周列国志》文中，提到的荆轲称赞马肝味美的故事；再如《战国策》文中，提到的中山君王用羊羹亡国的故事。在中后期，先后呈现了众多名菜和故事，如饹馇（唐山）、锅包肘子（保定）、满汉全席（承德）和罗汉斋席（正定隆兴寺）等。

河北地处华北平原北部，优越的地理位置和人文风俗，孕育了璀璨的饮食文化。河北还拥有磁州窑、邢窑和定窑三窑，产过形式多样的饮食器皿，搭配相应的食物配套使用，丰富了河北省饮食文化的内容。较早的古书中，均记载了河北省饮食文化的发展，如《承德名菜》《调鼎集》和《清宫野味》等。

三、种类繁多，地域差异

河北美食口味多样，选料广泛，以咸鲜、清香为主，烹调方法各具特色。河北物产丰富，为饮食供应了各种各样的食材。此外，河北省由于所处的地理位置，又作为燕赵故地，受到齐鲁、游牧地区和中原文化等的影响，呈现出了应有尽有的特征，因其口味多样，烹饪方法丰富，故河北菜有"不成系"的说法。依据大众的饮食特征，曾有学者将河北省的饮食文化分为五大区域，分别是山地丘陵食、黑龙港流域和滨海平原食、燕南赵北食、少数民族食、坝上高原食风区。其归纳的五大区域，分别显现了特有的地域特点。具体见表 15-1。

表 15-1 大运河河北段主要饮食文化资源

地区	主要特色饮食	数量
沧州	金丝小枣、冬枣、鸭梨、酒（"御河春"系列和"十里香"系列）、糖果子、炸老虎、羊肠子、火锅鸡、冯氏香肠、盐山皮蛋、交河煎饼、南皮窝头、奇美香肠、任丘熏鱼、三疣梭子蟹、渤海对虾、沧州狮子头、河间驴肉火烧、河间芝麻花酥糖、盐山皮蛋、白洋淀皮蛋、吴桥薄脆饼、肃宁香肠、沧州羊肚汤、黄骅冬枣。	25
衡水	衡水老白干、悠然蓝莓野果汁、衡水金鱼、深州蜜桃、饶阳金丝杂面、饶阳豆腐脑、故城龙凤贡面、衡水湖烤鸭蛋、丸子串、牛肉板面、杨麻子大饼、金丝杂面、深州蜜桃、阜城鸭梨、武邑扣碗、冀州焖饼、冀州曹记驴肉、落锅烧鸡、王集灌汤包、景县粉坯、阜城全卤面、枣强鞋底烧饼、衡水湖全鱼宴、衡水湖渔家宴。	24

续表

地区	主要特色饮食	数量
邢台	威县三白西瓜、沙河马场梨、隆尧泽畔藕、鸡腿大葱、邢台枣仁、巨鹿枸杞、金银花、邢台板栗、宁晋雪花梨、鸭梨、临西酱菜、平乡黄芽白、串枝红杏、今麦郎方便面、华龙面、空心挂面、古顺酒、泥坑酒、天牛啤酒、桐泰祥糕点、邢台锅贴、白牌烧鸡、威县火烧、广宗薄饼、临西饼卷肉、清河菜豆腐、邢台包、黑家饺子、隆尧羊汤、临城腌肉、巨鹿香肠。	31
廊坊	古洼一锅鲜、大城县正宗驴肉、香河肉饼、后奕宁记香肠、小熏鸡、三河豆腐丝、胜芳松花、胜芳藕粉、胜芳河蟹、大厂肥牛。	10
邯郸	圣旨骨酥鱼、丛台酒、鸡泽辣椒、曲面、魏县鸭梨、馆陶御贡酱包瓜、临漳扒兔、二毛烧鸡、大名五百居香肠、驴油烧饼、马头熏兔、马头天福酥鱼、涉县系列小吃老苏羊汤、武安小吃。	14

第二节　大运河文化带河北段饮食文化市场调查

　　为更清楚地掌握大运河文化带河北段饮食文化旅游资源的具体情况，研究者通过发放问卷，了解大运河文化带河北段游客的特征、年龄和意见等。本次调查，共发放 300 份问卷，回收有效问卷 295 份，回收率为 98.3%。

一、被调查者分析

　　旅游者的性别：依据反馈的信息，得出男性（135 人）和女性（160 人），分别占到 45.76% 和 54.24%；从总体来看，男女比例还是比较均衡的。

　　旅游者的年龄：依据反馈的信息，得出 18 岁以下的参与者只有 2 人，比例比较低，仅有 0.67%；在 18 岁至 24 岁，参与者有 100 人，比例不低，达到了 33.90%；而在 25 岁至 44 岁，参与者有 170 人，比例高达 57.63%；最后 45 岁以上，参与者有 23 人，仅达到 7.80%。由此得出，参与大运河文化带河北段的旅游者，主要集中在中年人群体。

　　旅游者所属地区：依据反馈的信息，来自河北省的游客是最多的，占 49.15%；其他省份占比为 46.78%；境外参与者仅占 4.07%。

　　旅游者的学历：依据反馈的信息，得出初中以下（含初中）的人数最低，仅占 3.39%；学历为高中的比例为 11.87%；大学专科和本科学历位居首位，共占 75.25％；根据筛选的数据，得出研究生以上（含研究生）学历占 9.49％。

表 15-2　参与者特质分析表

特质	差异	数目	比率
性别	男	135	45.76％
	女	160	54.24％
年龄	18 岁以下	2	0.67％
	18～24 岁	100	33.90％
	25～44 岁	170	57.63％
	45 岁以上	23	7.80％
地区	河北省	145	49.15％
	其他省	138	46.78％
	境外	12	4.07％
学历	初中以下（含初中）	10	3.39％
	高中	35	11.87％
	大学专科和本科	222	75.25％
	研究生以上（含研究生）	28	9.49％

二、认知程度

被调查者对于大运河河北段饮食文化旅游资源知晓度分为不知晓、知晓一些但不太多，还算是比较知晓三个程度，其中不知晓的人数为比较多，占 44.07％；知晓一些但不太多的，位居首位，人数占 52.54％；还算是比较知晓的，比例最低，仅仅有占 3.39％。由此得知，大众对于河北段五市饮食还是不知晓的居多。

被调查者所获得的传播渠道有：电视渠道，从该渠道知晓河北段饮食的为 45 人，占 15.25％；书刊渠道，从该渠道知晓河北段饮食文化人数最少，为 22 人，占 7.46％；朋友渠道，从该渠道获知河北段运河饮食文化的为 62 人，占 21.02％；新媒体（含微博和微信）渠道，从该渠道获知河北段运河饮食文化的为 68 人，占 23.05％；通过其他方式获知的为 98 人，占 33.22％。由

这两个问题得知，大运河文化带河北段饮食文化旅游资源知名度并不高，大众知晓程度偏低，获知渠道不畅通。（见图 15-1）

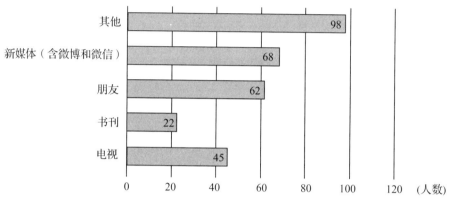

图 15-1　参与者知晓河北段五市饮食的渠道分布图

被调查者对河北段运河饮食文化特色美食的知晓程度，位居首位的是火锅鸡，为 190 人，占 64.41％；其次为香河肉饼，为 180 人，占 61.02％；杂技花馍，为 140 人，占 47.46％；薛家窝头，为 120 人，占 40.68％；清河八大碗，为 110 人，占 37.29％。排在靠后的依次是郭八火烧、冀州曹记驴肉和二毛烧鸡。（见图 15-2）

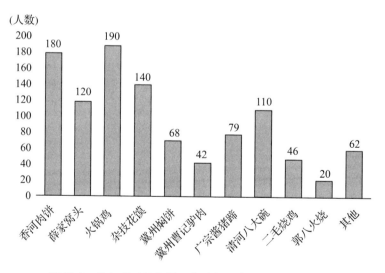

图 15-2　参与者对河北段五市特色美食的知晓度分布图

被调查者对河北段运河饮食文化历史典故的知晓度，位居首位是沧州的河间驴肉火烧，占 71.19%；紧随其后的是廊坊的香河肉饼，占 65.08%；其中衡水湖霍家跑兔占 31.18%、老槐树烧饼占 28.47%，鬼子肉占 23.05%，大众知晓度不相上下。由此说明，大众对于河北段五市饮食知晓度似乎不高，说明河北段五市饮食文化宣传不够，绝大部分民众都不知其饮食背后的寓意。

被调查者对于河北段运河饮食文化的非物质文化的知晓度，根据筛选的数据，选择人数最多的是河间驴肉火烧，为 228 人，占 77.29%；其次是衡水的饶阳仇氏金丝杂面，人数为 180 人，占 61.02%；依次是吴桥手工挂面 、龙凤贡面和薛家窝头，人数 164 人、120 人、111 人，占 55.59%、40.68% 和37.63%；最后知晓度不高的有青县冬菜、大名五百居香肠和临西尖冢手工挂面，整体比例不高，分别占 9.83%、14.58% 和 15.25%。由此可知，河北段运河饮食文化资源对非物质文化的宣传不够，民众对其知晓度并不高。（见图15-3）

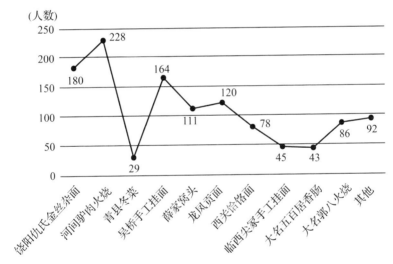

图 15-3　参与者对于河北段五市的非物质文化知晓度分布图

被调查者对河北段运河饮食文化旅游资源的非物质文化的兴趣度，有兴趣的人数占 48.13%，人数最多；其次是一部分有兴趣的，占 44.41%；完全没有兴趣的占 7.46%。由此得知，大部分人对于河北段运河饮食文化资源的非物质文化还是有兴趣的，日后深入打造，定会吸引更多民众。

三、偏好调查

(一)饮食支出分析

　　根据筛选的数据，得出民众愿意支出 10％以下，为 52 人，占 27.63％；愿意支出 10％到 30％，为 139 人，占 47.12％；愿意支出 30％到 40％，为 85 人，占 28.81％；最后愿意支出 40％以上，为 19 人，占 6.44％。由此得知，大多民众愿意在饮食方面支出一定的费用。(见图 15-4)

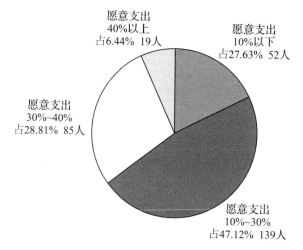

图 15-4　参与者对于饮食支出情况分布图

(二)饮食产品的购买力

　　根据调查结果分析，得出排名第一的是适度购买，为 252 人，占 85.42％；第二名的为意愿不强烈，为 33 人，占 11.19％；最后为意愿强烈的，为 10 人，占 3.39％。综合上述两个问题，得出大运河文化带河北段(五市)的饮食旅游产品存在诸多问题，大部分民众对其是有意见的，民众对其兴趣不高，所以建议对饮食旅游产品的开发应及时进行规划和调整，注重品牌打造，突出产品特色，提升饮食旅游产品的档次和质量，激发大众的兴趣。(见图 15-5)

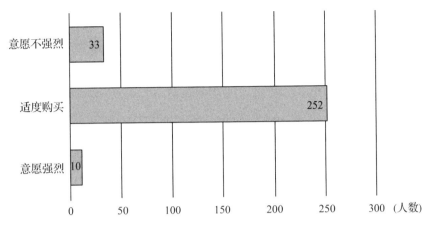

图 15-5　参与者对河北段(五市)饮食旅游产品的购买力调查分布图

(三)饭店用餐

根据调查结果分析，民众认为菜肴口味是最重要的，为 216 人，占 73.22％；其次认为是服务态度，为 31 人，占 10.50％，后面的依次是品牌为 23 人，占 7.80％；价格为 13 人，占 4.41％和交通为 12 人，占 4.07％。由此得知，民众对于饮食的要求，只要其味道好，其他都不是很重要，所以在河北段(五市)饮食的开发方面，一定要注意菜肴口味，加大培养力度，从而继承五市传统的饮食文化。

(四)饭店建筑风格的抉择

根据调查结果分析，民众比较喜欢的是民族风饭店，为 255 人，占 86.44％；其次是主题餐厅，为 16 人，占 5.43％，后面的依次是国外、时尚潮流和其他，占有的人数和比例均较低(见图 15-6)。因此大运河文化带河北段(五市)饮食饭店建筑风格，应选择民族风作为其建筑风格。

(五)饮食文化资源开发模式的抉择

根据调查结果分析，根据筛选的数据，位居首位的是民俗村，占 35.60％；其次是美食街，占 31.19％；再者就是美食节，占 21.35％和展销会，占 11.86％。由此得知，大多民众更喜欢民俗村作为五市饮食文化资源的

开发模式。(见图 15-6)

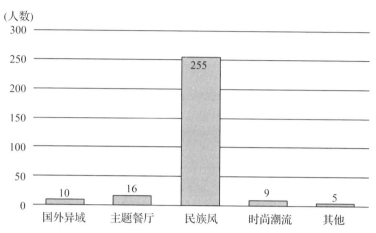

(人数)

图 15-6　被调查者对河北段运河饭店建筑风格的抉择调查分布图

(六)饮食文化旅游的旅行偏好的选择

根据调查结果分析,占据首位的是特色美食多具民族特色,为 192 人,占 65.08%;其次是欣赏山水风光,支持的为 180 人,占 61.02%;第三名的是知晓饮食文化,支持的为 137 人,占 46.44%;第四名参与体验生活的为 132 人,占 44.74%;排名第五的是掌握相关民族饮食工艺,为 111 人,占 37.63%;最后一名的是知晓其他文化,为 105 人,占 35.59%。由此得知,民众对于河北段运河饮食文化旅游的偏爱中,梳理出民众憧憬的是在河北段运河饮食旅游中获取:欣赏河北段运河山水风光、体验河北段运河人的生活和掌握相关民族饮食工艺等,所以大运河文化带河北段运河饮食文化旅游资源的开发,可与多种元素相融,以满足不同民众的需求。(见图 15-7)

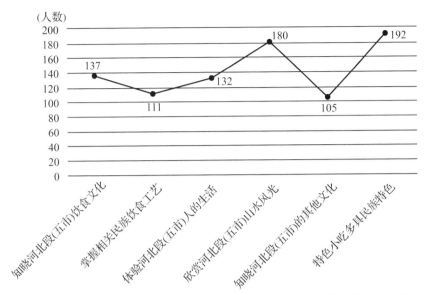

图 15-7 被调查者对河北段运河饮食文化旅游的旅行偏爱的抉择结果分布图

第三节 大运河文化带河北段饮食文化旅游资源开发对策

一、建立自有品牌，提高市场知名度

加强民众对于品牌的认知度，对品牌的发展具有重大意义。要想准确辨认出大运河文化带河北段饮食文化的特殊性，就必须树立自己的品牌形象。打造一个优秀的品牌，应包含诸多方面，譬如个性、价值和用户等。对于一个企业而言，品牌的内涵是非常重要的，包括了服务。时至今日，每类产品都有自己的品牌。大运河文化带河北段的地理位置，更具城市魅力，必须精心打造大运河文化带河北段饮食文化旅游资源品牌，有了自己的专属品牌，民众方可知晓其与众不同之处。目前，品牌打造的路径较为多样，例如，可以通过名人效应，扩大目的地的知名度，可借机宣传造势；另外，也可与各大媒体合作，邀请各媒体人员参观游览，报道借助饮食文化发展旅游业的现状，大力宣传独特的饮食文化，不断提升自己的品牌形象，建立属于大运河文化带河北段饮食文化旅游的品牌。

大运河文化带河北段饮食文化建立品牌，理应顺应时代的发展，应用主流媒体的宣传效力，借助互联网的平台，大力推广河北段运河饮食文化旅游品牌。可通过网络、微博和微信等信息化媒体形式，进行广泛的宣传，以此来扩大其知名度。有效借助主流媒体的效应，通过媒体的联合宣传，提高河北段饮食文化旅游品牌在市面上的知名度，准确地把握商机、占领市场。

二、培养专业人才，提高餐饮服务质量

做服务行业，最重要的是从业人员的综合素质。企业要想提供优质的服务，服务人员应拥有一定的专业知识和文化修养。另外，服务人员应当熟知大运河文化带河北段饮食文化旅游资源，在服务的过程中使用文明用语，引导旅游者文明旅游。

大运河文化带河北段饮食产业的发展，需要大批优秀的专业人才。而优秀人才的培养离不开教育的发展，所以机关企业必须与职业院校合作，通过学校的系统培养，造就一线应用型人才。再者，与普通高校联合，建立合作关系，培养出学术型人才，为企业所用。为提升在职人员的服务水平，适时进行技能鉴定和岗位培训；对于优秀员工，企业应建立奖励机制，提供其赴外交流学习的机会。

政府可出台相关政策，搭建企业和学校的知名院校的合作平台，成立校企合作订单班，支持运河沿线的饮食文化旅游发展，推动运河沿线各地政府与院校的合作，培养专业的优秀人才。

三、加强联合发展，创新增加市场竞争力

大运河文化带河北段旅游业的发展，因受所处位置、运河沿线河北段经济发展和社会因素的影响，有各地缺少拳头产品、缺少合作和缺乏竞争力等特点，大运河文化带河北段在发展饮食文化旅游之时，应积极促进运河沿线河北段共同联合发展，以区域联合促全局发展，各地应统一见解，加强与周边区域和景点的合作。其一，充分挖掘大运河文化带河北段各地的饮食文化资源，避免出现雷同的活动和景点；其二，加强各地的合作，打破区域的限制，携手共进，积极探讨合作之路，助推区域旅游发展。

四、加强政府支持，鼓励大众积极参与

大运河文化带河北段饮食文化旅游资源的开发，是脱离不开政策指导与

政府支持的，政府支持与政策指导在旅游开发中均起着重要的作用，只有在政府的支持和帮助下，旅游资源开发才可得以践行。这几年，大运河文化带旅游业的发展，日益受到人们的关注，特别是国家和省政府的重视，作为大运河文化带河北段发展旅游业的有力支撑，政府应投入人力、物力和财力。

另外，除了政府的支持，作为民众也应积极参与其中，不仅要支持政府政策，还要亲身参与到旅游开发活动中。对于五市涵盖的少数民族来说，要通过政府的帮助和支持，切实提高当地民众的文化知识、服务水平和意识等，让当地民众知晓发展旅游业的益处，引导他们积极构建旅游发展观，意识到自身行为的重要性，化身为文明旅游的使者，吸引广大游客来五市参观游览。

五、打造餐饮老字号，提高游客满意度

针对大运河文化带河北段游客的调查结果，梳理出餐饮行业管理不规范，缺少特色美食统一的权衡标准，在实际操作过程中，无法确保其口味正宗，也无法确保其饮食制作过程的规范化。针对上述情况，可以聘用饮食手工艺的传人，适时对从业人员进行培训，利用系列讲座交流各地的饮食文化和烹饪技巧，确保游客品尝到正宗的特色美食，避免出现一种美食，不一样的加工方法，以保证美食的正宗和规范性。另外，为提高游客出行的满意度，可增设信息反馈网站，收集民众对五市之游的建议；为提升民众的旅游体验，建立投诉机制，保障民众的切身利益；与此同时，加强饮食文化旅游的监督管理，对于发现的问题可及时予以纠正，只有这样，才能确保大运河文化带河北段饮食文化旅游产业的可持续发展。

六、以沿线城市为主线，设计有特色的饮食文化产品

随着大众旅游的兴起，人们愿意利用闲暇时间参与旅游活动，因此把河北运河饮食文化作为旅游资源，适时进行开发和利用是十分有必要的。

把廊坊、沧州、衡水、邢台和邯郸五市特色美食汇集在一起，因为五市特色美食众多，比如，廊坊的烧饼熏肉夹肠和三河豆腐丝、沧州的杂技花馍和黄骅吊炉烧饼、衡水的龙凤贡面和景县徽子、邢台的广宗酱猪蹄和任县老炒肉、邯郸的一篓油水饺和大名五百居香肠等。考虑到行程时间有限，所以经过认真的筛选，选择其中最具特色之点，融合到旅游线路之中，梳理出美

食旅游线路，供民众出游所需。

依据搜集到的美食，结合民众的文化之旅，将各地美食筛选后，选出各地的特色美食，在涉及的五市中确立一条主线作为设计线路的范围，然后围绕这条主线，找出与之相符的美食，再按照五市分布的地理位置，依次合理设计出游览的先后顺序，根据收集和整理的资料，确定以"舌尖上的运河味道"为主题设计美食旅游线路。如设计冀忆运河美食旅游线路：香河肉饼—河间驴肉火烧—十里香酒—沧州火锅鸡—衡水老白干/十八酒坊—景县粉疙瘩—临西吴老胖饼卷—清河"八大碗"—大名二毛烧鸡—邯郸丛台酒—临漳临英扒兔，实现文旅融合。

按照运河沿线河北段确定的主题，详细阐述旅游活动方案。为了更为深入推进大运河文化带河北段饮食文化旅游资源的开发，以饮食文化为中心，融合河北段，凸显旅游活动的主题和文化性，提出具体方案如下。

首先，在游览运河文化带河北段特色美食所在地时，介绍各地饮食文化背景，包括了历史典故、饮食礼仪和禁忌等。借助饮食文化之旅，向游客展示河北段运河沿线的文化底蕴。

其次，通过旅游体验活动，深入挖掘文化内涵。在旅游活动过程中，注入体验环节，游客在游览之时，通过已获取的知识，结合所见美食的加工过程，把所闻和所见通过亲身体验制作，能提升游客文化之旅的体验和满意度。为了防止游客在制作过程中发生特殊情况，会安排专业人员进行监管。

再次，为了增强旅游者的体验度，以家庭为单位开设"家乡味道"美食的评选活动。从游客朋友中，选出美食达人，随时记录游客参与过程，短片不仅可以给游客作为留念，更可作为助推五市饮食文化的影像资料。通过资料的传递，展示出河北省丰富而浓厚的饮食文化。

七、以大运河沿线特色文化为主题，设计旅游主题酒店

中国大运河的开通，促进了南北文化和中外文化的大交流，形成了独具特色的运河文化。运河文化以其博大的包容性和开放性，吸收了燕赵文化、齐鲁文化、中原文化、西楚文化、吴越文化的精华，成为中华文化的重要组成部分。根据这些文化元素的特点在大运河沿线河北段选址开设独具大运河文化特色的主题酒店，酒店餐厅的设计根据运大运河的文化历史可以用春秋、

唐、宋、元、明、清等来命名餐厅包间的名字，根据这些时期的文化来设计内部的装饰风格，餐厅的服务人员也可以穿不同时期的特色服装。酒店客房的设计可以每层有 2～5 个具有中国文化特色的主题房，根据运河流经的地区，室内设计可以有清代风格的床榻，使用江浙地区的丝绸内饰等。主题酒店的餐饮则选择大运河河北段所流经的五个城市，廊坊、沧州、衡水、邢台、邯郸的特色饮食为主线设计菜品，让游客从饮食和住宿上同时更深层地感受到运河文化的底蕴。

第十六章 大运河河北段文化旅游融合发展

以高质量发展为导向，以全域旅游为发展理念，提炼城市文化和地域特征，深度挖掘运河文化，科学规划布局、优化公共服务、综合协调管理、整体营销推广，统筹景区建设、线路安排、品牌打造，推动文化旅游与相关产业深度融合，丰富旅游产品供给，打造集文化创意、休闲娱乐、生态观光等功能于一体的大运河文化旅游带。

第一节　促进大运河旅游优质发展

一、完善旅游基础设施和配套服务

(一)建设水陆便捷交通网络

依托大运河沿线风光，以生态、文化、景观、服务、畅通为原则，全面改善大运河沿线国省道道路状况，高标准建设风景道绿道体系，加强旅游标识体系建设，沿途配置观景台、特色驿站、生态厕所等服务设施。打通交通主干道与大运河重要节点的旅游连接线，推动具备条件的河段大力发展旅游通航，实现运河码头与公路、铁路以及海运的互联互通。

(二)提升旅游公共服务配套水平

推动大运河沿线旅游公共服务设施建设，在核心区合理设置旅游咨询中心，游客集散中心、分中心和集散点，区域性旅游应急救援基地等公共服务设施，改造提升沿线重点景区水电、安防消防、应急救援系统等设施条件。推进"厕所革命"，加强旅游厕所建设。依托风景道建设以汽车营地和房车小镇为主要载体的自驾车营地体系，依托高速公路服务区、旅游公路沿途特色村镇、加油站等建设自驾车旅游服务区。发展旅游汽车租赁，提供电子预约租车、送车上门、异地还车、汽车救援等服务。

(三)打造"漫游运河"智慧平台

推动智慧旅游建设，实现主要文化遗产点、文化旅游景区等重点公共区域免费无线网络全覆盖和移动通信网络更新换代，积极推动、鼓励引导旅游与现代信息技术相结合，创新大运河旅游产品与服务。推动旅游公共服务信息向社会开放，实现省市县三级旅游数据互联互通。推动旅游推广营销模式创新，做到传统媒体与新媒体相结合，事件策划与网络传播相结合，实现线上线下互动传播。

表 16-1　主要旅游基地设施和服务项目

构建三级旅游咨询服务体系：在运河流经地级市高铁站建设河北省游客服务中心，在主要交通枢纽建设旅游集散中心，在运河沿岸重点旅游线路与片区、旅游小镇建设游客咨询服务中心。
积极推进厕所革命：沿运河通道沿岸、交通集散点、乡村旅游点、主题公园、休闲步行区，新建、改扩建旅游厕所。
提升配套服务设施水平：设置驿站休憩点，建设大运河文化特色绿色廊道。设置大运河共同标识系统，沿大运河沿线建设示范性自驾车旅居营地。推进运河沿线旅游景区与公安、交通、商务、环保、气象等部门数据共享，建设大运河旅游公共服务信息平台。
健全大运河共同标识系统：运河沿岸及周边景区连接线、城市道路沿线旅游外部交通标识，设置统一标识系统。
推动智慧旅游建设：沿线重点旅游小镇建设智慧旅游服务功能区，建设一批智慧旅游乡村、智慧旅游景区和智慧旅游企业。

二、提升大运河旅游品质

(一)培育一批重点旅游项目

按照优化供给、聚集带动、打造精品、培育品牌的要求，改造提升一批既有项目，谋划新增一批辐射范围广、带动性强、品牌效应大的旅游项目，推动运河沿线旅游产品提质升级。

(二)打造一批文化旅游精品线路

以大运河为纽带"串珠成线，以点带面"，整合大运河沿线旅游资源和旅游服务，推介我省运河文化重点旅游产品列入世界文化遗产研学游、华夏历史文明体验游、古都游、运河古镇记忆传承游、运河故事特色专题游等国家运河旅游重点线路。开发培育运河雄风体验旅游线路、隋唐运河文化旅游线路、燕赵故事怀古旅游线路、武术杂技休闲旅游线路、水利文化科普旅游线路、冀忆运河美食旅游线路等我省运河旅游精品线路，形成河城联合、河路联动、河村联兴的"线性旅游经济产业示范廊道"。

(三)打响"运河雄风，燕赵故事"品牌

以"千年运河"主形象定位统筹各类产品，打造"运河雄风，燕赵故事"系列产品，培育运河城市旅游、运河旅游产品、运河旅游节庆、运河旅游企业(服务)等子品牌，通过多种营销方式，提升品牌知名度，塑造大运河河北段文化旅游形象。

(四)营造运河旅游优质发展环境

积极促进市场主体良性发展，推动大运河沿线有竞争力的旅游骨干企业实现规模化、品牌化、网络化经营。发挥各类创新创业公共平台的孵化作用，鼓励和支持中小微旅游企业特色化、专业化发展。打造内容经典、效益良好的大运河旅游产品体系和服务。规范旅游市场秩序，强化市场管理，建立市场反馈机制，创新监管方式，加大执法力度，优化旅游发展环境。建立以游客满意度为核心，以环境、设施、产品和服务质量为主要指标的旅游质量评

价体系。

表 16-2　主要旅游项目和产品

重点项目（16 个）

白洋淀景区生态、香河县国安第一城 5A 景区、衡水湖 5A 景区、青县盘古文化遗迹群复建项目、三井·大运河酒文化产业园景区、沧州大运河景观带、减河古道文博与康养产业示范园、大运河万亩氧生园森林公园、吴桥杂技大世界 5A 景区、吴桥县杂技文化旅游产业园、馆陶县永济水镇文化旅游综合体、中华智圣鬼谷子文化园、临漳县汉魏运河文化博览园、临漳县邺都文化创意园、磁县中华成语文化博览园、大名古城文化旅游区。

精品线路（6 条）

运河雄风体验旅游线路：白洋淀—沧州运河—衡水湖

隋唐运河文化旅游线路：临西（仓集古镇）—馆陶（粮画小镇）—大名（大名古城）—魏县（梨乡水城）—临漳（邺城古城）—磁县（磁州窑遗址）

燕赵故事怀古旅游线路：青县盘古寺—沧州铁狮子—泊头清真寺—东光铁佛寺—景州塔—郑口镇

武术杂技休闲旅游线路：吴桥杂技大世界—东光铁佛寺—沧州武术城—纪晓岚文化园

水利文化科普旅游线路：沧州捷地闸—东光连镇谢家坝—景县华家口夯土坝—故城郑口运河险工

冀忆运河美食旅游线路：香河肉饼—河间驴肉火烧—"十里香"酒—沧州火锅鸡—衡水老白干/十八酒坊—景县粉疙瘩—临西吴老胖饼卷—清河"八大碗"—大名二毛烧鸡—丛台酒—临漳临英扒兔

节庆活动（8 个）

中国吴桥国际杂技艺术节、中国白洋淀荷花节、沧州国际武术节、衡水湖国际马拉松赛、邯郸国际太极拳运动大会、香河国安第一城京津冀中华大庙会、涉县女娲祭典、全球张氏祭祖大典。

第二节　推动新产业新业态发展

一、大力发展文化旅游新业态

集聚大运河沿线节点城市关键资源要素，促进与大运河文化相关联的创意设计服务、文化软件服务、文化休闲娱乐服务、文化艺术服务等文化产业与旅游业融合发展，推动打造一批文化产业园区，建设一批休闲街区、特色村镇、旅游度假区等休闲载体和空间，设立一批文化金融服务中心和文化创新创业基地，开发一批文化演艺、实景演出等文化活态产品。加强运河文化与当地旅游商品的融合，推动大旅游商品发展，将文化资源转化为经济资源，带动相关产业发展。

二、加快工业旅游发展

充分利用大运河两岸历史遗留的老作坊、旧厂房等工业设施，改造升级发展文化体验、文化创意、科技研发等高附加值产品，推动工业遗存活化利用。积极开发与扶持大运河沿线相关文化旅游工艺品和传统手工技艺，延伸文化旅游产业链，实现文化传承。积极引导在产企业、园区以生产工艺、企业文化、工作生活场景为旅游吸引物，发展工业旅游、科普旅游。推动形成工业与生态、文化、旅游等协同发展的新局面。

三、鼓励发展体育休闲产业

结合沿岸绿色生态廊道建设，加快体育休闲、体育旅游深度融合，开发徒步、健走、马拉松、骑行、自驾车等产品，发展沿运河体育健康旅游产业。推动汽车自驾营地、运动休闲特色小镇和健身步道建设，深入实施体育旅游示范工程。鼓励大运河沿线城市承办高水平体育赛事活动，办好沧州国际武术节、邯郸国际太极拳运动大会、衡水湖国际马拉松赛，开展运动休闲体育活动和全民健身活动。

四、丰富休闲娱乐旅游产品

丰富大运河船上、水上和岸上休闲娱乐产品和服务，构建"慢游运河"休闲体系，丰富体验功能，注重多样化的主题功能分区。打造高水平、多样化的演艺节目，用艺术手段展现历史运河与当代运河盛景。

五、培育休闲农业和乡村旅游

依托运河沿岸历史文化名村及其独特的运河民俗风情，建成一批生态环境美、农旅融合深、创意氛围浓的运河旅游风情小镇和慢生活休闲旅游示范区。选择基础条件好的村镇，通过历史风貌再现、现代高科技与传统文化结合、村庄整治与美丽乡村建设，打造一批集循环农业、创意农业、农事体验于一体的田园综合体。以运河沿线村镇为重点，深挖当地自然、文化、产业特色，着力发展休闲农业和乡村旅游等新业态，建设一批运河文化特色鲜明、休闲档次高的休闲农业旅游景点，培育一批特色突出、经营规范、安全卫生的休闲农庄（园）和精品民宿，打造一批效益良好的示范品牌。

表 16-3　主要新业态项目

打造一批文化产业园区：廊坊国安第一城文化创意产业园区、沧州三井·大运河酒文化产业园、沧州减河古道文博与康养产业示范园、吴桥杂技大世界 5A 景区、吴桥县杂技文化旅游产业园、青县盘古文化园区、馆陶县永济水镇文化旅游综合体、中华智圣鬼谷子文化园、临漳县汉魏运河文化博览园、临漳县邺都文化创意园、大名古城（明城）文化旅游景区、大名邓丽君文化产业园区、大名宋府文化产业园、景县广川董子文化园。

建设一批休闲载体：沧州大运河生态文化带、青县中古红木文化小镇及中古东方影视城、东光大运河万亩氧生园森林公园、馆陶县养洋花木小镇万亩植物园、大名滴溜酒文化产业园、清河县万亩山楂采摘园、清河大运河油坊码头、清河羊绒制品城、故城运河文化公园、景县景泓苑现代农业观光园、故城县德国农庄休闲观光农业示范园。

提升高水平体育赛事活动：中国吴桥国际杂技艺术节、中国白洋淀荷花节、沧州国际武术节、衡水湖国际马拉松赛、邯郸国际太极拳运动大会、香河国安第一城京津冀中华大庙会、涉县女娲祭典、全球张氏祭祖大典。

建设一批旅游特色小镇：清河羊绒小镇、沧州市荣宝斋文旅小镇、泊头市祥龙溪工艺铸造小镇、吴桥县杂技旅游小镇、景县安陵运河文化小镇、景县白草洼运河古村、阜城运河文化小镇、阜城古风梨韵小镇、清河县贝州古镇、清河山楂小镇、馆陶粮画小镇、大名艾家口古镇。

深度挖掘河北运河沿线深厚的历史文化和浓郁的民俗风情，以"运河雄风，燕赵故事"为主题，统筹旅游产品的空间布局，实施"旅游＋"战略，形成"旅游＋"文化、工业、小镇、体育的融合发展，推动文化创意和设计服务与相关产业融合发展。重点打造一批文化产业园区，建设一批休闲街区、特色村镇、旅游度假区等休闲载体和空间，丰富休闲娱乐旅游内容，形成河城联合、河路联动、河村联兴的"线性旅游经济产业示范廊道"，构建运河旅游发展的新支撑。

参考文献

1. 张少刚．京津冀先导先行共建大运河文化教育带．天津电大学报．2019(3)．

2. 柳邦坤,邵礼烨．大运河文化带沿线城市发展数字文化产业策略探析．文化产业研究．2019(2)．

3. 吕胜宾．关于大运河沧州段文化带建设的对策研究．河北水利．2019(8)．

4. 陈玉红．大运河文化带河北段饮食文化旅游资源分析与开发对策．河北师范大学硕士论文．2019．

5. 朱保芹,金艳．衡水市运河文化带非物质文化遗产传承研究．科技资讯．2019(8)．

6. 郑忠国,龚学琴,周敏,张彩霞．推进大运河文化带建设相关问题研究——以大运河河北段为例．区域治理．2019(5)．

7. 施利锋,黄贤金．中国大运河沿线城市扩张时空差异研究．地理科学进展．2019．

8. 葛剑雄．大运河历史与大运河文化带建设刍议．江苏社会科学．2018(2)．

9. 杨振威,王安坤,王理香．大运河文化遗产保护与利用——以河南段为例．文化建筑．2018．

10. 张家口市文物考古研究所编．万里茶道河北段文化遗产调查与研究．天津:天津古籍出版社．2018．

11. 肖潇,窦兴斌．大运河文化带(沧州段)资源的保护策略．荆楚学术,2018(22)．

12. 王耀．清代《大运河全图》释读．运河学研究．2018(1)．

13. 曾洁．京杭大运河沿线35个城市计划共建"大运河文化带".中国水利．2017(13)．

14. 大河报社.《行走大运河.上》.郑州:大象出版社.2014.

15. 大河报社.《行走大运河.下》.郑州:大象出版社.2014.

16. 大运河翰林文化藏书编委会.《图说大运河:古运回望》.北京:中国书店.2008.

17. 刘士林,耿波,李正爱.《中国脐带:大运河城市群叙事》.沈阳:辽宁人民出版社.2008.

后 记

　　大运河是中国古代的一项伟大工程，是世界上开凿最早、距离最长、规模最大的运河，展现出了我国劳动人民的伟大智慧和勇气，传承着中华民族的悠久文明和历史，是一部书写在华夏大地上的宏伟诗篇。中共中央、国务院领导提出"建设大运河文化带"的指示，这是新时代党中央、国务院主动适应我国社会主要矛盾变化，作出的一项贯穿古今、面向未来的重大决策部署，是促进大运河文化复兴的国家战略，是促进东部经济振兴、生态修复、文化繁荣的千年大计。

　　大运河河北段是充满传奇历史的文化遗产，是大运河挽京连津、连通渤海的通道，是古代中国与欧洲万里茶路的重要通道，是运河文化的重要节点，是大运河古代丝绸之路、瓷器之路、茶叶之路、海盐之路、文化之路的重要载体。

　　这部著作是在河北师范大学暑期调研大运河河北段旅游资源的基础上，汇聚河北省内旅游、文化、策划等研究专家和学者，以历史唯物主义视角，重新进行的梳理和写作，为大运河河北段文化和旅游的发展提供了一定的参考价值，这也为促进大运河文化的伟大复兴奠定了一定的基础。

　　本书由河北师范大学李志勇主编，具体分工如下：第一章由河北师范大学李志勇、河北省政府文史研究馆馆员梁勇、河北省委党校蒋清文编写，第二、三、四、五、六、七、八章由河北师范大学李志勇、河北师范大学董硕、河北师范大学王立宝、石家庄第八中学刘爽编写，第九、十、十一、十二、十三章由河北省政府文史研究馆馆员梁勇、河北师范大学音乐学院宋东文编写，第十四章由河北省委党校蒋清文、河北师范大学张全喜编写，第十五章由陈玉红、河北师范大学冯玉珠编写，第十六章由河北省科学院地理科学研究所徐宁编写。在整个编写过程中，得到了河北师范大学党委书记戴建兵的鼎力支持，资料的来源也得到了全省各地市文化广播和旅游局的帮助，在此一并表示感谢。

本书照片由梁勇、郭俊禹、申晓飞、冯才良等拍摄，部分地图转引自河北省古建筑研究所编制的《大运河（河北段）保护规划（2010—2030）》和相关专家的专著。

由于时间仓促，资料所限，敬请各位读者提出宝贵意见。

李志勇

2019 年 9 月